Religion in der Krise – Krise der Religion?

Constantin Plaul (Hrsg.)

Religion in der Krise – Krise der Religion?

Eine empirische Medienanalyse christlicher Publizistik in der Corona-Pandemie

EVANGELISCHE VERLAGSANSTALT
Leipzig

Die Deutsche Nationalbibliothek verzeichnet diese Publikation in der Deutschen Nationalbibliographie; detaillierte bibliographische Daten sind im Internet über http://dnb.dnb.de abrufbar.

Das Buch wurde auf alterungsbeständigem Papier gedruckt.

Bei Fragen zur Produktsicherheit wenden Sie sich bitte an info@eva-leipzig.de.

Cover: Zacharias Bähring, Leipzig
Satz: 3w+p GmbH, Rimpar
Druck und Binden: BELTZ Grafische Betriebe GmbH, Bad Langensalza

ISBN 978-3-374-07808-0 // eISBN (PDF) 978-3-374-07809-7
www.eva-leipzig.de

Vorwort

In diesem Buch geht es um den kommunikativen Beitrag der Religion in Krisenerfahrungen, genauer gesagt um den Beitrag der christlichen Religion während der Corona-Pandemie. Zum Zeitpunkt seiner Veröffentlichung liegt der Anfang der Pandemie fünf Jahre zurück. Die individuellen und sozialen Umstände, die mit ihr einhergingen, als Herausforderungen zu beschreiben, erschiene noch als Untertreibung. Menschen wurden mit Krankheit und Tod konfrontiert, medial vermittelt oder im unmittelbar-eigenen Nahbereich. Das Leben der Individuen und die gesellschaftlichen Routinen waren durch massivste Einschränkungen betroffen. Nicht alles war gerecht. Und schon bald begannen sich auch soziale Spannungen zu zeigen, die enormes Polarisierungspotential besaßen – und bis heute nachwirken. Wie tiefgreifend die Krise war, zeigt sich unter anderem daran, dass sie nicht nur indirekt bis heute nachwirkt, sondern auch explizit Gegenstand kritischer Debatten ist. Es gibt eine Vielzahl an offenen Fragen, die das Krisengeschehen betreffen und immer noch unbeantwortet sind. Entsprechend werden seit Längerem unterschiedliche Optionen und Organe der kritischen Aufarbeitung gefordert: Bürgerräte, parlamentarische Befassungen, Untersuchungsausschüsse, Enquete-Kommissionen und anderes mehr. Dabei stehen vor allem rechtliche und politische Aspekte im Vordergrund, etwa die möglicherweise unzureichend genutzten Möglichkeiten zur Verhinderung von Todesfällen oder umgekehrt die rechtlichen und wissenschaftlichen Grundlagen der teils drastischen Maßnahmen. Die Warnung vor unfairen Tribunalen ist sicherlich berechtigt – das allgemeine Bedürfnis nach besserem Verstehen dessen, was damals passierte, ist es allerdings auch. Rechtlich-politische Aspekte sind aber nicht die einzigen, um die es sich dabei handelt. So hat die ehemalige Vorsitzende des Deutschen Ethikrats, Alena Buyx, zu Recht herausgestellt: Es geht »nicht nur um Fachfragen. Es geht auch um die Frage, was diese Zeit mit uns gesellschaftlich gemacht hat, welche Emotionen sie hervorgerufen hat. Die Antworten können nicht ausschließlich Wissenschaftler geben, wir müssen die Summe der Erfahrungen, die es gibt, abrufen und sichtbar machen« (F+ vom 24.06.2024 /politik/inland/). Im vorliegenden Buch soll ein wesentlicher Teil dieser außerwissenschaftlichen Erfahrungssumme – wissenschaftlich – abgerufen und sichtbar gemacht werden: eben der kommunikative Beitrag christlicher Religion zur geistig-psychischen Bewältigung der durch die Pandemie verursachten Krisenerfahrungen.

Die Idee für dieses Buch entstand bereits im Frühjahr 2020 und führte bald zur Entwicklung eines mehrjährigen Projekts zur Untersuchung der Krisenkommunikation christlich-religiöser Akteure und Gruppen in allgemeiner und christlicher Publizistik mithilfe von Topic-Modell-Analysen. Die Interessenperspektive, aus der heraus dies geschah, ist die der evangelischen Theologie. Methodisch wurde sie durch das interdisziplinäre Gespräch mit der Soziologie konzeptualisiert. Besonderer Dank für diese Kooperation gilt Prof. Dr. Christian Papilloud vom Lehrstuhl für Allgemeine Soziologie der Martin-Luther-Universität Halle-Wittenberg, der darüber hinaus auch in der Durchführung wiederholt Unterstützung in der Aufbereitung und Formatierung des Datenmaterials geleistet hat. Zudem sei Prof. Dr. Reiner Anselm (München) und Prof. Dr. Jörg Dierken (Halle) für die Erstellung von Gutachten zu Beginn der Projektentwicklungsphase gedankt. Der Digitalfonds der EKD stellte großzügig die erforderlichen Mittel bereit. War anfänglich eine Monographie geplant gewesen, so zeigte sich schnell, dass die Mitarbeit der beteiligten studentischen Hilfskräfte über bloße Hilfsarbeiten weit hinausging. Dies führte – im Sinne forschenden Lehrens und Lernens – zu ihrem zunehmenden Einbezug als aktive Teilnehmende und schließlich als Autorinnen und Autoren dieses Bandes. Christina Sawatzki stieß etwas später als Gastwissenschaftlerin und Autorin hinzu. Ihnen allen sei ganz besonders für ihr herausragendes Engagement gedankt, das zu bemerkenswerten Ergebnissen geführt hat, die hiermit der Öffentlichkeit zur Verfügung gestellt seien.

Constantin Plaul
Regensburg im Januar 2025

Inhalt

Einleitung

Frage, Gegenstand, Methode

Ulrike Jurkschat, Constantin Plaul

1. Forschungsmotiv und Gegenstand

Die Corona-Zeit prägte unser gesellschaftliches Zusammenleben erheblich und verursachte tiefgreifende Irritationen des individuellen und sozialen Lebens, etwa durch den Tod von Angehörigen, die Einsamkeit und psychischen Erkrankungen im Zuge der Isolation, die Erfahrungen staatlich verordneter Eingriffe in das private Leben oder die mit dem Stillstand des öffentlichen Lebens einhergehenden wirtschaftlichen Existenzbedrohungen.[1] Die gewohnte Ordnung war stark ins Wanken geraten. In diesem Kontext kam früh die Frage auf, welche Rolle die Religion unter diesen Umständen spielt. Und diese Frage kam nicht von ungefähr, stellte das Leben während der Ausbreitung des Corona-Virus doch nichts anderes als eine schwere Krisenerfahrung dar. Und klassische funktionale Theorien der Religion hatten wiederholt argumentiert, dass gerade auch religiöse Praktiken, Rituale und Deutungen in Situationen von Unsicherheit und Krise eine wichtige Rolle spielen[2] – und zwar unbeschadet dessen, dass das religiöse Angebot in den modernen Gesellschaften zur »Option«[3] geworden ist und darum nicht mehr von allen Akteurinnen und Akteuren in Anspruch genommen wird. Denn in psychologisch-soziologischer Hinsicht sind Krisen solche Phasen, in denen Erlebens- und Handlungsroutinen eine tiefgreifende Zäsur erfahren, die für die weitere Entwicklung der betroffenen Abläufe von entscheidender Bedeutung ist. Die durch sie erzeugten Irritationen der alltäglichen Ereignis- und Handlungsmuster erzeugen Kontingenzbewusstsein und besitzen in der Regel

---

1 In Teilen greifen wir in dieser Einleitung auf einen bereits veröffentlichten Aufsatz zurück und wenden manche der dort getätigten Ausführungen auf den hiesigen Kontext an, vgl. Jurkschat/Plaul, Mobilisierungskraft.

2 Exemplarisch seien hier lediglich die Stichworte der Krisenkompensation (B. Malinowski), der Kontingenzbewältigung (A. Gehlen) oder der Kontingenzreduktion (N. Luhmann) genannt.

3 Vgl. Joas, Glaube.

erhebliches Verunsicherungspotential, woraus ein gesteigertes Bedürfnis nach sinnhafter Bearbeitung des Geschehens entspringt. Genau hierauf – so die funktionale Annahme – reagiert Religion. So gesehen wäre prinzipiell zu vermuten, dass auch die religiöse Sinngebungspraxis hier irgendeine Rolle spielen müsste. Nun wurde allerdings aus professioneller Warte und an prominenter Stelle ein möglicher Beitrag der Religion im Zusammenhang der Bewältigung der Corona-Krise schon frühzeitig in Frage gestellt. So behauptete der Soziologe Rudolf Stichweh bereits im April 2020, dass die Religion zu den großen Verlierern der Krise gehören könnte, da »dem Anschein nach nirgendwo religiöse Deutungsvarianten des durch das Virus ausgelösten Krisengeschehens verfügbar sind und eine relevante Rolle spielen«[4]. So nachvollziehbar diese Vermutung angesichts der Säkularisierung moderner Gesellschaften und deren gesteigerter funktionaler Differenzierung prima facie sein mag, so überrascht sie in ihrer Pauschalität doch mindestens. Denn denkt man etwa an eine funktionale Bestimmung wie die Hermann Lübbes, »religiöse Lebenspraxis sei Kontingenzbewältigungspraxis«[5], so wäre angesichts der massiven Irritationen individueller und sozialer Praktiken im Zusammenhang von Corona durchaus mit einer entsprechenden Leistung der Religion zu rechnen.

Vor diesem Hintergrund entstand die Idee eines Forschungsprojekts, dessen Ergebnisse in vorliegendem Buch nun der Öffentlichkeit präsentiert werden. Der Grundansatz dieses – zunächst auf zwei Jahre angelegten – Projekts bestand darin, aus möglichst deskriptiver Perspektive heraus zu untersuchen, welche Rolle Religion in der Krise eigentlich gespielt hat. Dieser Ansatz legte sich von daher nahe, als nicht wenige Stimmen aus der Theologie in der Weise auf Stichwehs Irritation reagierten, dass sie ihr mit systematischen Argumenten widersprachen oder mehr oder weniger beipflichteten. Eine realistische Antwort auf die Frage, was »die« Religion in der Krise gleichsam leistet, ist so allerdings kaum zu gewinnen. Stattdessen fließen hochgradig normative Urteile in die Betrachtung ein, die dem ideologiekritischen Verdacht ausgesetzt sind, lediglich bestimmte Interessen nach vorne zu stellen und keinen unbefangenen Blick mehr zu haben. Um diesem Problem zu entgehen, wurden in besagtem Projekt normative Urteile zunächst einmal bewusst ausgeklammert und stattdessen versucht, in empirischer Einstellung zu fragen, was »die« Religion in dieser Krise denn nun wirklich geleistet hat. Stimmt es, dass sie keinen gesellschaftlich relevanten Beitrag zur Krisenbearbeitung beigesteuert hat? Hat sie tatsächlich keine Deutungen anzubieten? Oder lassen sich gegebenenfalls noch andere religiöse Phänomene finden, die Stichwehs These entgegenstehen? Fragen wie diese schienen es wert, einmal für sich angegangen zu werden, anstatt vorschnell Behauptungen aufzustellen, die entweder empirisch an der Realität vorbeigehen

4 Stichweh, Simplifikation.

5 Lübbe, Religion, 160.

oder systematisch-normativ so weit ab von ihr liegen, dass sie letztlich unbedeutend werden.

Stichweh hatte sich für seine diagnostische Behauptung vor allem auf Deutungsangebote ausgerichtet. Dieser Impuls wurde im Projekt aufgenommen und methodisch dahingehend umgesetzt, dass der Fokus auf kommunikative Beiträge religiöser Akteurinnen und Akteure gelegt wurde. Aus forschungspragmatischen Gründen wurde zudem eine Fokussierung auf massenmediale Kommunikationsorgane vorgenommen, zum einen, weil hier eine denkbar wirkungsreiche Kommunikationsart gegeben ist, zum anderen, weil sich die entsprechenden kommunikativen Akte empirisch gut erheben lassen. Eine mündlich gehaltene Predigt oder gar ein Seelsorgegespräch sind freilich auch kommunikative Akte, Phänomene dieser Art lassen sich methodisch aber nur äußerst schwer einfangen. Darum eben genannter Fokus. Allerdings ist zu bedenken, dass damit nur ein bestimmter Ausschnitt ins Auge gefasst werden kann. Er dürfte aber doch eine repräsentative Bedeutung haben. Aus äußeren Gründen der Projektgestaltung wurde zudem eine exemplarische Eingrenzung des untersuchten Kommunikationszeitraums auf das erste Jahr der Corona-Krise vorgenommen, d. h. auf den Zeitraum von März 2020 bis zum Februar 2021.

Das Vorhaben fokussiert darüber hinaus *christlich*-religiöse Diskurse. Dieser Fokus resultiert zum einen schlicht aus der konkreten Forschungsposition des Projekts, die in der evangelischen Theologie angesiedelt ist. Darüber hinaus ist auf den Umstand hinzuweisen, dass die christliche Religion die größte der in Deutschland vertretenen religiösen Gruppierungen und Gemeinschaften ist und auch den größten Materialbestand bietet. Ihre bedeutendsten Erscheinungsformen in Deutschland werden durch katholische, landeskirchlich-evangelische und evangelikal-freikirchliche Gruppierungen gebildet. Darum werden in diesem Projekt die ihnen jeweils korrespondierenden Diskurszusammenhänge in den Blick genommen. Als Quellen dienen Corona-bezogene religiös-theologische Beiträge in allgemeiner Publizistik großer Printmedien sowie in kirchlichen Zeitschriften und Magazinen.

Aus dem Bereich der allgemeinen Publizistik wird als Repräsentant der konservativen Seite die *Frankfurter Allgemeine Zeitung* und als Organ einer linksliberalen Ausrichtung *DIE ZEIT* herangezogen. Dies hat vor allem darin seinen Grund, dass die meisten religiös-theologischen Beiträge innerhalb der allgemeinen Publizistik in diesen beiden Presseorganen zu finden sind. Aus dem Bereich der kirchlichen Publizistik wurden solche überregionalen Zeitschriften und Magazine analysiert, die wöchentlich, monatlich oder zweimonatlich erscheinen, die nicht bloß als Public-Relation-Organe fungieren, die sich nicht lediglich an eine eingeschränkte Zielgruppe richten und die eine Auflage von mehr als 10.000 verkauften Exemplaren aufweisen. Für den katholischen Diskurs stehen dafür die wöchentlich erscheinenden Zeitschriften *Christ in der Gegenwart* (verbreitete Auflage ca. 31.000) und die *Katholische Sonntagszeitung* (verkaufte Auflage ca. 28.000). Für die Publizistik im landeskirchlich-evangelischen Zusammenhang sollen die monatlich erscheinenden Magazine *chrismon/chrismon plus* (verkaufte Auflage ca. 23.000) und *zeitzeichen* (verkaufte Auflage ca. 13.000), zuzüglich *zeitzeichen online* zugrunde gelegt werden. Für die evangelikal-freikirchlichen Stimmen wird auf das wöchentlich erscheinende Magazin *idea Spektrum* (verbreitete Auflage ca. 100.000) sowie das zweimonatlich erscheinende *Christliche Medienmagazin Pro* (gedruckte Auflage ca. 78.000) zurückgegriffen.[6] Um den umfangreichen Korpus an Texten aus den zwei Zeitungen und sechs Kirchenzeitschriften zu durchdringen, wurden Topic-Modell-Analysen durchgeführt.

2. Zur Erläuterung der Methode

Die Methode der Topic-Modell-Analyse wurde gewählt, da mithilfe von Topic-Modellen relativ unaufwendig eine Übersicht über sehr große Textmengen geschaffen werden kann. Doch nicht nur im pragmatischen Sinn, auch thematisch ist die Methode gut geeignet, da mithilfe jener Modelle dargestellt werden kann, ob und in welchem Zusammenhang die genannten acht Publikationsorgane die Corona-Pandemie im religiösen Kontext thematisieren. Denn Topic-Modelle sind das Ergebnis computergestützter Analysen, welche eine Übersicht sowohl über die am häufigsten vorkommenden Worte innerhalb des jeweiligen Textkorpus liefern als auch darüber, mit welchen anderen Worten diese Worte einen statistisch relevanten Kontext bilden – woraus sich die sogenannten Topics ergeben. Topics sind sozusagen Wortlisten, die als einzelne Themen oder Wortfelder betrachtet werden können und allein auf Grundlage von Informationen über Häufigkeiten und das gemeinsame Auftreten von Wörtern generiert werden – die Semantik der Wörter spielt keine Rolle.[7] Das folgende Beispiel eines Topic-Modells soll der Veranschaulichung der Methodik dienen:

---

6 Ursprünglich war geplant, YouTube-, Facebook- sowie Instagram-Kommentare religiöser Kanäle und Gruppen in die Analyse mit einzubeziehen. Hierfür wurden die Kommentarspalten sechs verschiedener christlicher YouTube-Kanäle – *katholisch.de, Credo Kirche, Gunnar Engel, Anders Amen, ERF Mensch Gott* sowie *ICF München e.V.* – untersucht und Bezugnahmen auf die Corona-Pandemie notiert. Des Weiteren wurden Instagram und Facebook nach christlichen Gruppen durchforstet. Im Verlauf des Forschungsprozesses jedoch erwies sich jenes Unterfangen arbeitspragmatisch als zu weitreichend, weshalb der Fokus auf o.g. Zeitschriften gelegt wurde. Für eine Untersuchung entsprechender religiöser Diskurse bei Twitter (jetzt »X«) vgl. Fröh/Robinsons, Communication.

7 Papilloud/Hinneburg, Textanalyse, 20.

	Topic0	Topic1	Topic2	Topic3	Topic4	Topic5
0	gott	kirche	abendmahl	kirche	krise	theologie
1	gottes	seelsorge	online	leitsätze	ausnahmesituation	schöpfung
2	leben	menschen	brot	ekd	https	gottes
3	menschen	kirchen	christus	ballast	de	sünde
4	welt	krise	digital	hierarchie	leben	kirche
5	tod	pandemie	digitale	mitglieder	www	coronakrise
6	zeit	gerade	gemeinschaft	elf	kirche	gott
7	glauben	zeit	christi	kirchenmitgliedschaft	virus	menschen
8	religion	bewohner	jesus	zukunftsforum	nichtwissen	geist
9	virus	kritik	gründonnerstag	bedford	theologie	vorsehung
10	gnade	gemeinden	luther	milieu	lage	verletzlichkeit
11	auferstehung	sterben	gemeinde	strohm	coronavirus	theologische
12	mensch	gesellschaft	frage	papier	zeitzeichen	krankheit
13	bedford	gemeinde	notlage	pfarramt	vergleiche	theologischen
14	lebens	digitalen	wein	pfarrerschaft	net	tradition
15	strohm	gottesdienst	volker	synode	gefährdeten	lebens
16	deutung	pfarrer	leppin	versuch	coronakrise	christen
17	christus	gottesdienste	verständnis	ortsgemeinde	theologischer	fragen
18	kontingenz	kirchlichen	geschehen	fläche	formen	leben
19	krise	öffentliche	reimann	isolde	situation	anthropologie

Abbildung 1: Topic-Modell der Zeitschrift *zeitzeichen*

Dieses Topic-Modell basiert auf dem Textkorpus der Online-Ausgabe der Zeitschrift *zeitzeichen*, welcher zuvor selektiert worden war – hierauf wird in Kürze noch näher eingegangen. Betrachtet man die Topic-Wörter genauer, fällt auf, dass jedem Topic ein Themenbereich zugeordnet werden kann: So beschäftigt sich Topic 0 mit dem Thema Tod und Auferstehung im Zuge der Krise, während Topic 1 auf die kirchliche Seelsorge in Zeiten der Pandemie Bezug nimmt. Topic 2 befasst sich mit der Debatte um das Online-Abendmahl, welche sich im Zuge der Kontaktbeschränkungen zugespitzt hat. In Topic 3 geht es um die durch die EKD-Synode beschlossenen elf Leitsätze für die Kirchenreform. Topic 4 wiederum scheint das Thema der Corona-Krise allgemein aufzugreifen, als Ausnahmesituation auch für Theologie und Kirche, während sich Topic 5 schließlich wahrscheinlich mit theologischen Deutungen der Pandemie als Strafe Gottes für die Sünden der Menschen auseinandersetzt. Es kann also festgehalten werden, dass sich mindestens fünf der sechs Topics mit der Corona-Problematik befassen und mit jedem Topic ein anderer Schwerpunkt gesetzt wird. Jedoch lassen sich die Themenbereiche in vielen Topic-Modellen nicht so deutlich voneinander abgrenzen wie in diesem Beispiel. Oftmals ähneln sich die Topics stark und die Themen verschwimmen.

Es sei ausdrücklich darauf hingewiesen, dass die computergenerierten Topics nicht das letzte Ergebnis der Untersuchung liefern, sondern lediglich eine Vorstrukturierung des Materials bereitstellen, auf der dann weitere nicht-maschinelle Interpretationen aufbauen.

Zu Beginn des Projekts wurden die Artikel aus dem erwähnten Zeitraum heruntergeladen und im pdf-Format abgespeichert, um sie daraufhin in das txt-Format zu überführen. Diese Überführung sei mit Blick auf die Zeitschrift *idea Spektrum* veranschaulicht:

Für eine seelsorgerische Kirche

Bischöfin Fehrs: Die Menschen sehnen sich nach Trost und Zukunftskraft.

140.000 dieser Sterne wurden bereits bestellt.

NORDKIRCHE In der Corona-Pandemie sollte die Kirche vor allem als „eine seelsorgerische Kirche mit Hoffnungsmenschen" wahrgenommen werden. Das sagte die Bischöfin des Sprengels Hamburg und Lübeck der Nordkirche, Kirsten Fehrs, auf der digitalen Tagung der Landessynode. Die Menschen sehnten sich nach einer Kirche, die um Sorge und Angst, Wut und Verzweiflung wisse „und die zugleich Trost und Zukunftskraft vermitteln kann". Viel von dieser Zukunftskraft werde auch in allen drei Kirchenkreisen ihres Spengels benötigt. Von besonderer Bedeutung seien in dem Zusammenhang die Kasualagenturen, die in den Kirchenkreisen auf den Weg gebracht würden. Es gehe darum, gerade kirchenferneren Menschen den Zugang zu Taufen, Trauungen oder Trauerfeiern zu erleichtern.

Projekt #hoffnungsleuchten

Die Bischöfin unterstrich die Notwendigkeit, als Kirche im öffentlichen Raum präsent zu sein und mit den Menschen zu sprechen. Sie würdigte vor allem das Projekt #hoffnungsleuchten, das vom Amt für Öffentlichkeitsdienst und dem Gottesdienstinstitut der Nordkirche für die Advents- und Weihnachtszeit entwickelt wurde. Es knüpfe an die Aktion #hoffnungsläuten der Landeskirche im Frühjahr an. Laut Fehrs geht es darum, deutlich zu machen, dass Weihnachten mehr sei als Zimtsterne und Glanz und Gloria: „Weihnachten trägt Hoffnung und Licht in die Welt, verbindet und überwindet Grenzen und Ängste. Weihnachten ist Hoffnungsleuchten." Darüber gelte es, mit anderen ins Gespräch zu kommen. Als Anknüpfungsmöglichkeiten für solche Gespräche seien „wunderbare Hoffnungszeichen" entwickelt worden, Sterne aus Pappelholz und Pappe.

nordkirche.de | 040 36900210

Oldenburg: Aus für Blockhaus Ahlhorn

Bischof Adomeit spricht von „bedrückender Situation".

KIRCHE Die oldenburgische Kirche sieht keine Perspektive mehr für ihre Jugendfreizeitstätte Blockhaus Ahlhorn (Großenkneten). Die Synode hat entschieden, aus finanziellen Gründen die Trägerschaft für das 180-Betten-Haus abzugeben. Bischof Thomas Adomeit sprach von einer „bedrückenden Situation". Die Einrichtung sei in den letzten 70 Jahren ein wichtiger Teil der kirchlichen Arbeit gewesen. Nach den Worten von Oberkirchenrat Detlef Mucks-Büker beträgt der Zuschuss für dieses Jahr 786.000 Euro, im kommenden Jahr 870.000 Euro. Und obwohl in den vergangenen Jahren 5,9 Millionen Euro investiert worden seien, gebe es immer noch einen Investitionsstau von 2,3 Millionen Euro. Die seit zehn Jahren andauernden Versuche, das Haus ohne Zuschussbedarf zu betreiben, hätten keine Erfolge gebracht. Die erwarteten Übernachtungszahlen von 30.500 pro Jahr seien aufgrund der Corona-Pandemie um 8% eingebrochen.

kirche-oldenburg.de | 0441 77010

Das Jugendzentrum Blockhaus Ahlhorn

Freikirchlicher Landesverband NOSA mit neuer Leitung: Tischler folgt auf Pieneck

Der Landesverband Niedersachsen-Ostwestfalen-Sachsen-Anhalt (NOSA) im Bund Evangelisch-Freikirchlicher Gemeinden hat eine neue Leitung: Die Leitung führte in einer Videokonferenz Pastor Jürgen Tischler (58/Springe) in sein Ehrenamt ein. Tischler ist Referent für Gemeindeentwicklung und Öffentlichkeitsarbeit des Landesverbandes. Er folgt auf Studiendirektor i. R. Fred Pieneck (75/Bad Salzuflen), der nicht wieder kandidierte. Tischlers Stellvertreter ist nun der Arzt Stefan Voges (65/Salzgitter), der die Aufgabe von Pastor Johannes Fähndrich (53/Wolfenbüttel) übernahm. Die beiden neuen Leiter waren zuvor schriftlich per Brief gewählt worden, weil die Ratstagung im April in Hannover wegen der Corona-Pandemie abgesagt werden musste.

baptisten-nosa.de

Abbildung 2: Seite der Zeitschrift *idea Spektrum* im pdf-Format

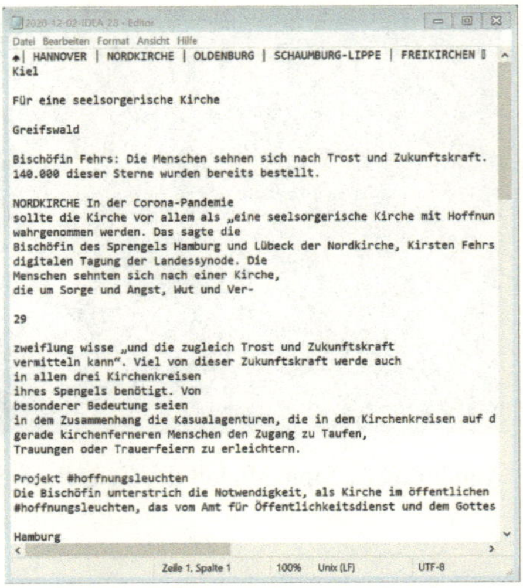

2020-12-02-IDEA 28 - Editor

Datei Bearbeiten Format Ansicht Hilfe

```
| HANNOVER | NORDKIRCHE | OLDENBURG | SCHAUMBURG-LIPPE | FREIKIRCHEN
Kiel

Für eine seelsorgerische Kirche

Greifswald

Bischöfin Fehrs: Die Menschen sehnen sich nach Trost und Zukunftskraft.
140.000 dieser Sterne wurden bereits bestellt.

NORDKIRCHE In der Corona-Pandemie
sollte die Kirche vor allem als „eine seelsorgerische Kirche mit Hoffnun
wahrgenommen werden. Das sagte die
Bischöfin des Sprengels Hamburg und Lübeck der Nordkirche, Kirsten Fehrs
digitalen Tagung der Landessynode. Die
Menschen sehnten sich nach einer Kirche,
die um Sorge und Angst, Wut und Ver-

29

zweiflung wisse „und die zugleich Trost und Zukunftskraft
vermitteln kann". Viel von dieser Zukunftskraft werde auch
in allen drei Kirchenkreisen
ihres Spengels benötigt. Von
besonderer Bedeutung seien
in dem Zusammenhang die Kasualagenturen, die in den Kirchenkreisen auf d
gerade kirchenferneren Menschen den Zugang zu Taufen,
Trauungen oder Trauerfeiern zu erleichtern.

Projekt #hoffnungsleuchten
Die Bischöfin unterstrich die Notwendigkeit, als Kirche im öffentlichen
#hoffnungsleuchten, das vom Amt für Öffentlichkeitsdienst und dem Gottes

Hamburg
```

Zeile 1, Spalte 1 100% Unix (LF) UTF-8

Abbildung 3: Seite der Zeitschrift *idea Spektrum* im txt-Format

Die Textkorpora wurden nun mithilfe mehrerer Selektionsschritte zunehmend eingegrenzt und spezifiziert: Im *ersten Schritt* reduzierten wir sie auf diejenigen Artikel, in denen auf irgendeine Art und Weise das Thema Corona vorkommt, sei es auch nur in einem Nebensatz. Hierfür wurden die Texte auf die Begriffe »Corona«, »Pandemi*«, »Epidemi*«, »Krise« und »Virus« hin gescannt. Im Zuge des *zweiten Selektionsschritts* grenzten wir die Korpora der *ZEIT* und der *FAZ* jeweils auf solche Dateien ein, welche sich mit dem Thema Corona in Verbindung mit Religion befassen, indem wir die Texte des ersten Selektionsschritts auf die Begriffe »Religi*«, »Gott«, »göttlich*«, »Kirch*«, »Glaube«, »gläubig*« und »Christ*« hin scannen ließen. Hinsichtlich der Artikel der christlichen Magazine wurde jener Vorgang unterlassen, da für die religiöse Publizistik ein mindestens indirekter Zusammenhang der dort thematisierten Corona-Problematik mit Fragen von Glauben und Religion vorausgesetzt werden kann. In einem *dritten Selektionsschritt* wurden die vorhandenen Texte mittels nicht-maschineller Analyse dahingehend durchforstet, in welchen Artikeln eine tiefergehende Auseinandersetzung mit der Corona-Problematik stattfand. Hierbei wurde darauf geachtet, dass in einem Text beispielsweise das Wort »Corona« nicht lediglich vorkam, sondern der betreffende Autor sich intensiver mit jenem Thema beschäftigte. Hierfür wurden die Dateien von fünf der sechs Kirchenzeitschriften unter den beiden zu diesem Zeitpunkt am Projekt beteiligten studentischen Hilfskräften aufgeteilt und alle Artikel diagonal gelesen. Für die *ZEIT*, die *FAZ* sowie *idea Spektrum* wurde dieser Schritt übersprungen, da der zeitliche Aufwand aufgrund der umfangreichen Menge an Texten zu groß gewesen wäre. Nun lagen lediglich Dateien vor, welche relevante Artikel beinhalteten. Doch oft waren in jenen Dateien ebenfalls Texte enthalten, welche inhaltlich nicht relevant sind, da sich die txt-Dateien nicht auf einzelne Artikel beschränken, sondern auf die einzelnen Seiten der Zeitschriften. Im *vierten Schritt* entfernten wir also letztere Artikel aus den Dokumenten. Zudem sollten irrelevante Teile, beispielsweise das Impressum oder Quellenangaben in Bildunterschriften, entfernt werden, was jedoch nur teilweise erfolgte. Auch für die *ZEIT*, die *FAZ* und *idea Spektrum* wurde der vierte Schritt durchgeführt, wobei wir die relevanten Artikel der *FAZ* aufgrund deren nach dem zweiten Selektionsschritt nach wie vor sehr umfangreichen Textkorpus von 2936 Artikeln jedoch auf eine andere Art und Weise filterten: Wir besuchten das Online-Bibliotheksportal der *FAZ* und selektierten alle dort aufgeführten Artikel des Untersuchungszeitraums mithilfe der Suchfunktion danach, ob mindestens einer der Begriffe »Pandemie«, »Corona«, »Covid«, »Krise« oder »Virus« *und* mindestens einer der Begriffe »Religion«, »Gott«, »Kirche«, »Glaube«, »Christ«, »Bischof«, »Pfarrer«, »Synode« oder »Seelsorge« darin vorkommt. Die so herausgefilterten Texte wurden dahingehend geprüft, ob sie tatsächlich inhaltlich relevant sind, woraufhin sie schließlich abgespeichert wurden. Des Weiteren ist zu erwähnen, dass die Online-Ausgabe der Zeitschrift *zeitzeichen* im späteren Verlauf des Forschungsprozesses als separater Textkorpus hinzugefügt und sofort in Hinblick auf den vierten Schritt selektiert wurde. Zunächst war nur die Print-Ausgabe in die Untersuchung miteinbezogen worden, später wurden wir jedoch zusätzlich auf die Online-Ausgabe aufmerksam.

Für die Textkorpora jedes einzelnen Selektionsschritts führten wir Topic-Modell-Analysen durch. Im Zuge dessen wurden Tabellen angefertigt, in denen die jeweiligen Korrelationskoeffizienten für die beiden verwendeten Algorithmen – NMF und LDA – festgehalten wurden. Jene Korrelationskoeffizienten geben an, wie gut das betreffende Topic-Modell den Inhalt des jeweiligen Textkorpus, auf welchem es basiert, wiedergibt bzw. repräsentiert. In der Regel wurden die Analysen für eine Topic-Anzahl von vier bis acht durchgeführt. Lediglich wenn kein Ellenbogenkriterium[8] in diesem Bereich verzeichnet werden konnte, wurden zusätzlich Korrelationskoeffizienten für eine höhere Topic-Anzahl berechnet. Darüber hinaus betrachteten wir die Topic-Wörter – meistens jedoch lediglich die der Ellenbogenkriterien – inhaltlich, wobei wir untersuchten, ob das Thema Corona oder Religion oder beide Themen in dem jeweiligen Topic vorkommen.

---

8 Das Ellenbogenkriterium bezeichnet die Stelle, an der der Korrelationskoeffizient ansteigt, bevor er wieder abfällt. Tendenziell sinkt der Korrelationskoeffizient mit steigender Topic-Anzahl, jedoch möchte man sowohl einen möglichst hohen Korrelationskoeffizienten als auch eine möglichst hohe Topic-Anzahl erzielen. Diesbezüglich bietet das Ellenbogenkriterium den besten Kompromiss.

Im Folgenden sind exemplarisch anhand der Zeitschrift *Christ in der Gegenwart* die Topic-Modelle auf Basis der Selektionsstufen eins, drei und vier dargestellt:

	Topic_0	Topic_1	Topic_2	Topic_3	Topic_4	Topic_5
0	gott	les	anzeigenservice	kirche	jhwh	herder
1	menschen	ev	akademie	seien	götter	fax
2	leben	hl	de	deutschland	schrift	digital
3	jesus	theol	chiffre	jahren	chr	tel
4	gottes	dr	herder	prozent	könig	chefredakteur
5	corona	lesung	anzeigen	worden	bibel	de
6	kirche	helmchen	jakobsweg	menschen	schönberger	verlag
7	zeit	menke	lehrhaus	frauen	schwienhorst	dr
8	jesu	heike	telefon	muslime	david	studierende
9	welt	professor	email	erklärte	ludger	versand
10	welten	joh	isbn	gewalt	gott	issn
11	wege	leserbriefe	big	gesellschaft	israel	abonnentenservice
12	tod	phil	monatlichen	corona	jerusalem	springer
13	virus	cig	datenschluss	islam	israels	halbjährlich
14	christus	publizist	anzeigenschluss	christliches	ägypten	impressum
15	lebens	sa	erscheinungstermin	millionen	testament	aboservice
16	hoffnung	di	jakobus	christen	alten	haller
17	gerade	evangelium	mandlstraße	zeitgeschehen	verehrt	anzeigenleitung
18	mensch	fr	bayern	religion	name	freiburg
19	geist	psalmenwoche	wanderexerzitien	leben	tiere	zzgl

Abbildung 4: Topic-Modell der Zeitschrift nach dem ersten Selektionsschritt

	Topic_0	Topic_1	Topic_2	Topic_3
0	kirche	menschen	gott	gott
1	menschen	leben	menschen	corona
2	gott	gott	leben	leben
3	leben	kirche	kirche	welt
4	corona	corona	corona	menschen
5	welt	zeit	zeit	kirche
6	zeit	gottes	welt	zeit
7	jesus	welt	gottes	gottes
8	virus	virus	jesus	krise
9	jesu	krise	gegenwart	jesus
10	gegenwart	gegenwart	gerade	papst
11	nr	nr	jahr	gerade
12	lässt	glauben	christ	gegenwart
13	fragen	jesus	jesu	religion
14	krise	christ	nr	christ
15	christliche	jesu	gut	jesu
16	jahren	jahren	glauben	frage
17	gottes	gut	heißt	beispiel
18	christ	gesellschaft	weihnachten	geschichte
19	tod	cig	cig	glauben

Abbildung 5: Topic-Modell der Zeitschrift nach dem dritten Selektionsschritt

	Topic_0	Topic_1	Topic_2	Topic_3
0	corona	leben	gott	menschen
1	gott	menschen	corona	gott
2	leben	gott	menschen	corona
3	menschen	corona	leben	leben
4	krise	zeit	welt	zeit
5	tod	welt	gottes	kirche
6	jesu	gerade	zeit	welt
7	gottes	krise	kirche	gerade
8	kirche	gottes	nähe	gottes
9	zeit	pater	gerade	gut
10	welt	kunst	jesus	pandemie
11	angst	kirche	virus	jahr
12	virus	heißt	jahr	mensch
13	jesus	virus	auferstehung	virus
14	beten	glauben	krise	pater
15	mensch	tag	tod	freiheit
16	geist	jesus	jesu	sünde
17	heiligen	lockdown	mensch	heißt
18	wissen	situation	trotz	krise
19	kirchen	hoffnung	schöpfung	lockdown

Abbildung 6: Topic-Modell der Zeitschrift nach dem letzten Selektionsschritt

Nach Abschluss der Textselektion erfolgte die inhaltliche Analyse der Artikel. Hierfür wurden die im Zuge der Topic-Analyse zusätzlich automatisch generierten Dominant Topics-Dateien herangezogen, welche tabellarisch aufzeigen, wie gut die jeweiligen Topics die einzelnen Texte abbilden. Die Werte, welche dies anzeigen, können der Höhe nach geordnet werden, sodass die Texte, welche am besten durch das betreffende Topic repräsentiert werden, herausgefiltert und gezielt betrachtet werden können. An dieser Stelle soll zwecks besserer Veranschaulichung ein Ausschnitt der Dominant Topics-Datei der Zeitschrift *zeitzeichen* angeführt werden, welche zu den Topics in Abbildung 1 gehört:

	A	B	C	D	E	F	G	H	I
1		Topic_0	Topic_1	Topic_2	Topic_3	Topic_4	Topic_5	Dominant_Topic_NMF	
2	2008-zeitzeichen (1).txt	1.0	0.0	0.0	0.0	0.0	0.0	0	
3	2004-09-zeitzeichen (1).txt	1.0	0.0	0.0	0.0	0.0	0.0	0	
4	2004-12-zeitzeichen.txt	0.9045891262881574	0.0634841489995673	0.00813583209988829	0.0	0.0030618887214008	0.02072900389098628	0	
5	2005-zeitzeichen (2).txt	0.8493923441899618	0.10052119378407462	0.05008646202596359	0.0	0.0	0.0	0	
6	2006-zeitzeichen (2).txt	0.8482040682522554	0.01728124909375402	0.0	0.0	0.1345146826539906	0.0	0	
7	2101-zeitzeichen (2).txt	0.8366039362477996	0.10581784284172904	0.0	0.0	0.05757822091047133	0.0	0	
8	2009-20-zeitzeichen.txt	0.8197959693571204	0.0	0.18020403064287957	0.0	0.0	0.0	0	
9	2004-11-zeitzeichen.txt	0.7740978610751033	0.19851151009430293	0.0	0.0	0.027390628830593716	0.0	0	
10	2006-21-zeitzeichen.txt	0.7690215136180599	0.01233952346298463	0.0	0.0	0.021351436132616478	0.197287526786339	0	
11	2005-zeitzeichen (3).txt	0.7432941715307427	0.11727591334400655	0.011282960211341054	0.0	0.12814695491390968	0.0	0	
12	2004-30-zeitzeichen.txt	0.7002755508835292	0.006311882357439508	0.0	0.02459967262902423	0.26881289413000714	0.0	0	
13	2009-zeitzeichen (5).txt	0.6870867327056993	0.0	0.0	0.0	0.0	0.31291326729430075	0	
14	2004-09-zeitzeichen (2).txt	0.6789529781163511	0.1607110836102896	0.0	0.0	0.13965533284766196	0.020680605425697333	0	
15	2007-07-zeitzeichen.txt	0.669488434002952	0.026441337214360157	0.0	0.0	0.20394560777874157	0.10012462100394634	0	
16	2009-zeitzeichen (3).txt	0.6508819747316947	0.3491180252683052	0.0	0.0	0.0	0.0	0	
17	2006-15-zeitzeichen.txt	0.6481827832996768	0.05557946457839901	0.12122254076991497	0.03303222848766226	0.05164730693213966	0.09033567593220738	0	
18	2010-16-zeitzeichen.txt	0.607031975820243	0.3831812357932802	0.0	0.0	0.009786788386476768	0.0	0	
19	2012-zeitzeichen (1).txt	0.5544094927405662	0.44559050725943383	0.0	0.0	0.0	0.0	0	
20	2003-03-zeitzeichen.txt	0.551053892323268	0.0	0.0	0.0	0.0	0.448946107676732	0	
21	2010-zeitzeichen.txt	0.5255330263600135	0.17351870975592956	0.0	0.0	0.0014108330552445026	0.29953743082881246	0	
22	2004-25-zeitzeichen.txt	0.514581488415023	0.14374022019662766	0.3114385680437291	0.0	0.0	0.030239723344619947	0	
23	2012-zeitzeichen (2).txt	0.47387228210317134	0.4157168766211417	0.11041084127568698	0.0	0.0	0.0	0	
24	2101-zeitzeichen (1).txt	0.4481057827896579	0.5518942172103422	0.0	0.0	0.0	0.0	1	
25	2011-09-zeitzeichen (1).txt	0.37606493191676604	0.0	0.0	0.555077899888234	0.06885716819499996	0.0	3	
26	2009-zeitzeichen (4).txt	0.3604950298370511	0.17791102079310803	0.034369656995517424	0.3767087175634638	0.0	0.05051557481085958	3	
27	2011-10-zeitzeichen.txt	0.3065102555579575	0.04487626907977262	0.04015298665572256	0.10100585216186432	0.007999894977292633	0.49945474156739034	5	
28	2011-09-zeitzeichen (2).txt	0.26654545853686235	0.1930704308454003	0.11120235643314431	0.3616876064394544	0.044532273699409215	0.022961874045729382	3	
29	2009-zeitzeichen (2).txt	0.23324049447107506	0.6243020793778561	0.11250783189945025	0.029949594251618597	0.0	0.0	1	

Abbildung 7: Dominant Topics der Zeitschrift *zeitzeichen* (Ausschnitt)

Hier sind die Werte von Topic 0 der Höhe nach sortiert. Somit ist ersichtlich, dass die Wörter von Topic 0 den Text »2008-zeitzeichen (1).txt« am treffendsten widerspiegeln. Auf gleiche Weise kann nun auch mit den anderen Topics verfahren werden.

Um erste inhaltliche Schwerpunkte unserer Analyse zu identifizieren, teilten wir die Zeitschriften untereinander auf und überflogen einige jener Texte, welche zu einem hohen Anteil durch die Topic-Wörter repräsentiert werden – wobei wir hier jedoch keinen genauen Grenzwert festlegten. Anschließend trugen wir zusammen, welche übergreifenden inhaltlichen Schwerpunkte wir ermitteln konnten. Dabei ergaben sich folgende fünf Zusammenhänge: *theologische Deutungen der Krise, mittelbare Krisenbewältigung durch religiöse Praxis, kultische Gottesdienste unter den Bedingungen der Corona-Maßnahmen, politische und ethische Debatten bezüglich der Corona-Maßnahmen* sowie die Frage nach *Systemrelevanz von Religion und Kirche.* Daraufhin wählte jeder Mitarbeiter und jede Mitarbeiterin einen dieser Schwerpunkte, um in Hinblick auf diesen die am besten durch die Topic-Wörter repräsentierten Texte jeder Zeitschrift zu lesen und zu analysieren – ebenfalls mithilfe der Dominant Topics-Dateien. Hierbei wurden die Topic-Wörter auf Schlüsselbegriffe, welche mit dem betreffenden Schwerpunkt in Zusammenhang stehen könnten (beispielsweise »Pflicht« oder »Schuld« für den Themenbereich *politische und ethische Debatten bezüglich der Corona-Maßnahmen*), hin betrachtet, um die Texte noch gezielter herauszufiltern. Für jeden der inhaltlichen Schwerpunkte wurde ein eigenes Kapitel verfasst, in welchem die Ergebnisse der Analyse detailliert festgehalten werden, wobei der Punkt *Gottesdienstpraxis im Rahmen der Corona-Maßnahmen* jedoch entfallen musste.[9]

3. Exemplarische Veranschaulichung der inhaltlichen Analyse

In vielen Fällen gibt das entsprechende Topic bereits Hinweise darauf, in welchem Sinnzusammenhang und Kontext ein bestimmter Begriff oder ein bestimmter thematischer Aspekt Erwähnung finden. So kann der Blick auf ein Topic, im Kontext dessen ein für das jeweilige Thema relevanter Begriff generiert wurde, auf interessante Zusammenhänge und Themenschwerpunkte hindeuten. Das Lesen der zu dem Topic gehörigen Artikel ermöglicht sodann, die aus jenem

---

9 Die Person, die an diesem Zusammenhang gearbeitet hatte, musste aus äußerlich-kontingenten Gründen das Projekt verlassen. Da dies leider während einer späten Arbeitsphase geschah, war es nicht mehr möglich, den Verlust zu kompensieren. Es wäre lohnend, dies nachzuholen. Das vorbereitete Material kann interessierten Forschenden zur Verfügung gestellt werden.

Topic abgelesenen Zusammenhänge zu überprüfen und gegebenenfalls zu verifizieren, indem sie mit Details und Belegen aus den Texten untermauert werden.

Beispielsweise finden sich bei der Beschäftigung mit »Seelsorge« neben jenem Begriff im gleichen Topic Begriffe wie »Kirche«, »EKD« oder »systemrelevant«, weshalb sich annehmen lässt, dass Seelsorge insbesondere als Tätigkeitsbereich der Kirchen thematisiert und in Verbindung damit die Frage nach Systemrelevanz gestellt wird. Dies gilt es in den Texten zu überprüfen.

In manchen Fällen werden auch erst während des Lesens der relevanten Texte Zusammenhänge erkennbar, die sich aus den Topics nicht auf Anhieb haben ablesen lassen. Bei einem erneuten Blick in die Topics lassen sich diese dann aber ebenfalls erkennen und nachweisen. Befasst man sich beispielsweise mit dem »Abendmahl« und bemerkt beim Lesen der zu diesem Topic gehörigen Texte, dass insbesondere das Feiern des Abendmahls über das Internet thematisiert wird, kann ein erneuter Blick in die Topics wertvoll sein. Andere im Rahmen dieses Topics generierte Begriffe wie »digital« oder »online«, die man zunächst nicht direkt mit der Abendmahl-Frage in Verbindung gebracht hatte, können den eigenen Textbefund nachträglich untermauern.

Es handelt sich also um ein Wechselspiel: Zum einen dienen die Topics als Überblick und geben Hinweise, die es in den Texten zu überprüfen gilt. Zum anderen lässt sich eine in den Texten erkennbare Tendenz anhand der computergenerierten Topic-Wörter auch empirisch-faktisch erfassen und belegen.

Interessant für die Auswertung ist zudem, dass sich allein durch die Betrachtung der generierten Topic-Wörter sehr klare Rückschlüsse auf die Schwerpunkte der einzelnen Zeitungen und Zeitschriften ziehen lassen. Dies ist nicht nur hilfreich, um die thematische, religiös-spirituelle, politische oder weltliche Ausrichtung der Zeitschriften nachzuvollziehen. Die Topic-Wörter in ihrer Kombination können auch Hinweise darauf geben, welches Publikum die jeweiligen Publikationsorgane anzusprechen suchen. All diese Befunde sind wiederum von Bedeutung für die Interpretation der Ergebnisse.

Darüber hinaus wird der Vergleich zwischen den unterschiedlichen Zeitungen und Zeitschriften durch die mit Hilfe der Dominant Topics generierte Meta-Ebene enorm erleichtert: Legt man nämlich beispielsweise die Topics von *FAZ* und *zeitzeichen* nebeneinander, finden sich durchaus Überschneidungen der Themen und Termini – der Kontext, im Rahmen dessen ein und derselbe Terminus dann aber besprochen wird, ist zumeist so unterschiedlich wie die Zeitschriften selbst.

4. Kritische Reflexion der Methodik

Einige Aspekte der Methodik und Vorgehensweise gilt es kritisch zu betrachten. So wurden mit zwei landeskirchlich-evangelischen und zwei evangelikal-freikirchlichen insgesamt vier evangelische, jedoch nur zwei katholische Zeitschriften herangezogen, weshalb für die evangelischen Akteurinnen und Akteure ein breiteres Meinungsspektrum abgebildet wird als für die katholischen. An dieser Stelle sei somit betont, dass die beiden untersuchten katholischen Publikationsorgane vermutlich nicht die gesamte katholische Meinungsvielfalt widerspiegeln.

Des Weiteren wurden die Texte für den vorletzten und letzten Selektionsschritt unter zwei Mitarbeiterinnen aufgeteilt, sodass unterschiedliche subjektive Herangehensweisen hier nicht gänzlich ausgeschlossen werden können. Beispielsweise wurden inhaltlich irrelevante Anmerkungen wie Quellenangaben in Bildunterschriften oder Angaben im Impressum in einigen Artikeln entfernt, in anderen hingegen nicht, weshalb in einigen Topics irrelevante Wörter, unter anderem »permanenter« und »Link«, enthalten sind.

Zudem sollte betont werden, dass kein Informatiker an dem Projekt beteiligt war, was für die optimale Nutzung des Programms förderlich gewesen wäre. So traten des Öfteren technische Probleme und Unstimmigkeiten auf, beispielsweise wurden auf einem anderen PC leicht abweichende Korrelationskoeffizienten berechnet als auf jenem, welcher hauptsächlich für die Topic-Modell-Analyse verwendet wurde. Überdies war ursprünglich geplant, den Verlauf der Bedeutung der Topics über den Untersuchungszeitraum hinweg darzustellen, um daraus abzuleiten, wie sich die Corona-bezogene Berichterstattung im Verlauf der Pandemie gewandelt hat und welche Themen zu welchem Zeitpunkt der Krise somit öffentlich vermehrt diskutiert wurden und von Bedeutung waren. Für die hierfür erforderliche Generierung von Liniendiagrammen durch das Programm mussten die Dateien umbenannt werden, um den Verlauf pro Monat abzubilden. Die daraufhin erstellten Diagramme wichen jedoch von den teilweise zuvor bereits generierten ab, woraufhin wir feststellten, dass das Programm mittlerweile leicht abweichende Topic-Modelle entwickelte als noch einige Monate zuvor: Bestimmte Wörter wurden ausgetauscht und die Topics wurden in einer anderen Reihenfolge angeordnet. Es ist zu vermuten, dass dies mit dem in der Zwischenzeit durchgeführten Update des Programms zusammenhängt. Da wir zu diesem Zeitpunkt bereits seit einiger Zeit mit den ursprünglichen Topics an dem Ergebnisteil gearbeitet hatten, entschieden wir uns dafür, auf die Darstellung des zeitlichen Verlaufs zu verzichten.

Zusätzlich sollte hervorgehoben werden, dass die im Endeffekt für den Ergebnisteil dieser Arbeit untersuchten Topics nicht repräsentativ auf allen Texten des Untersuchungszeitraums basieren, sondern auf den Texten des letzten Selektionsschritts und somit auf relativ kleinen Textkorpora, welche lediglich für die Thematik relevante Texte beinhalten. Bei Betrachtung der ursprünglichen, vollständigen Textkorpora sowie der auf Basis dieser Textkorpora generierten Topic-Wörter fällt auf, dass sich lediglich ein vergleichsweise kleiner Teil der Texte mit der Corona-Thematik beschäftigt. Das Projekt trifft somit keine Aussage darüber, *zu welchem Anteil* die untersuchten Zeitschriften die Corona-Pandemie im religiösen Kontext thematisieren, sondern darüber, *was* sie innerhalb der Corona-Problematik thematisieren, beispielsweise religiöse Deutungen des Krisengeschehens und praktische Umgangsweisen seitens religiöser Akteurinnen und Akteure.

5. Formale Anmerkung: Zitation und Siglen der Publikationsorgane

Bevor nun inhaltlich in die Thematik eingestiegen werden kann, muss zunächst erläutert werden, wie die Artikel der Zeitungen und Zeitschriften in den folgenden Kapiteln zitiert werden.

Die Zitation erfolgt in Klammern im Fließtext. Zunächst wird der Nachname des Autors genannt, daraufhin die Sigle der Zeitschrift und schließlich das vollständige Erscheinungsdatum des betreffenden Artikels, also Tag-Monat-Jahr. Sofern die jeweilige Zeitschrift das Erscheinen ihrer Artikel nicht auf den Tag genau angibt, werden lediglich Monat und Jahr angeführt. Christina Sawatzki gibt in ihrem Kapitel zusätzlich die Seitenzahlen mit an. Die einzelnen Angaben sind durch Bindestriche getrennt. Die von uns festgelegten Siglen der Publikationsorgane lauten wie folgt:

C	chrismon
CP	chrismon plus
CIG	Christ in der Gegenwart
FAZ	FAZ
I	idea Spektrum
KS	Katholische Sonntagszeitung
MP	Medienmagazin Pro
Z	DIE ZEIT
ZZ_online	Online-Ausgabe zeitzeichen
ZZ_print	Print-Ausgabe zeitzeichen

Ein Artikel der Zeitschrift *Christ in der Gegenwart*, welcher von Max Mustermann verfasst und am 28. Februar 2021 veröffentlicht wurde, würde demnach folgendermaßen zitiert werden: Mustermann-CIG-28-02-2021.

Literaturverzeichnis

FRÖH, JOHANNES/ROBINSON, MATTHEW: Digital Religious Communication and the Facilitation of Social Resilience. Part 1: Theoretical Model and Proposal, https://doi.org/10.1080/10477845.2023.2232622 (zuletzt 04. 09. 2024).

–, Digital Religious Communication and the Facilitation of Social Resilience. Part 2: Empirical Test of the Theoretical Model. A Study of the Twitter Activity of Ecumenical and Social Justice-Oriented Groups during the COVID-19 Pandemic, https://doi.org/10.1080/10477845.2023.2233875 (zuletzt 04. 09. 2024).

JOAS, HANS: Glaube als Option. Zukunftsmöglichkeiten des Christentums, Freiburg u. a. 2012.

LÜBBE, HERMANN: Religion nach der Aufklärung, München ^{3}2004.

PAPILLOUD, CHRISTIAN/HINNERBURG, ALEXANDER: Qualitative Textanalyse mit Topic-Modellen. Eine Einführung für Sozialwissenschaftler, Wiesbaden 2018.

STICHWEH, RUDOLF: Simplifikation des Sozialen, in: FAZ vom 7.4. 2020, Nr. 83, 9.

»Göttliche Strafe«, »Reaktion der Natur«, »Menschliche Kränkung« …
Theologische Deutungen der Corona-Pandemie

Jonas Stephan

1. Nicht systemrelevant?!

»Öffentliche Theologie im Corona-Krisenmodus schreibt gegen die Angst vor dem eigenen Bedeutungsverlust an.« (Körtner-ZZ_online-05) So fasste der systematische Theologe Ulrich Körtner den öffentlichen Diskurs zur Coronapandemie, in einem Beitrag in *zeitzeichen*, zusammen. Die Corona-Krise ist ein »Stresstest für die Öffentliche Theologie und ihren Geltungsanspruch in einer säkularen Gesellschaft« (ebd.), welchen diese auch nicht besteht. Körtner attestiert theologischen Deutungs- und Meinungsbeiträgen in der Coronapandemie[1] wenig Innovation. Corona-Theologie bewegt sich »in gewohnten Bahnen«, produziert nichts Neues, und viel frappierender – sie steht, mit ihrem Orientierungs- und Geltungsanspruch, diametral den gesellschaftlichen Realitäten gegenüber. Kurz gesagt: »Nicht mehr systemrelevant!« (ebd.) Doch war das wirklich so? Bewegte sich öffentliche Theologie auf ausgetretenen (Denk-)Pfaden? Oder gelangen theologische Innovationen in der religiösen Symbol- und Deutungssprache? Diesen Fragen möchte das folgende Unterkapitel nachgehen.

Der Text ist dabei folgendermaßen gegliedert. Zunächst soll kurz präsentiert werden, welche theologischen Narrationen und Symbole in der christlichen Kommunikation über die Coronapandemie genutzt wurden. Insgesamt wurden aus dem umfangreichen Textcorpus, auf dem die Arbeitsgrundlage des Projekts basierte, 120 Texte analysiert. Zehn Themenbereiche, welche theologische Topoi umfassten, konnten dabei identifiziert werden.

In einem zweiten Schritt sollen inhaltliche Gemeinsamkeiten zwischen den verschiedenen Publikationen ausgearbeitet werden. Folgende Gruppen werden dabei unterschieden:

---

1 Nota bene: der Artikel erschien am 16.05.2020, also sehr früh im zeitlichen Verlauf der Pandemie.

1. Gemeinsamkeiten zwischen allen drei Publikationsorten
2. Gemeinsamkeiten zwischen katholischen und evangelisch-landeskirchlichen Publikationen
3. Gemeinsamkeiten zwischen katholischen und freikirchlichen Publikationen
4. Gemeinsamkeiten zwischen freikirchlichen und evangelisch-landeskirchlichen Publikationen

Im dritten Arbeitsschritt werden inhaltliche Unterschiede zwischen den verschiedenen Publikationen skizziert. Folgende Unter-Gliederung ergibt sich dabei:
1. Differenzen, die sich ergaben zwischen katholischen und evangelisch-landeskirchlichen Publikationen auf der einen Seite, welche kontrastiert werden durch freikirchliche Positionierungen auf der anderen Seite.
2. Differenzen, die sich ergaben zwischen katholischen und freikirchlichen Publikationen auf der einen Seite, welche kontrastiert werden durch evangelisch-landeskirchliche Positionierungen auf der anderen Seite.

Abschließend sollen theologische Debatten angeführt werden, welche quantitativ marginal in den untersuchten Medien vorkamen und sich daher nicht in die oben ausgearbeiteten Gruppen einordnen ließen. Danach schließt sich ein Fazit an. Der vorliegende Beitrag versteht sich nicht als abschließender Beitrag zu christlichen Positionierungen, zu theologischen Themen, in der Coronapandemie. Viel eher stellt er einen Aufschlag dar, welcher zur Debatte herzlich einlädt.

2. Welche theologischen Topoi kamen in der christlichen Kommunikation über die Coronapandemie vor?

Folgende theologischen Topoi kamen in der christlichen Kommunikation über die Coronapandemie vor:

Anthropologie
Christliche Publikationen beschäftigten sich im ersten Jahr der Coronapandemie mit anthropologischen Fragen. Insgesamt 19 Artikel beschäftigten sich mit diesem Topos. Die Auseinandersetzung drehte sich vor allem um Fragen, welche zum einen die individuelle Subjektivität betreffen, zum anderen wurden die Konsequenzen für das menschliche Miteinander und das generelle Leben als Menschheit in einer globalisierten Welt, welche von einem globalen Virus angegriffen wurde, durchdacht.

Die Frage nach Gott

Charakteristisch für religiöse Publikationen standen theologische Fragen im Zentrum der Kommunikation im ersten Jahr der Coronapandemie. 40 Artikel ließen sich diesem Topos zuordnen. Die Texte stellten hier Fragen nach der göttlichen Rolle und Konstitution in der Pandemie sowie dem menschlichen Verhältnis zu Gott, welches neu gedacht werden muss, ins Zentrum.

War Covid eine Strafe Gottes?

22 Artikel, gestreut durch alle Publikationsorgane, beschäftigten sich mit dieser Frage. Die Antworten fielen dabei divers aus: von vorauseilender Negation, zu ambivalenter Abwägung und Apologie, lassen sich alle Argumentationsmuster finden. Die finale Antwort ist jedoch stark davon abhängig, in welchem Publikationsorgan die Frage gestellt wurde.

Sünde

Andockend an das vorhergehende Topos könnte es naheliegen, dass die Deutung, dass das Coronavirus Ausdruck menschlicher Sünde sei, in gleichem Maße populär war. Dieser Verdacht lässt sich jedoch, bei rein statistischer Betrachtung, verneinen: fünf Artikel beschäftigten sich mit dieser Frage.

Christologische Bezüge

Als weiteres Charakteristikum für eine christliche Betrachtung der Welt ist es fast banal, dass die christliche Kommunikation über die Coronapandemie auch christologische Deutungen, resp. narrative Rahmen, offenbarte. 22 Texte verhandelten solche Deutungen, jedoch treten auch hier konfessionelle Unterschiede auf, wie wir auf den folgenden Seiten noch erkennen werden.

Schöpfung/Natur

Die Coronapandemie lud dazu ein, ein neues christliches Verständnis der göttlichen Schöpfung, also auch der Natur, die den Menschen umgibt, zu explizieren. In 15 Artikeln ließen sich solche Denkwege nachvollziehen, welche vor allem um die grundlegende Konstitution der göttlichen Schöpfung, sowie die Beziehung dieser zum Subjekt Mensch, changierten.

Apokalypse

Ein weiteres theologisches Symbol, welches benutzt wurde, um die Coronapandemie zu deuten, war das Symbol der Apokalypse. Doch war das auch in christlichen Medien so? Der Schluss liegt nahe. Apokalyptische Symbole waren jahrhundertelang Deutungsrahmen für Krisen jeglicher Art, und auch zu Anfang der Pandemie ließen sich diverse Artikel, vor allem in säkularen Medien, finden, welche dieses Symbol nutzten. In der christlichen Kommunikation ergibt sich ein anderes Bild. Gerade einmal vier Artikel beschäftigten sich mit diesem Topos.

Eschatologie/Hoffnung/Soteriologie
Eschatologische Deutungen fanden in der Pandemie eher in einem anderen Rahmen statt. Viel eher waren soteriologische Hoffnungsnarrative dominant, in der eschatologischen Ausdeutung der Krise. Das belegen auch die reinen Zahlen, zwölf Artikel drehten sich um diesen Topos.

Narrative Rahmen, aus biblischen Geschichten gezogen
Um einen narrativen Rahmen herzustellen, wurden im Laufe des ersten Jahres der Coronapandemie nicht nur Bezüge zu Geschichten hergestellt, welche Jesus Christus als Bezugsgröße aufzeigten. Es gab auch andere Deutungsschemata, vier an der Zahl, welche in der Pandemie zur Sinndeutung genutzt wurden.

Weitere Topoi
Neben den bislang vorgestellten Topoi gab es in den untersuchten Medien jedoch auch Artikel, welche nicht zwangsläufig einen theologischen Topos benutzt haben, deren Erkenntnisse jedoch für unsere Betrachtung relevant waren; welche randständige Phänomene als Deutungskategorien nutzten; welche nicht als eigenständiges Kapitel aufgezählt werden sollen; etc. Alle Texte, die sich nicht einwandfrei zuordnen ließen oder nebengestellte Deutungsnarrative bedienten, finden sich in diesem Abschnitt. Insgesamt dreht es sich hier um 19 Artikel.

3. Gemeinsamkeiten in der christlichen Kommunikation

3.1 Gemeinsamkeiten zwischen den drei christlichen Publikationsformen

3.1.1 Gottes Konstitution und Rolle in der Pandemie

Logischerweise zwingend, für ein monotheistisches Religionssystem, waren Reflexionen zum Topos Gott ein zentraler Bestandteil der christlichen Kommunikation über die Coronapandemie. In diese Kategorie fallen bereits die ersten Verbindungslinien zwischen den verschiedenen Konfessionen. Grundsätzlich lässt sich, im Hinblick auf das Gottesbild, sagen: Gott wird von den christlichen Publikationen eine passive Rolle zugeschrieben.[2] Des Weiteren werden ähnliche Konzeptionen von Gott verwendet und auf die Pandemie gedeutet. In Teilen werden, je nach Publikationsform, unterschiedliche Schwerpunkte gesetzt, diese sollen im Folgenden ausgearbeitet werden.

---

2 Eine Ausnahme hiervon stellt der Diskurs um den Topos Strafe dar. Hier wird Gott zwar klassischerweise eine aktive Rolle zugeschrieben, die untersuchten Texte zeigen jedoch, dass Strafe wesentlich passiver verstanden wird.

Evangelisch-landeskirchliche Texte schreiben Gott in der Pandemie eine ambivalente Rolle zu. Grundsätzlich muss Gott als Konzept sich einer leichten Neudeutung unterziehen, es muss festgehalten werden: Gott ist nicht der Auslöser der Pandemie und spielt generell eine kleine Rolle im Entstehen und Fortgang der Pandemie. Die Artikel arbeiteten heraus, dass diese Krise nicht die erste Krise ist, welche mit tradierten Gottesbildern kollidiert, und es wird auch nicht die letzte sein (vgl. Mawick-ZZ_online-11). Jedoch hat die Coronapandemie mit ihrem Charakteristikum als Krise, welche mit den Grundvoraussetzungen der menschlichen Moderne in Konflikt tritt, eine Sonderstellung. Sie zwingt die Theologie, ein Paradigma der Moderne neu zu deuten – das moderne Aktivitätsparadigma. Dieses, also die Überzeugung, dass nur das gilt, was wirksam ist, lässt sich nicht eins zu eins auf Gott übertragen. Einem allmächtigen Gott muss, vor allem in einer gnadenlosen und arbiträr wahrgenommenen Pandemie, das Recht zur Passivität zugeschrieben werden (vgl. ebd.).

Auch katholische Texte setzten an diesen Überlegungen an. So wurde weiter darauf plädiert, dass Gott allmächtigen Status besitzt (vgl. Röser-CIG-04; Zopora-KS-05).[3] Und dennoch kann mit einem klassischen Verständnis von Gott in der Coronapandemie nur wenig gewonnen werden. Vor allem das Verhältnis zwischen Mensch und Gott muss sich einer Neudeutung unterziehen. Als zentraler Begriff wird an einer Textstelle die »schlechthinnige Abhängigkeit« – in der Rezeptionsgeschichte Friedrich Schleiermachers weit verbreitet – als »neues« Konzept eingeführt (vgl. Röser-CIG-05). Mit ihr soll neues Gottvertrauen für die Menschen entwickelt werden – die Krise offenbart, dass einige Dinge in der Welt nicht beherrschbar sind. Im Bezug auf Gott soll eine neue Sprache, eine neue »Mystik« (ebd.), gefunden werden. Als Alternativvorschlag wird angeführt, dass Gott auch als evolutionäres Phänomen verstanden werden kann (vgl. ebd.). Diese Implikationen werden an späterer Stelle genauer charakterisiert. Gott wird in katholischen Publikationen auch als hoffnungsstiftende Kategorie für den einzelnen Glaubenden in der Krise verstanden. In vielen Artikeln wird formuliert, dass die Menschen auf Gott weiterhin vertrauen sollen. Das kann als allgemeiner Hinweis verstanden werden (vgl. Guntli-CIG-11; Schäfer-KS-05), anlassbedingt zu christlichen Festen, z. B. zum Weihnachtsfest (vgl. Röser-CIG-12), oder als Handlungshinweis des Papstes (vgl. Röser-CIG-04).

Auch freikirchliche Publikationen tradierten das Narrativ, dass Gott in der Pandemie vor allem als Hoffnungskategorie fruchtbar gemacht werden kann. Diese argumentieren in ähnlicher Art wie bereits die katholischen Texte. Vor allem das Weihnachtsfest erfährt eine besondere Würdigung. Ein Text bezeichnet Weihnachten sogar als »Gottes Anti-Lockdown« (Werth-MP-06). Im Weihnachts-

---

[3] Diese Allmacht wurde an manchen Stellen jedoch auch konterkariert (vgl. Langer-CIG-05).

fest öffnet sich der Himmel, Gott kommt zu den Menschen und hilft ihnen in den tristen Pandemiezeiten, die trübe Wirklichkeit zu überwinden.

> »Unsere Reiche kollabieren. Unser Wille bringt Zerstörung und Zerbruch. Mit unserem Latein sind wir am Ende. Darum: Dein Wille geschehe, Gott! Denn du willst das Leben, nicht den Tod. Du willst Aufblühen und nicht Absterben. Du willst Barmherzigkeit und nicht Rücksichtlosigkeit.« (ebd.)

Doch neben den Deutungen, die Gott in der Pandemie als Hoffnungskategorie verstehen, gibt es auch Beiträge, die, durch die Pandemie gezwungen, das Gottesbild neu ausdeuten wollen. Ein Artikel postuliert, dass mit der Pandemie die Zeit einfacher Gottesbilder vorbei sei (vgl. Pepper-MP-02). Covid macht deutlich, dass himmlische Gesetzmäßigkeiten, aus der Bibel abgeleitet, nicht existent sind. Und dennoch sollen die Menschen ihr Vertrauen auf Gott nicht verlieren, sondern sich weiterhin positiv auf ihn beziehen, ohne utopischen Schlussfolgerungen zu erliegen (vgl. ebd.).

Ein wichtiges Begriffspaar, welches zeitungsübergreifend benutzt wurde, um Gott in der Krise zu charakterisieren, war *deus absconditus* – welches Gott so beschreibt, dass er in der Welt prinzipiell unerkennbar bleibt – und *deus revelatus* – welches Gott als sich in der Geschichte der Welt offenbarend beschreibt. *Deus absconditus* kommt in vier Artikeln vor, dabei wird das Konzept unterschiedlich, in drei Weisen, befüllt:

1. Der *deus absconditus* wird kritisch eingeordnet. Mit ihm kann die menschliche Wahrnehmung des göttlichen Handelns verdunkelt werden. Daher bietet es sich nicht an, in der Pandemie dieses Vokabular zu benutzen. Gottes Handeln kann nämlich nicht von der Welt abstrahiert werden (vgl. Bedford-Strohm-FAZ-05), auch nicht in einer Viruspandemie.
2. Zum anderen wird der *deus absconditus* positiv gewürdigt, da er das Licht der Aufmerksamkeit von Gott weg, hin zum entscheidenden christlichen Moment leitet – Jesus Christus.
3. *Deus absconditus* wird als Metabegriff benutzt, um Debatten rund um die Rolle Gottes in der Pandemie, z. B. als Bestrafer der Menschheit oder nicht, einzuordnen (vgl. Löwe-FAZ-05; Fischer-ZZ_print-09). An dieser Stelle wird auch der *deus relevatus* als konträres Begriffspaar, ohne inhaltliche Implikationen für die Pandemie, angeführt.

Das Reden von Gott ist an dieser Stelle noch nicht ausgeschöpft. Oft wird in anderen Diskursen, rund um spezifischere Topoi, Gott debattiert. Auf diese Debatten wird zu späterer Zeit genauer eingegangen.

3.1.2 Anthropologische Deutungen und Konsequenzen der Pandemie

Auch in den anthropologischen Deutungen innerhalb der Coronapandemie ließen sich Verbindungslinien zwischen den unterschiedlichen Publikationsorganen, und damit auch institutionell-kirchlichen Gruppen, finden. Grundsätzlich teilen alle drei Kirchengruppen die gleiche Grundthese für den Menschen und sein Selbstverständnis in der Coronapandemie – das Virus zeigt dem Menschen in aller Radikalität seine Verletzlichkeit und Endlichkeit, in neuer Dringlichkeit, auf. Auf diese Grundthese können sich alle Zeitungen einigen, der Denkweg dazu ist unterschiedlich stark ausformuliert oder macht sich an unterschiedlichen Fixpunkten der Beobachtung fest, was zu folgenden genuinen Argumentationsmustern führt:

1. In evangelisch-landeskirchlichen Publikationen stehen primär die Verletzlichkeit des Individuums Mensch, und die daraus resultierenden Konsequenzen für das menschliche Selbstverständnis im Fokus.
2. Katholische Publikationen attestieren dem Menschen Verletzlichkeit, stellen diese in enge Korrespondenz mit Gott und seiner Rolle für die menschliche Existenz.
3. In freikirchlichen Publikationen wird die Bedrohung für den Menschen nicht nur individuell, sondern auch als Bedrohung für ein gemeinschaftliches Miteinander wahrgenommen.

Für den evangelisch-landeskirchlichen anthropologischen Denkweg bietet sich vor allem ein Blick in die *zeitzeichen* an. Hier wird eine besonders dichte und theologisch anspruchsvolle Auseinandersetzung mit dem Topos angeboten.

Beispielhaft lässt sich Ralph Charbonniers Beitrag *Die vierte Kränkung* anführen. Der Titel ist dabei Programm – die Coronapandemie stellt die, bis jetzt, vierte menschliche Kränkung dar,[4] welche unser humanes Verständnis von Selbstbestimmtheit und Autonomie in Frage stellt und verlangt, diese Kategorien des menschlichen Seins neu zu erschließen. Folgend muss die Kategorie Selbstbestimmung neu gefüllt und definiert werden:

1. Selbstbestimmung nicht ohne Natur

Die Pandemie zeigt in einer besonders eindrücklichen Art und Weise, dass der Mensch die Grenzen der Natur überschritten hat. Die moderne, philosophische Dichotomie zwischen Natur und Mensch, Natur und Technik, muss überwunden

---

[4] Die vorherigen Kränkungen lassen sich wie folgt bestimmen: Die Erde ist nicht der Mittelpunkt des Kosmos, sondern nur ein Planet neben vielen. Der Mensch ist nicht ein Wesen eigener Art, sondern ein Ergebnis evolutionärer Prozesse. Das Bewusste ist nicht das allein Bestimmende der Realität, unbewusste Entitäten wirken auf die Wirklichkeit mit ein.

werden. Menschliche Autonomie muss mit und in den Grenzen der Natur gedacht werden.

2. Selbstbestimmung nicht ohne Leiblichkeit

Charbonnier geht in diesem Unterpunkt auf die klassische Dichotomie zwischen Körper und Geist ein. Diese muss anders gedacht werden angesichts der Pandemie, welche diese beiden Kategorien ganz konkret, einheitlich, bedroht: die Leiblichkeit, der Körper, wird bedroht, indem das Leben ausgelöscht wird. Die Seele, der Geist, die Psyche, wird bedroht durch die Regeln und deren Konsequenzen zur Eindämmung der Virusaktivität. Nach Charbonnier darf es keinen einseitigen Schutz geben, ausschließlich für den Körper oder ausschließlich für die Seele.

3. Selbstbestimmung nicht ohne die anderen

Durch die Reaktionen des Menschen auf die Pandemie ergaben sich primär Konflikte und Risse im gesellschaftlichen Miteinander. Menschliche Autonomie in und nach der Pandemie kann nicht einseitig egoistisch gedacht werden. Viel eher muss sie von wechselseitigen Beziehungen her gedacht werden.

4. Selbstbestimmung nicht nur aus einer Perspektive

Durch die Prozesse, die die Moderne in Gang gesetzt hat, wurden Mehrschichtigkeit und Mehrperspektivierung in die Welt gebracht. Zwischen diesen Perspektiven sollte es einen Wettbewerb auf dem »Markt der Möglichkeiten« geben. Es darf nicht eine Perspektive dominieren, die den Weg aus der Pandemie bestimmt.

5. Selbstbestimmung nicht ohne »Mut zum Sein«

Covid ist eine neue Herausforderung für die Menschheit im 21. Jahrhundert. Charbonnier analysiert drei Gruppen von Menschen, die unterschiedlich auf die Pandemie reagieren: die einen handeln unklug, wollen sich nicht einschränken (lassen) und werden so zu Gefährdern. Die anderen werden hysterisch, handeln dadurch unklug und können auch zu potentiellen Gefährdern aufsteigen. Und eine dritte Gruppe erträgt die Pandemie und alle legislativen Regeln stoisch. Allen drei Gruppen haftet die gleiche Eigenschaft an: sie alle sind sich der eigenen Existenzgefährdung nicht gewahr. Der existenziellen Gefährdung der menschlichen Existenz darf man sich aber nicht entziehen, man muss sich ihr stellen. Doch was heißt das?! »Sich bestimmen lassen. Aktiv passiv sein. Verheißung hören, Christus vertrauen, Hoffnung stärker sein lassen als Furcht.« (Charbonnier-ZZ_print-01). Das passt nur mäßig zum modernen Bild des Menschen, der lieber aktiv ist und sich nicht passiv verhalten will, und in spezifischen Bereichen auch bewusst nicht passiv sein soll. Charbonnier zitiert, um diese kognitive Dissonanz aufzulösen, drei Denker. »Sich bestimmen lassen zur Selbstbestimmung«, wie Martin Seel es formuliert. Autonomie soll gefasst werden als »Souveränität, die die eigene Abhängigkeit integriert«, um Gernot Böhme zu zitieren. Und abschließend, mit einem Theologen, Paul Tillich: »Mut zum Sein.« (vgl. ebd.).

Charbonnier legt bereits früh in der Pandemie eine detaillierte Betrachtung des menschlichen Seins in der Pandemie vor. In ähnliche Schlagrichtung geht dabei ein Text von Ralf Frisch, jedoch mit anderer Pointe – während die menschliche Verletzlichkeit für Charbonnier ein passives Ergebnis war, hat für Frisch der Mensch eine aktive Rolle im Entstehen eben dieser. »Die Krone der Schöpfung« – so schreibt Frisch ironisch – erlebt gerade eine Kränkung und Bedrohung – eine Entthronung –, an welcher sie nicht ganz unbeteiligt war. Das Coronavirus ist für Frisch eine Chiffre. Chiffre für die menschliche Hybris zu glauben, die Welt sei frei beherrschbar. Covid räumt mit dieser Hybris auf und fordert den Menschen heraus, neue Konzepte für sein Sein in der Welt zu entwickeln. Eine Konzeption ist dabei sein Favorit: die Zwei-Regimente-Lehre. Für Frisch ist die Zwei-Regimente-Lehre die optimale Matrix zur theologischen Erfassung unserer Wirklichkeit: sie rechnet mit der Welt als einer bedrohlichen Welt, ordnet das Böse und den Schrecken in sie ein, teilt dem Menschen einen Ort des Handelns zu und gibt die höchste, erlösende und richtende Gewalt der Entität in die Hände, die am Ende zur Erlösung als einzige relevant ist und bleibt – Gott.

> »Ich träume von einem Luthertum, das den Realismus der Lehre von den zwei Regierweisen Gottes wiederentdeckt und neu verkörpert. Ich träume davon, der evangelischen Kirche könnte das Licht aufgehen, dass die Größe und Kraft der Zwei-Regimente-Lehre darin besteht, den Hochmut [...] des Menschen ernster zu nehmen als alle schwärmerisch-theologischen Phantasien der Verwandlung der Weltgesellschaft in ein Gleichnis des Himmelreichs.« (Frisch-ZZ_online-03)

Katholische Beispiele fallen weniger vielschichtig aus. Anthropologische Bezüge finden sich hier vor allem in kürzeren Beiträgen, oft von Leserinnen und Lesern der entsprechenden Publikationen verfasst. In vielen Texten werden dabei Bezüge zu göttlicher Entität hergestellt. Der Mensch ist, durch die Pandemie, ein verletzliches, »armseliges« (Reichart-KS-03) Wesen. Für alle Herausforderungen, welche das Coronavirus evoziert, gibt es jedoch eine Ausweichkategorie: Gott. Dies muss verstanden werden, um gut durch die Krise zu kommen. Die Pandemie ist ein »finsteres Tal« – wie eine abgedruckte Predigt, rund um Psalm 23,[5] postuliert – durch welches Gott die Menschen hindurch führen wird (vgl. Schäfer-KS-05). Immer wieder werden in den anthropologischen Reflexionen über die Pandemie göttliche Bezüge und Hoffnungskategorien eingewoben.

In freikirchlichen Publikationen ist der Topos Anthropologie eher ein randständiges Thema. Drei Artikel befassen sich damit. Zentral ist dabei die Beto-

5 »Der Herr ist mein Hirte.«

nung der Bedrohung für das gemeinschaftliche Miteinander, welche sich aus der Pandemie ergibt. Das Bild ist dabei aber ambivalent. Zum einen ist das gemeinschaftliche Miteinander bedroht, zum anderen bilden sich aber neue Formen des gesellschaftlichen Miteinanders aus. Diese geben Hoffnung, welche in Zeiten bröckelnder Selbstverständlichkeiten Halt bieten (vgl. Steinert-MP-02).

Es zeigt sich: der Topos Anthropologie ist, trotz quantitativer Signifikanz, qualitativ wenig ausgearbeitet. Viele Artikel kombinierten das Subjekt Mensch – und alle Bedrohungen seiner Existenz – mit anderen religiösen Symbolen, z. B. Gott oder Natur. Das wird sich im Verlauf des Kapitels noch zeigen. Die volle Bandbreite anthropologischer Diskurse wurde nicht ausgeschöpft. Wenn über anthropologische Schwerpunkte geschrieben wurde, diente dies der Illustration des menschlichen Grundzustandes in der Pandemie – verletzlich, gefährdet –, kombiniert mit Hoffnungskategorien für den Fortlauf der Existenz in der Virusgefährdung.

3.1.3 Sündenfall Corona?!

Eine überraschende Gemeinsamkeit zwischen katholischen, evangelisch-landeskirchlichen und freikirchlichen Publikationen ist die geschlossene Nicht-Thematisierung des Topos Sünde. Lediglich fünf Artikel setzten sich damit auseinander, in den meisten Zeitungen ist das Thema non-existent. Und die wenigen Artikel, die untersuchenswert waren, bewegen sich inhaltlich in einer Schlagrichtung – von Sünde zu reden, angesichts des sinnlos erscheinenden Leid und Sterbens, ist nicht zielführend, fast zynisch. Dabei wurde, v. a. zu Beginn der Pandemie, oft das Bedürfnis, respektive die Erwartung, nach sündentheologischem Diskurs formuliert. Folgendes Zitat stammt beispielsweise aus einem Beitrag aus *Christ in der Gegenwart:*

> »Von Sünde redet doch kein Mensch mehr. Also im Sinne davon, dass es schwerste Verfehlungen gibt. Und ausgerechnet nach den Katastrophen im zwanzigsten Jahrhundert und den Naziverbrechen nicht mehr wirklich den Begriff Sünde zu kennen und Todsünde nicht mehr zu kennen, das geht mir wirklich auf die Nerven.« (o.V.-CIG-07).

Theologie, und den Kirchen, wird hier Sprach- und Vokabellosigkeit attestiert, welche nicht unbedingt auf Verständnis stößt.

Anders, aber ähnlich, formulierte ein Text aus den *zeitzeichen* den Befund. Hier wurde fast schon erwartet, dass anhand christlicher Sündentheologie Ableitungen für den pandemischen Alltag getroffen werden könnten. Analog »der christlichen Sündenlehre [wäre es] zu erwarten, dass in Zeiten der Krise die Gutartigen gutartiger, die Bösartigen bösartiger, die Artigen artiger und die Unartigen unartiger werden.« (Schaede-ZZ_online-04a) Eine Reaktion auf diese Erwartungen und Postulate im Kontext Sünde blieb aus. Der Begriff Sünde wurde folgend nicht bearbeitet in der christlichen Kommunikation über die Coronapandemie 2020/2021.

Woran liegt das? Einen Teil der Antwort wird dieses Kapitel noch geben. Anstatt der Sünde war ein Topos, eng verknüpft mit Sünde, aber genuin eigen, wesentlich zentraler – die Strafe, und damit verbunden die Frage, ob Covid eine Strafe Gottes gegen den Menschen war. Strafe löste Sünde ab, besetze aber ähnliche Narrationen. Doch dazu später mehr.

3.2 Gemeinsamkeiten zwischen katholischen und landeskirchlichen Publikationen

3.2.1 War Covid eine Strafe Gottes?!

In einem christlichen Kontext ist das Verhältnis zur Strafe immer ein spannungsgeladenes Verhältnis. Vor allem das göttliche Strafen changiert zwischen diversen Spannungsfronten. Wie kann es z. B. sein, dass Gott den Menschen straft, ihm aber gleichzeitig in einem universalen Anspruch Versöhnung ver- und zuspricht? Wie kann Gott Ja, in einem rechtfertigenden Verständnis, zu Sünderinnen und Sündern sagen, gleichzeitig aber ein Nein zur Sünde formulieren? Wie lassen sich Strafen legitimieren, welche den Menschen in seinen existentiellen Momenten angreifen und ihn auch zum Tode verurteilen kann?

Das christliche Sprechen über Strafen ist immer vorherrschenden Kontexten unterworfen. Das zeigen bereits die biblischen Textquellen, in welchen sich Verständnisse von Strafe zum Teil diametral gegenüberstehen und nicht harmonisierbar sind. Auch die systematisch-dogmatische Positionierung zu Strafe und deren Anwendungsgebiet und Durchführungsmacht, unterwarf sich historischen Kontexten.

All diese Fragen sollen nur andeuten, dass es kein abgeschlossenes Verständnis von Strafe im christlich-theologischen Kontext geben kann. Theologische Positionen zu Strafen sind immer ein Ausdruck zeitgeschichtlicher Kontexte und der Ausdruck eines spezifischen Verständnisses von Legalität und Moralität. Auch im ersten Jahr der Coronapandemie war der Topos Strafe in christlichen Publikationen en vogue. Insgesamt 22 Artikel beschäftigten sich mit der Frage, ob das Coronavirus eine göttliche Strafe sei. Die Bandbreite der Antworten erstreckte sich dabei auch über alle kirchlich-ideologischen Lager. Lediglich eine Publikation befasste sich nicht mit dieser Frage, das freikirchliche *Medienmagazin Pro. idea Spektrum* weist hingegen sechs Artikel auf, welche sich mit dem Topos auseinandersetzen, der Höhepunkt in der Sparte.

Die Antworten, welche dabei auf die oben skizzierte Frage gegeben wurden, fallen unterschiedlich aus und lassen sich grob in drei Raster kategorisieren:

1. Covid war eine Strafe Gottes, respektive lassen sich strafende Aspekte im Pandemiegeschehen erkennen.

2. Covid war keine Strafe Gottes!
3. Die Frage lässt sich nur ambivalent beantworten, da das Pandemiegeschehen in sich ambivalent ist.

Die erste Form der Antwort ließ sich primär in freikirchlichen Publikationen finden. Deren Argumentationswege sollen in Kapitel 4.1.1 genauer betrachtet werden. An dieser Stelle sollen die Denkmuster katholischer und evangelisch-landeskirchlicher Publikationen expliziert werden, welche sich kongruent zueinander verhielten. Das bedeutet jedoch nicht, dass Antwortmöglichkeit zwei und drei nicht auch in *idea Spektrum* oder *Medienmagazin Pro* auftauchen, im Gegenteil. Jedoch lassen sich ambivalente und vorauseilend negierende Artikel eher in katholischen und landeskirchlich-evangelischen Zeitungen finden. Vor allem Zweitere standen der Idee einer göttlichen Strafe am kritischsten gegenüber.

Die Antworten auf die Frage, ob Covid eine Strafe Gottes sei, fielen dabei immer negativ aus. Vor allem detaillierte Abwägungen ließen sich häufig finden, sogar von prominenter Seite formuliert. Den wohl prominentesten Text, zumindest auf Autoren-Ebene, stellt der Artikel ›Will Gott uns durch Corona strafen‹ von Heinrich Bedford-Strohm, publiziert in *chrismon*, dar. Bedford-Strohm nimmt wahr, dass die Frage, ob Covid eine göttliche Strafe sei, in christlichen Gemeinden virulent ist. Er bewegt sich auf zwei Wegen, um die Frage zu beantworten:

1. Bedford-Strohm rechnet der Corona-Pandemie durchaus eine strafende Charakteristik zu. Wenn dies jedoch vollumfänglich zutreffen würde, dann hat das auch fundamentale Konsequenzen für den Menschen und sein Selbstverständnis. Die Strafe müsste einen Ursprung haben, ein praktisches Vergehen des Menschen in der Welt. Für dieses Vergehen muss der Mensch nun die Konsequenzen tragen. Nach Bedford-Strohm hat Gott den Menschen als freiheitliches Wesen geschaffen, welches zwischen Gut und Böse differenzieren kann und muss. Daraus resultierend ergibt sich für Bedford-Strohm, dass der Mensch auf diesem ›sündhaften‹ Weg umkehren muss und einen Lebenswandel anstreben sollte, welcher den Menschen in Einklang mit der Natur und seinen Mitmenschen bringt. Auch wenn Covid eine göttliche Strafe ist, kann sich der Mensch ihr nicht passiv ergeben, sondern muss dieser aktiv entgehen (vgl. Bedford-Strohm-C-07/08).
2. Bedford-Strohm fasst Corona jedoch nicht als ein menschliches Vergehen (an Gott, an sich selbst, an der Natur, ...), sondern als Naturkatastrophe auf. Und auf solche hat der Mensch keinen Einfluss. Daher kann es für ihn keine göttliche Strafe sein. Das steht auch diametral zu seinem Verständnis von Gott: Gott ist für Bedford-Strohm kein Strippenzieher, der alles lenkt, aus- und am Ende auch auflöst (vgl. ebd.).

Doch wie kann der Mensch dann in solch einer pandemiebesetzten Welt leben? Darauf soll folgendes Zitat von Bedford-Strohm Antwort geben:

> »Wir können darauf vertrauen, dass Gott uns die Kraft geben wird, an dem zu wachsen, was uns begegnet, auch an den harten Erfahrungen. Und uns dabei inspirieren lassen von dem Geist, den Jesus ausgestrahlt hat. Und dem tiefen Vertrauen in uns Raum geben, dass wir nicht auf einen Abgrund zugehen, sondern auf einen neuen Himmel und eine neue Erde, in der Gott alle Tränen abwischen wird.« (Bedford-Strohm-C-07/08)

Auch der Kulturbeauftrage der EKD, Johann Hinrich Claussen, pflichtet in seinem Artikel ›Religion für Einsteiger: Will Gott uns strafen?‹ – ebenfalls in *chrismon* erschienen – dem vorher gezeichneten Narrativ bei. Claussen verbindet seine theologischen Gedanken sogar mit einer praktischen Betrachtung der Institution Kirche. So findet er es gut, dass man sich kommunikativ davon verabschiedet hat, Gott als strafende Instanz zu charakterisieren.

Jedoch hat diese Aufgabe eines religiösen Topos fatale Folgen gehabt für die christliche Kommunikation, primär in Krisenzeiten. Mit diesem Rückzug im theologischen Feld der Strafausdeutung nahm die Kirche, und auch der öffentliche Diskurs, in Kauf, »dass man keine religiöse Sprache mehr für die Katastrophen dieser Welt hat.« (Claussen-C-09) Profane Sprache könne diese Phänomene nicht allumfassend abdecken. Die Problemstellung, welche sich daraus ergibt, ist keine theologische, sondern eine kognitive. Die Probleme sind nicht beschreibbar, daher muss die Frage, ob Gott ein strafender Gott oder Covid eine göttliche Strafe sei, unbeantwortet bleiben.

Um die Frage, welche (religiöse) Sprache in der Pandemie angemessen ist, drehten sich auch katholische Texte. So z. B. ein Text in *Christ in der Gegenwart*, welcher konstatierte, dass die Sprache einer göttlichen Strafe, und damit verbunden alle Implikationen für das Gottesbild, nicht angemessen ist. Göttliches Handeln in der Welt ist eben nicht definiert von Strafe und Schmerz, sondern von Liebe und Zuneigung. Jesus Christus ist das beste Beispiel dafür (vgl. Langer-CIG-05). Doch nicht nur ist ein solcher Duktus nicht angemessen – für viele Beobachterinnen und Beobachter der Pandemie ist ein solcher Sprachgebrauch »zynisch« –, von einer göttlichen Strafe zu sprechen wäre eine »Verzweckung von Leid« (Pichlmeier-CIG-04). Sie kann aber auch nur nicht zeitgemäß erscheinen, so ein Text in den *zeitzeichen.* Wenn Gott durch einen Virus strafen würde, wäre sein Handeln direkt abhängig vom Fortschritt der Medizin – das passt nicht zu einem Gott, der unabhängig von der menschlichen Welt existiert und handelt (vgl. Wandel-ZZ_print-07). Für katholische und evangelisch-landeskirchliche Publikationen passt der Straftopos nicht in die Deutung der Coronapandemie. Das Sprechen davon sei zynisch, nicht zeitgemäß oder passt nur wenig in das dem Medium oder der schreibenden Person eigene Bild von Gott und seinem Verhältnis zur Welt. Für andere Publikationen gab es jedoch für die Straffrage auch eine Antwort, welche sich im Spektrum des Möglichen bewegt. Auf diese Antworten soll zu späterer Zeit noch eingegangen werden.

3.2.2 War Covid eine Reaktion der Natur?!

Ein zentrales Element christlicher Kommunikation im ersten Jahr der Coronapandemie war eine intensive Auseinandersetzung mit dem eigenen Naturverständnis der verschiedenen christlichen Konfessionen. Zumindest gilt dies für katholische und evangelisch-landeskirchliche Publikationen: 16 Artikel setzten sich mit dem Verhältnis Natur-Covid auseinander, vier ließen sich in evangelisch-landeskirchlichen Publikationen finden, neun in katholischen. Nur zwei freikirchliche Artikel befassten sich mit diesem Topos, beide in *Medienmagazin Pro.* In säkularen Medien fand eine intensive natur-/schöpfungstheologische Auseinandersetzung nicht statt. Das Coronavirus stellte das menschliche Verhältnis, wie nur wenige zuvorkommende Ereignisse, auf den Kopf. Die Dekonstruktion setzte auch an christlichen Anknüpfungspunkten an. Das christliche Verständnis von Natur basierte lange Zeit auf einer Passage aus dem ersten Schöpfungsbericht. In Genesis 1,26–28 lässt sich Folgendes nachlesen:

> »26: Und Gott sprach: Lasset uns Menschen machen, ein Bild, das uns gleich sei, die da herrschen über die Fische im Meer und über die Vögel unter dem Himmel und über das Vieh und über die ganze Erde und über alles Gewürm, das auf Erden kriecht. 27: Und Gott schuf den Menschen zu seinem Bilde, zum Bilde Gottes schuf er ihn; und schuf sie als Mann und Frau. 28: Und Gott segnete sie und sprach zu ihnen: Seid fruchtbar und mehret euch und füllet die Erde und machet sie euch untertan und herrschet über die Fische im Meer und über die Vögel unter dem Himmel und über alles Getier, das auf Erden kriecht.«

Das entscheidende Moment verbirgt sich mit dem *dominium terrae* in Vers 28 – der Mensch soll die Erde unterwerfen, alles Tier auf ihr dazu. Natur wird hier eine zutiefst passive Rolle zugeschrieben, sie hat keine agency und gehört allein dem Menschen. Dieses Bild konnte sich bis in die Neuzeit tradieren – man denke hier beispielsweise an die treffende Beschreibung Rene Descartes' zum Verhältnis Mensch-Natur: der Mensch sei »maîtres et possesseurs de la nature«, »Herrscher und Besitzer der Natur«[6] – und wurde für das kulturelle Selbstverständnis der westlichen Menschheit konstitutiv. Natur wurde lange Zeit als Ganzes als passiver Akteur wahrgenommen, jedoch wohnte ihr immer eine bedrohliche Variable inne, die auch theologisch formuliert wurde. Schon Luther verstand die göttliche Schöpfung nicht als reinen Ermöglicher und Freund des Menschen. Ihr wohnen zwar alle Dinge inne, die das menschliche Leben er-

---

6 Descartes, Discours, 62.

möglichen, gut eingerichtet von Gott, diese stehen jedoch den bedrohlichen und lebensgefährlichen Elementen gegenüber: Gewitter, die die Ernte zerstören, wilde Tiere, die die eigene Viehherde, oder sogar den Hüter des Viehs, reißen. Auch der wohl bekannteste christliche Liederdichter Paul Gerhardt arbeitete in seine Lieder, neben den sehr euphorischen Beschreibungen der göttlichen Schöpfung, Betrachtungen ein, die natürliche Vorgänge als gefährlich oder bedrohlich charakterisieren. So schrieb er im 1647 erschienenen Abendlied *Nun ruhen alle Wälder*:

»Wo bist du, Sonne, blieben? /
Die Nacht hat dich vertrieben, /
die Nacht, des Tages Feind. /
Fahr hin; ein andre Sonne, /
mein Jesus, meine Wonne, /
gar hell in meinem Herzen scheint. /

Der Tag ist nun vergangen, /
die güldnen Sternlein prangen /
am blauen Himmelssaal; /
also werd ich auch stehen, /
wenn mich wird heißen gehen /
mein Gott aus diesem Jammertal. /«[7]

Hier wird schon der alltägliche Vorgang des Wechsels von Tag und Nacht als Jammertal verstanden, die Nacht ist nicht nur ein Gegensatz zum Tag, sondern sie ist ein Feind, eine Bedrohung.

Das christliche Verständnis von Natur ist also nicht nur das des *dominium terrae*, sondern ambivalent. Und genau diese Ambivalenz wurde in der Coronapandemie erneut deutlich.

Eine natürliche Variable bedroht das menschliche Leben. Und diese Bedrohung ist keine bekannte Bedrohung (wie wilde Tiere), sondern ein unbekanntes Virus, mit nicht kalkulierbaren Folgen. Die intensiven Reflexionen richteten sich primär in zwei (Frage-)Richtungen:

1. Ist die göttliche Schöpfung immer noch eine gute Schöpfung?
2. Welche Grenzen der Naturbeherrschung werden dem Menschen durch das Virus aufgezeigt? Welche Rolle spielt der Mensch überhaupt in der göttlichen Schöpfung?

---

7 Zu finden unter: https://www.zgedichte.de/gedichte/paul-gerhardt/nun-ruhen-alle-waelder.html [letzter Zugriff: 29.08.2024].

Die zuletzt genannte Frage lässt sich parallel zu den anthropologischen Diskussionen lesen – der Mensch ist in der Pandemie, in seiner Rolle in der Schöpfung, ein zerbrechliches und gefährdetes Wesen. Dieser Modus wird, im Hinblick auf die Pandemie, sogar als Normalzustand postuliert – jahrelang lebte man im Glauben, die Moderne bringt uns in einen unverletzlichen Zustand, die Pandemie macht diese Annahme zunichte. Das spiegeln auch diverse Beiträge wider: der Mensch hat die natürliche Schwelle der Natur übertreten, diese rächt sich nun durch Covid (vgl. Bilck/Meier/Tentrop-KS-02), Covid soll den Menschen dazu anregen, über einen nachhaltigen Umgang mit der Natur nachzudenken (vgl. Raffeiner-KS-07), die Pandemie zeige nun, dass die Natur – aber auch der Mensch – nicht grenzenlos beherrschbar sind (vgl. Röser-CIG-04) und viele weitere Meinungsbeiträge konstituieren einen neuen menschlichen Zustand in der göttlichen Schöpfung – zerbrechlich, gefährdet, zur Umkehr und Reflexion angeregt.

Diese Reflexion wurde jedoch nicht nur auf den Menschen selbst projiziert, auch die Schöpfung an sich musste sich einer radikalen Neudeutung unterziehen. Ein Muster, welches sich hier ausmachen lässt, ist die Betonung der göttlichen Schöpfung als eines evolutionären, sich entwickelnden und reagierenden Konstrukts. Die Schöpfung wird nicht nur als gutes, feststehendes Ergebnis des göttlichen Schöpfungsaktes charakterisiert, ihr wird vielmehr die Qualität der Weiterentwicklung zugesprochen. Covid soll diese Fähigkeit verdeutlichen, respektive den menschlichen Bewohnern der Erde aufzeigen. Oft wurde im Kontext der Pandemie die Theodizee-Frage fruchtbar gemacht – wie kann ein guter, allmächtiger Gott Leid in seiner Schöpfung zulassen? Ein Text nahm dahingehend eine naturtheologische Neudeutung vor, indem Gott als plausibler Gott charakterisiert wurde, der Entwicklung in seiner Schöpfung zulässt. Diese Entwicklung lässt sich, so der Autor, auch von den Geschöpfen erfassen und verstehen, diese werden mit Verstand und freiem Willen ausgestattet – so sieht für ihn eine Naturgenese im 21. Jahrhundert aus (vgl. Friedrich-CIG-05). Evolution ist Teil, Status quo, der Schöpfung. Das lässt auch sich verändernde Viren zu. Immer wieder wurde die Frage aufgeworfen, ob es denn auch tödliche Viren in der Schöpfung geben muss, wenn sie den Menschen existentiell bedrohen. Zwei Antworten sind dabei in unserem Textcorpus aufgetreten. Zum einen wurde herausgestellt, dass diese Viren natürlich zur Schöpfung dazugehören. Nur weil ein Ding Schaden anrichtet, muss es nicht automatisch aus der guten Schöpfung exkludiert werden. Es ist sowieso keine naturtheologische Aufgabe, Dingen Schädlichkeit oder Nicht-Schädlichkeit wertend zu attestieren, so ein Leserbrief in den *zeitzeichen*. Diese Aufgabe wäre ein Primat der Ethik (vgl. Ode-ZZ_print-07). Zum anderen muss in einer Natur-/Schöpfungstheologie nach Corona ein Faktum stark gemacht werden: das Zentrum der Schöpfung ist nicht allein die Beziehung zwischen Mensch und Gott. Das Zentrum der Schöpfung ist die Schöpfung an sich, als Ganzes. In ihr finden auch zerstörerische Tendenzen und Viren statt, diese lassen sich in einer sich entwickelnden Natur nicht umgehen.

Dem Menschen wurde jedoch von Gott Vernunft gegeben, mit dieser sollte er sich vor eben diesen destruktiven Elementen schützen (vgl. Friedrich-CIG-05).

3.2.3 Exodus, Hiob, Noah – Narrative Rahmen für die Coronapandemie

Ein weiteres, fast schon randständiges Phänomen innerhalb der christlichen Kommunikation über die Coronapandemie waren biblische Narrativ- und Deutungsrahmen für die Pandemie. Im Fortlauf des Kapitels wird intensiver über christologische Deutungen in der Pandemie geschrieben, daher wird es hier keine Darstellung dieser Deutungsnarrative geben (welche es zuhauf gab). Viel eher soll sich auf die Geschichten aus der Heiligen Schrift konzentriert werden, welche des Weiteren fruchtbar gemacht wurden.

Hier gibt es frappierende Unterschiede zwischen den einzelnen Publikationsformen. In den katholischen und landeskirchlich-evangelischen Publikationen wurden drei Narrationsrahmen benutzt, welche sich in freikirchlichen Publikationen nicht finden ließen: die Noahgeschichte, die Hiobsgeschichte und der Exodus.

Vor allem das Symbol Exodus wurde überkonfessionell breit genutzt. Zwei Spuren des Exodus lassen sich dabei in den *zeitzeichen* finden. Ein Artikel beschreibt dabei grundlegend die Erfahrung des Lockdowns und der Pandemie als eine Exilerfahrung für Pfarrerinnen und Pfarrer sowie die Gemeinde (vgl. Vetter-ZZ_print-09; Kosch-ZZ_print-09), während in dem anderen Artikel die Mannheimer Pfarrerin Dorothee Löhr die Coronazeit als Wüstenzeit charakterisiert und darauf hinweist, dass in ihrer Gemeinde Bilder ausgestellt wurden, die den Exodus durch die Wüste zum Thema hatten (vgl. Löhr-ZZ_print-09). Expliziter wird der Rückgriff auf die Exodusgeschichte in einem Beitrag der *Katholischen Sonntagszeitung*. Hier schildert der Autor eine Begebenheit aus seinem Heimatort Regensburg. Bei einem Spaziergang durch die Stadt bemerkte er diverse bunt bemalte Steine, die sich in den Bordstein eingelassen befanden. Diese wurden von Kindern bemalt, als diese sich noch im Lockdown befanden und nicht in die Schule oder den Kindergarten gehen konnten. Diese Steine erinnerten ihn an eine biblische Geschichte, nachzulesen unter Josua 4,1–3.6.20–24. Hier wird der Übertritt der Israeliten über den Jordan geschildert. JHWH sagt ihnen, dass sie, bevor sie übertreten, zwölf Steine mitnehmen sollen, für jeden israelischen Stamm einen. Diese Steine sollen sie daran erinnern, wie sie den Jordan überquerten und sicher von JHWH ins Gelobte Land aus dem ägyptischen Exil gebracht wurden. Auch für die Covidpandemie sollen wir uns Erinnerungszeichen suchen, die bemalten Steine machen hier einen guten Aufschlag (vgl. Then-KS-06).

Auffällig ist, dass aus den Exodusrückgriffen keine tieferliegenden theologischen Erkenntnisse für die Coronapandemie gezogen wurden. Viel eher diente der Exodus als narrativer Rahmen, um das eigene Erleben anhand einer biblischen Geschichte anschaulich zu machen. Es wird Parallelität hergestellt, die jedoch keinerlei Konsequenzen für das eigene Handeln als Christ, oder Erkenntnisse über die Pandemie an sich, bedeuten.

Die zwei weiteren hier vorzustellenden Narrationen sind kleine Randdeutungen, welche jeweils genau einmal im Beobachtungszeitraum auftraten. Beide Geschichten verlaufen jedoch nach einem ähnlichen Muster wie die Symboldeutung mithilfe des Exodus. Der Deutungsrahmen Hiob ist dazu noch in einem säkularen Medium, der *FAZ*, erschienen, verfasst von Prof. em. Peter Scherle. Für Scherle macht die Hiobsgeschichte zwei Dinge eindeutig, diese Erkenntnisse können vor allem für moderne Krisen besonders wichtig sein. Zum einen muss das Verständnis der göttlichen Schöpfung neu verstanden werden. Diese wurde zwar von Gott, dem Guten und Allmächtigen, geschaffen, enthält aber weiterhin Schmerz und Leid – das Coronavirus verdeutlicht das eindeutig. Zum anderen kann das Leid, und damit verbunden der Tod, überwunden werden. Das Leid soll jedoch nicht einfach hingenommen werden, es darf, und soll sogar nach Scherle, Gott vorgehalten werden – in der Hiobsgeschichte nimmt Hiob das gottgeschickte Leid nicht unwidersprochen hin, sondern zweifelt an diesem. Auch das Leid der Coronakrise soll nach der Pandemie nicht einfach abgehakt werden (vgl. Scherle-FAZ-04). Zuletzt soll noch auf den exegetischen Rückgriff auf die Noahgeschichte eingegangen werden. Dieser lässt sich in einem Artikel in *Christ in der Gegenwart* finden, erschienen am 01.11.2020. Der Autor erkennt in der Coronapandemie Parallelen zu Noah. Die Pandemie ist in dieser Lesart die tödliche Flut, die nicht nur die Menschheit, sondern auch das Tierreich existentiell bedroht. Die rettende Arche ist nun das Homeoffice und die Isolation zuhause. Der Ausgang der pandemischen Flut ist dabei noch ungewiss. An sich hofft man auf das Kommen der Taube – man befindet sich also bereits gestrandet, der konstante Regen hat aufgehört –, auf ein Ende des Lockdowns und einen Neubeginn. Die Realität ist jedoch eine andere. Eher kommen die Raben zurück zur Arche und kündigen an, dass die Flut, und damit die Pandemie, noch nicht vorbei ist und weiterhin tödlich wütet. Ausdruck für diesen Rückschlag sind neue Lockdowns, hohe Inzidenzen und ausgelastete Krankenhäuser (vgl. o.V.-CIG-11).

Die biblischen Rahmendeutungen blieben schlussendlich genau das – ein Symbolrahmen, welcher Parallelität zum erlebten Pandemiegeschehen herstellen soll. Tiefere theologische Auseinandersetzung, mit den Erzählungen und der Pandemie, sucht man hier vergebens.

3.3 Gemeinsamkeiten zwischen katholischen und freikirchlichen Publikationen

3.3.1 Christologische Deutungen in der Pandemie

Einen großen Anteil der christlichen Kommunikation über die Coronapandemie nehmen christologische Narrative und Bezüge zu biblischen Jesusgeschichten ein. Allein 22 Artikel weisen einen Jesusbezug auf. Hier lässt sich jedoch eine Gewichtung innerhalb der Publikationen erkennen. Während die *FAZ*, die *ZEIT*, das *Medienmagazin Pro*, die *zeitzeichen* und *chrismon* keinen einzigen relevanten Artikel mit einem christologischen Narrativ aufweisen, konzentrieren sich die Artikel auf die Publikationsorgane *idea Spektrum*, *Katholische Sonntagszeitung* und *Christ in der Gegenwart*. Und auch hier treten unterschiedliche Gewichtungen hervor: in der *Katholischen Sonntagszeitung* gibt es einen Artikel mit Bezug zu Jesus Christus, *Christ in der Gegenwart* hat acht Artikel vorzuweisen, derweil dominiert *idea Spektrum* mit 13 Artikeln eindeutig den Topos. Innerhalb der christologischen Narrative lassen sich zwei Arten von Artikeln ausmachen:

1. Artikel, die mithilfe eines Verweises auf eine Jesusgeschichte das pandemische Geschehen ausdeuten.
2. Artikel, die mithilfe eines Verweises auf eine Jesusgeschichte, oder Jesus Christus an sich, eine Verhaltensanweisung in der Pandemie geben.

Beide Narrative lassen sich dabei in *Christ in der Gegenwart* sowie *idea Spektrum* finden. Die erste Narration taucht in *Christ in der Gegenwart* insgesamt fünfmal auf. Alle Artikel haben einen gemeinsamen Kern – während der Pandemie soll man wieder lernen, auf Jesus Christus, seine Taten und sein mögliches Kommen zu vertrauen. Das kann dadurch passieren, dass man sich in der Advents- und Weihnachtszeit intensiv mit Jesus Christus an sich auseinandersetzt, er dient hier als Hoffnungshorizont für den weiteren Verlauf der Pandemie (vgl. Rosen-CIG-12; Röser-CIG-12). Zum anderen kann jedoch auch die Rückbesinnung auf Jesu Passion und Auferstehung fruchtbar gemacht werden. Drei Artikel drehen sich um dieses Themenkonglomerat. In einem Artikel wird dafür appelliert, dass die Pandemie dazu dienen kann, mit Hilfe des Auferstehungsgeschehens Jesus Christus, die »wahre Bedeutung« des christlichen Glaubens, neu zu verstehen – trotz der Auferstehung Jesu, und damit der Vergebung der Sünden, befindet sich der Mensch in einem ständigen Prozess des Irrens und Zweifelns mit sich und der Welt, die ihn umgibt. Auch der Mensch muss auf Erden einen Leidensweg wie Jesus hinlegen, um am Ende den Tod und die weltliche Verwirrung zu überwinden (vgl. Röser-CIG-04).

Ein weiterer Artikel knüpft daran an, indem er die Coronapandemie kreuzestheologisch charakterisiert – wie Jesus am Kreuz leiden wir gerade auf Erden. Doch dieses Leiden wird in einer großen Erlösung enden, auch wenn diese nicht abzusehen ist. Das Leid wird in dieser Interpretation nicht negiert, der Umgang mit jenem kann jedoch erleichtert werden (vgl. Rosen-CIG-12).

Der letzte relevante Artikel aus *Christ in der Gegenwart* verdeutlicht mithilfe eines Jesuswortes die Hoffnung, die Christinnen und Christen in der Krisenzeit nach Autorenmeinung haben sollen: »Fürchtet euch nicht vor denen, die den Leib töten, die Seele aber nicht töten können, sondern fürchtet euch vor dem, der Seele und Leib ins Verderben der Hölle stürzen kann«[8] (vgl. Guntli-CIG-06b). In *idea Spektrum* lassen sich sechs Artikel finden, die sich dieses narrativen Musters bedienen. Hier lassen sich einige Artikel ausmachen, welche allein darauf verweisen, dass die Krise Anlass dazu geben kann, in tieferen Auseinandersetzungen mit seinem Glauben das theologische Zentrum festzulegen – Jesus Christus. Dies erfolgt aus unterschiedlichen Argumentationen: so wird zum einen darauf verwiesen, dass Jesus Christus schon einmal das Böse aus der Welt vertrieben hat (vgl. Vetter-I-10), den Menschen aus seiner eigenen Versklavung befreit hat (vgl. o.A.-I-04), warum solle er es also nicht nochmal machen. Zum anderen wird, relativ dünn ausformuliert, darauf verwiesen, dass Jesus Christus als Hoffnungsdimension zum Ende der Pandemie die beste Methode sei (vgl. Uphoff-I-03; Röskamp-I-12; Till-I-11).

Ein letzter Artikel hingegen verweist auf zwei Heilungsgeschichten Jesu, welche den Menschen in der Coronapandemie Orientierung und Halt geben sollen. Beide Heilungsgeschichten lassen sich im Lukasevangelium finden. Zum einen wird auf die Geschichte verwiesen, in welcher Jesus von einer Sünderin gesalbt wird und schlussendlich ihre Sünden vergibt, geschehen durch ihren Glauben.[9] Zum anderen wird die Heilung der blutflüssigen/menstruierenden Frau rezipiert.[10] Für die Autorin liegt die Pointe in diesen Heilungsgeschichten, dass Jesus beiden Frauen antwortet, auf ihre Frage, was sie geheilt hat: »Tochter, dein Glaube hat dich geheilt«[11]. Diese Erkenntnis soll leitend für Christinnen und Christen in der Pandemie sein. Primär der Glaube an Jesus Christus kann durch die Krise leiten (vgl. Knauz-I-06).

Jesus Christus wird in dieser Narration primär als metaphysische Kategorie charakterisiert – das Nachdenken über die Person, die überlieferten Wundertaten und die Konsequenzen aus der Auferstehungsgeschichte sollen für Christinnen und Christen Leitlinien für den passiven Umgang mit dem Pandemiegeschehen darstellen, aktive Handlungsweisen, vor allem in einem Binnenverhältnis mit anderen Menschen, sind damit nicht verbunden. Ganz anders entfalten sich die vorgegebenen Handlungskonsequenzen in der zweiten Narration, wenn auch bei ähnlicher Argumentationslinie. Insgesamt lassen sich drei

---

8 Mt 10,28.

9 Vgl. Lk 7,36–50.

10 Vgl. Lk 8,40–48.

11 Lk 8,48.

Artikel ausmachen, die diese Narration verwenden, zwei in *idea Spektrum*, einer in *Christ in der Gegenwart*. Der Artikel in letztgenannter Zeitschrift, verfasst von Pfarrer Erich Guntli, nimmt sich einen jesuanischen Heilungsbefehl als Zentrum des christlichen Umgangs mit Corona: »Geht und verkündet: Das Himmelreich ist nahe. Heilt Kranke, weckt Tote auf, macht Aussätzige rein, treibt Dämonen aus.« (Mt 10,7) Guntli übernimmt nun diese Axiome und überträgt sie in die Coronazeit. Der angesprochene Dämon?! Kann das Covidvirus sein. Die Aussätzigen?! Guntli identifiziert hier Risikogruppen, die am meisten vom Virus bedroht sind. Und was bedeutet der Befehl »weckt Tote auf«?! Für Guntli dreht es sich nicht explizit um biologisch Tote. Viel eher geht es um Leute, die innerlich wie äußerlich, in der physischen wie psychischen Verfassung tot scheinen. Guntli identifiziert im Kontext von Corona, dass es sich um die hält, die sich ständig an Regeln halten, strikt den Lockdown befolgen und jede Schutzmaßnahme unreflektiert hinnehmen. Für genau diese Leute müssen Christinnen und Christen jetzt da sein, wie Christus es befahl. Hierbei handelt es sich jedoch nicht um reale Heilung, diese Aufgabe sollte weiterhin Ärzten überlassen werden, viel eher wird auf spirituelle Heilung verwiesen, sprich seelischen Beistand, aber auch den Hinweis für alle auf die Person, die am effektivsten aus der Krise leiten kann – Jesus Christus (vgl. Guntli-CIG-06a). Die beiden Artikel aus *idea Spektrum* drehen sich ebenfalls um das gleiche Zentrum – Leserinnen und Leser sollen auf Jesus Christus vertrauen, lesende Christinnen und Christen sollen ihre Mitmenschen zur Not auf Jesus Christus missionarisch aufmerksam machen. Der erste Artikel verweist eher auf eine innerliche Mission zu Jesus. Der Pfarrer Ulrich Parzany verweist dabei auf das Ostergeschehen, das für ihn den »endgültige[n] Durchbruch durch die Todesmauer« markiert. Er appelliert förmlich an die Leserschaft, dass sie während Corona nur eine Aufgabe habe: »Bekehrt euch zu Jesus, vertraut und folgt ihm.« Dieser Aufruf liest sich weniger als interne Binnenkommunikation unter Christinnen und Christen, sondern eher als missionarischen Ausruf nach außen, zu Nicht-Christinnen und Nicht-Christen (vgl. Parzany-I-04). Der zweite *idea Spektrum*-Artikel adressiert die Kommunikation nach außen ganz explizit. Für Christinnen und Christen wird hier eine zentrale Aufgabe in der Pandemie formuliert: Jesus Christus und seine erlösenden Wundertaten sollen verkündigt werden. Diese Verkündigung soll vor allem zwei Gruppen treffen, deren Verhalten in der Pandemie als kontraproduktiv charakterisiert werden. Zum einen soll in Richtung geltender Politik Jesus verkündet werden. Der Exekutive soll klar gemacht werden, dass Nächstenliebe und Jesus Christus ein hilfreiches Mittel gegen das Virus sind, als nur Abstand und Lockdown. Zum anderen richtet sich der Jesus-Appell an Verschwörungserzähler. Diesen soll nahegebracht werden, dass mit Jesus Christus eine bessere Antwort vorhanden ist als das, was Verschwörungserzählungen anbieten (vgl. Parzany-I-09). In dieser Narration zeigt sich, dass Jesus Christus als Handlungsmaxime für das eigene, und zum Teil auch kollektive, Verhalten in der Pandemie konstruiert wird. Das kollidiert zum Teil mit vorgegebenen Handlungsmaximen, wie z.B. dem Schutz von Leben durch Kontaktreduzierung. Katholische und freikirchliche Publikationen nutzten christologische Erzählungen aus unterschiedlichen Betrachtungspunkten und schriftlichen Anknüpfungspunkten, um christologische Deutungen über die Coronapandemie zu kultivieren. Diese konnten zum einen metaphysisch-erklärend die Pandemie ausdeuten, zum anderen individuell-helfend für die einzelnen Leserinnen und Leser fruchtbar gemacht werden.

3.3.2 Eschatologische Deutungen in der Pandemie

Am 08.04.2020 veröffentlichte die deutsche Indie-Band Tocotronic den Song »Hoffnung«. Das Musikvideo zeigt Bilder diverser Metropolen der Welt, von Prag bis Venedig, und ihre menschenleeren Innenstädte. Keine Menschenseele, außer ein paar Polizisten und Essenslieferanten, streift über die ansonsten so belebten Hotspots. Werbetafeln auf dem New Yorker Times Square verweisen nicht wie gewohnt auf die neue Produktion am Broadway, sondern auf das breite Streamingangebot für zuhause des neuen Anbieters Disney+. Und sogar der römische Trevi-Brunnen ist nicht umringt von Touristen, sondern tatsächlich sichtbar.

Der Text untermalt diese dystopisch anmutenden Bilder. Dirk von Lowtzow, Sänger und Texter der Band, singt »gegen die Vereinzelung«, sieht »Angst, die mich umgibt« und hat Hoffnung – »auf einen Neuanfang.« Diese Hoffnung – auf einen Neuanfang, auf eine Rückkehr zur ›Normalität‹, auf die baldige Entwicklung eines Impfstoffes, etc. – war ein grundlegendes menschliches Bedürfnis in der Pandemie. Und dieser Verweis auf ein Hoffen in der Pandemie hielt auch Einzug in der theologischen Sprache der untersuchten Artikel, insgesamt zwölf Artikel wiesen einen expliziten Bezug auf. Diese Narration lässt sich auch in fast jeder Publikation finden, nur *chrismon*, *Die ZEIT* und die *FAZ* haben keinen dementsprechend ausformulierten Artikel vorzuweisen. Innerhalb der untersuchten Artikel lassen sich zwei Dimensionen von Hoffnungserzählungen finden:

1. In der Pandemie sollen Christinnen und Christen Hoffnung auf Gott und sein göttliches Handeln haben, welches die Menschheit vom erlebten Leid befreien wird. Dieses Muster lässt sich in allen Publikationen finden.
2. In der Pandemie sollen Christinnen und Christen selbst Hoffnung in die Welt und unter ihre Mitmenschen tragen. Dieses Muster wird primär in den katholischen und freikirchlichen Publikationen kultiviert.

Beispielhaft für das erste Muster lassen sich zwei Texte nennen. Zum einen ein Beitrag aus den *zeitzeichen*, zum anderen ein Artikel aus *Christ in der Gegenwart*. Beide Artikel sind zu unterschiedlichen Zeitpunkten erschienen: April und November 2020. Grundsätzlich lässt sich erkennen, dass je länger die Pandemie andauerte, umso mehr Texte mit einem hoffnungsvollen Narrativ erschienen sind. Den Höhepunkt erreichte dieses Topic im November 2020 mit vier Artikeln, alle Texte haben dazu noch einen expliziten Bezug zum Weihnachtsfest.

Der Artikel aus den *zeitzeichen* hat als zentrale Bezugsvariable das Osterfest. Im zentralen Fest für den christlichen Glauben offenbart sich die zentrale Hoffnungskategorie – Gott. Auf diesen soll jedes christliche Hoffen ausgerichtet sein, auch in der Coronakrise. Denn die zentrale Pointe des christlichen Hoffens kann für die Covid-Erfahrung fruchtbar gemacht werden. Christliches Hoffen bedeutet nicht einfach nur das Leben zu sakralisieren oder mit dem Sterben fertig zu werden – christliches Hoffen heißt den Tod überwinden. Das sollte für Covid eine zentrale Kategorie werden; so plädiert der Autor dafür, dieses Narrativ im öffentlichen Diskurs zu verwenden, um für die Toten durch das Virus eine emphatische Basis zu schaffen (vgl. Körtner-ZZ_online-04).[12]

Der Artikel aus *Christ in der Gegenwart* stellt hingegen das Weihnachtsfest, spezifischer die vorhergehende Adventszeit, in den Fokus. Diese ist in der neuen Corona-Zeit besonders wichtig. In ihr soll man sich vor Augen führen, dass alte Muster des Lebens und der Weltdeutung zerbrochen sind. Als Reaktion darauf lädt der Advent, als Zeit der Besinnung und Vorbereitung auf die Geburt Jesu Christi, dazu ein, neue Formen des Miteinanders zu entdecken. Doch sollen auch neue Hoffnungskategorien entwickelt, respektive sich auf alte Hoffnungskategorien besonnen werden – Gott und sein Handeln, sowie sein kommendes Reich, können Schutz und Hoffnung in dunklen Zeiten geben (vgl. Scheuer-CIG-11).

Für das zweite Muster der Hoffnungskommunikation sollen drei Texte kurz dargestellt werden, zwei erschienen in *idea Spektrum*, einer in der *Katholischen Sonntagszeitung*. Alle drei Texte funktionieren nach einem ähnlichen Schema. Sie konstatieren, dass die Menschheit sich in einer dunklen Lage befindet. Dieser soll man sich jedoch nicht resignierend gegenüberstellen, vor allem Christinnen und Christen sollen Resignationsmechanismen widerstehen. Viel eher wird für die weltweite Christenheit immer eine Aufgabe formuliert: sie soll »Hoffnung in die Welt tragen« (o.V.-I-12). Christinnen und Christen sollen in der Pandemie »Hopespreader« (FEG-I-09) werden oder als »Kinder des Lichts« (Löffler-KS-11) durch die Corona-Zeit führen und ihren Mitmenschen Hoffnung geben. Hoffnung ist hier keine Größe, die nur auf ein vages Reich Gottes verweist. Viel eher wird sie zu einem individuellen Auftrag für jeden Christen, der per Religionszugehörigkeit automatisch in ihre DNA eingewebt ist. Wie genau der Auftrag aussehen soll wird nicht expliziert, mit ihr ist kein missionarisches Anliegen verbunden.

---

[12] Beispielhaft für solch eine Kommunikation nennt der Autor österreichische Parlamentsdebatten, die sich der Auferstehungsmetaphorik bedienten. Diese wird jedoch als »zivilreligiöser Missgriff« charakterisiert, da sie sich nicht auf menschliche Auferstehung fokussiert, sondern auf die Auferstehung von Wirtschaft und Nation, was keine Überwindung eines desolaten Status quo fasst, sondern Rückkehr in alte Muster.

Die Corona-Pandemie war jedoch nicht nur ein Ausgangspunkt für hoffnungstheologische Reflexionen. Diese fundamentale Krise lud auch dazu ein, das erlebte Geschehen in einen viel radikaleren Rahmen einzubetten – Covid, die Apokalypse des 21. Jahrhunderts. Diesen Eindruck konnte man bekommen, wenn man, vor allem im Anfang der Pandemie, diverse soziale Medien intensiv konsumierte. Begriffe wie ›coronapocalypse‹ gehörten zu den meistgesuchten Begriffen. Aber auch in den klassischen Feuilletonspalten der deutschen Zeitungslandschaft hatte der Begriff Konjunktur, ablehnend und apologetisch. Und auch im (geistes-)wissenschaftlichen Diskursfeld wurde die Heuristik Apokalypse gerne auf die Corona-Pandemie projiziert,[13] oder schnell vom Tisch gewischt. Eine der kulturprägendsten Auserzählungen eines Weltunterganges, zumindest für die westliche Hemisphäre, lässt sich im Christentum mit dem biblischen Buch der Offenbarung des Johannes finden. Kein unumstrittenes Buch in bibelkanonischen Diskursen, diente es in vorhergehenden Epidemien bereits als Trost-, Hoffnungs- und Sinnheuristik, und den darstellenden Künsten als Ideenreservoir. Tatsächlich war die Apokalypse, als heuristisches Mittel für das pandemische Geschehen, äußerst selten in journalistischer Verwendung. Gerade einmal vier der 120 Artikel nutzen dieses Bild. Dabei wurde dieses prominente Deutungsschema in der Pandemie unterschiedlich befüllt. In der *Katholischen Sonntagszeitung* arbeitete der Prälat Erich Läufer zwar heraus, dass das pandemische Geschehen den Status quo verändert, eine Zäsur darstellt, es sich jedoch nicht um einen Weltuntergang handelt. Viel eher liegen apokalyptische Bilder schon viel länger in der Luft, konfrontiert man die Menschheit mit den Auswirkungen des Klimawandels, d. h. brennende Wälder, (aus)sterbende Tiere, etc. (vgl. Läufer-KS-04). Im *Medienmagazin Pro* ließ sich sogar ein Artikel finden, welcher nicht nur die apokalyptische Symbolik negiert, dieser sogar eine besorgniserregende Dimension zuschreibt. Vor allem im Kontext verschwörungstheoretischer Erzählungen hätte das Bild, dass Corona die Apokalypse sei, verheerende Auswirkungen. Oft begegneten dem Autor diese Narrative bereits. Das Virus wird dann zum Zeichen des Tieres[14] stilisiert, und die Krise generell sei konstruiert von Politik, Eliten, usw. Für den Autor ergeben diese Narrative wenig Sinn. Kontextualisiert lässt sich schnell erkennen, dass es früher viel mehr Katastrophen gab, die wesentlich mehr menschliches Leid evozierten (z. B. diverse Pestepidemien). Des Weiteren geben Endzeitdeutungen von Krisen Menschen sehr wenig Anhalts- und Hoffnungspunkte für das Verhalten in der Krise.

---

13 So zum Beispiel von Prof. Robert Folger, Direktor des Zentrums für Apokalyptische Studien der Uni Heidelberg (vgl. https://www.spektrum.de/news/apokalypse-die-welt-wird-wieder-untergehen/1869820).

14 »Und ich sah: Ein Tier stieg aus dem Meer, mit zehn Hörnern und sieben Köpfen. Auf seinen Hörnern trug es zehn Diademe und auf seinen Köpfen Namen, die eine Gotteslästerung waren« (Offb 13,1).

Seiner Ansicht nach sollte viel weniger Angst den öffentlichen Diskurs bestimmen, der Verweis auf Sinndeutungen sollte dahin gehen, dass es Hoffnung in der Krise gibt und einen zentralen Hoffnungsbringer: Gott (vgl. Franz-MP-03). Katholische und freikirchliche Publikationen verweigerten sich also einer apokalyptischen Symboldeutung der Coronapandemie. Dennoch war es kein inhaltlich ungefülltes Feld. Doch dazu an späterer Stelle mehr.

3.4 Gemeinsamkeiten zwischen landeskirchlichen und freikirchlichen Publikationen

Genuine Gemeinsamkeiten zwischen landeskirchlichen und freikirchlichen Publikationen, welche diese nicht mit katholischen Publikationsorganen teilen, ließen sich in meiner Recherche nicht finden. Es gibt theologisch-inhaltliche Überschneidungen, weshalb an dieser Stelle keine antagonistische Rollenzuschreibung erfolgen soll – diese korrespondieren jedoch auch mit Darstellungen in katholischen Publikationen. Diese Muster wurden bereits in Kapitel 3.1 zur Genüge dargestellt. Wesentlich gehaltvoller sind die Differenzen, welche sich zwischen den Publikationsformen ergeben. Es zeigen sich dabei stichhaltige Unterschiede – in der inhaltlichen Positionierung, aber auch der internen Binnenkommunikation, welche illustrieren, warum die Gemeinsamkeiten in geringerem Maße vorhanden sind. Um die Differenzen soll es auf den folgenden Seiten gehen.

4. Unterschiede in der christlichen Kommunikation

4.1 Differenzen zwischen evangelisch-landeskirchlichen/katholischen und freikirchlichen Publikationen

4.1.1 Der christliche Strafdiskurs

Kapitel 3.2.1 warf bereits einen Blick auf den christlichen Strafdiskurs. Ausgearbeitet wurden dabei drei Argumentationsmuster:

1. Covid war eine Strafe Gottes, respektive lassen sich strafende Aspekte im Pandemiegeschehen erkennen.
2. Covid war keine Strafe Gottes!
3. Die Frage lässt sich nur ambivalent beantworten, da das Pandemiegeschehen in sich ambivalent ist.

Während in Kapitel 3.2.1 der Fokus auf Antwortmöglichkeit zwei und drei lag, soll an dieser Stelle, um die Gegenfolie zu skizzieren, die erste Antwortmöglichkeit expliziert werden.

Diese lässt sich vor allem in der freikirchlichen Publikation *idea Spektrum*, vereinzelt jedoch auch in katholischen Texten, finden. Zwei Artikel aus *idea Spektrum* möchte ich kurz skizzieren, um darzulegen, wie der Straftopos in dieser Publikation exerziert wird. Der erste Artikel ist dabei ein Leserbrief eines männlichen Lesers, Herr Löhde. Sein Anliegen ist die diskursive Auseinandersetzung mit einem Interview in einer *idea Spektrum* -Ausgabe, durchgeführt mit dem Landesbischof Karl-Hinrich Matzke und Pastor Lutz Gräber. So erteilt er der grundsätzlichen These der beiden Interviewten eine Absage, dass Covid keine Strafe Gottes ist. Und auf personaler Ebene mag das für ihn auch sehr einleuchtend klingen, so kann man »selbstverständlich [...] dem einzelnen Betroffenen nicht sagen, dass seine Erkrankung eine Strafe Gottes ist.« (Löhde-I-07) Unterstützend zu dieser Annahme führt Herr Löhde noch Bibelstellen an, namentlich Johannes 9,2[15] und Lukas 13,4[16], in welchen Jesus Christus selbst das Reden, dass ein persönliches Leid immer auf eine Strafe Gottes zurückzuführen sei, verbietet. Aber das versteht sich nur auf einer individuellen Ebene. Leid auf universal-gesellschaftlicher Ebene, in dieser Dimension spielt sich auch das Corona-Virus ab, als globale Pandemie, muss zwangsläufig mit einem (Straf-) Handeln Gottes in Verbindung gesetzt werden. Eine göttliche Strafe hat auch nicht nur die strafende, leidbringende Dimension. Sie ist eben nicht nur »Rache und Vergeltung, sondern ein schmerzhafter Bußruf, sich wieder Gott in seinem Sohn Jesus Christus zuzuwenden.« (Löhde-I-07) Strafe hat für Herrn Löhde eine Zieldimension: das Individuum soll im Leid und der Trauer erkennen, dass es sich auf dem ›falschen‹ Pfad befindet und sich schnellstmöglich von diesem abwenden – hin zu Jesus Christus, dem gerechten Erlöser. Von kirchenleitenden Akteuren nimmt der Leser diesen göttlichen Auftrag nicht mehr wahr. Viel eher nutzen diese den pandemischen Zustand dafür aus, um ökologische und sozialpolitische Appelle zu formulieren, welche für Herrn Löhde nichts mit der Virusgefahr zu tun haben. Abschließend formuliert er sogar die (rhetorische?) Frage: »Werden die Kirchenleitenden mit einem nur netten ›Wort durch die gesellschaftpolitische Blume‹ ihrem Verkündigungsauftrag gerecht?« (ebd.) Der Leserbrief bringt prägnant zum Ausdruck, was einigen evangelikal-christlichen Leserinnen und Lesern, oder einfach nur evangelikalen Christinnen und Christen, in der Pandemiebetrachtung anscheinend fehlt(e): eine Auseinandersetzung der Kirche mit der Frage, ob das Pandemiegeschehen eine göttliche Strafhandlung war. Der zweite Artikel wurde von Ulrich Parzany verfasst, und erschien

---

[15] »Und seine Jünger fragten ihn und sprachen: Rabbi, wer hat gesündigt, dieser oder seine Eltern, dass er blind geboren ist? Jesus antwortete: Es hat weder dieser gesündigt noch seine Eltern, sondern es sollen die Werke Gottes offenbar werden an ihm.«

[16] »Oder meint ihr, dass die achtzehn, auf die der Turm von Siloah fiel und erschlug sie, schuldiger gewesen seien als alle anderen Menschen, die in Jerusalem wohnen?«

zum Osterfest 2020. Ulrich Parzany,[17] evangelikaler Pfarrer aus Kassel und Vorsitzender des Netzwerks »Bibel und Bekenntnis«[18], schrieb in diesem Beitrag, was seine Sicht und Empfehlungen auf und für die Pandemie, im Kontext des christlichen Ostergeschehens, sind. So würde er nicht zwangsläufig von einem göttlichen Strafhandeln für menschliche Sünden sprechen:

> »Durch die Auferweckung des gekreuzigten Jesus bestätigt Gott selbst, dass alles, was Jesus gesagt und getan hat, Gottes Wort und Tat war. Gott bestätigt: Der Kreuzestod war keine Niederlage, sondern der Sieg Gottes. Im Licht der Auferstehung sehen wir, dass Jesus am Kreuz stellvertretend für uns das Gericht Gottes trug.« (Parzany-I-04)

Das Kreuzesgeschehen ist für Parzany kein abgeschlossenes Ereignis: es findet in Vergangenheit, Gegenwart, aber auch Zukunft statt. In der Vergangenheit durch das Geschehen an sich. In der Gegenwart und Zukunft realisieren sich dann die Versprechen, welche der Kreuzestod Jesu für die vereinigte Christenheit formuliert. Parzany zitiert hierfür Matthäus 28,20: »Ich bin bei euch alle Tage bis ans Ende der Welt.« Das ist nicht nur ein Versprechen für den individuellen Glauben, für den Alltag, das Berufsleben, das Familienleben – für Parzany realisiert sich dieses Versprechen gerade in Krisenzeiten, auch in globalen Pandemien. Daraus resultierend hat Parzany für alle Leserinnen und Leser »auch in Corona-Zeiten nur eine dringende Empfehlung ...: Bekehrt euch zu Jesus, vertraut und folgt ihm!« (Parzany-I-04) Und Parzany hat für diesen Rat auch eine recht eindeutige Begründung parat:

---

17 Bei Ulrich Parzany empfiehlt sich ein weiterer Blick auf seine Tätigkeit als evangelikaler Prediger. So vertritt Parzany Positionen, welche als konservativ bis rechtspopulistisch wahrgenommen werden können. Vor allem sein Verhältnis zur Homosexualität und der Segnung homosexueller Paare lässt sich als diametral zur Kirchenleitung der EKD beschreiben. Parzanys Position geht dabei so weit, dass er homosexuelle Beziehungen als »schöpfungswidrige Anomalie« (vgl. https://web.archive.org/web/20080330042400/; http://www.sekteninfo.net/articles-w-Argumente+sind+tot...+es+lebe+der+Extremismus.html) [letzter Zugriff: 08.08.2023] diskreditiert und diese nicht in einer Kirche gesegnet werden dürfen, da dies dem göttlichen Gebot, dass die Ehe eine Gemeinschaft zwischen Mann und Frau sei, widerspreche. (Vgl. https://www.idea.de/spektrum/wenn-die-bibel-gottes-wort-ist) [letzter Zugriff: 08.08.2023].

18 Das Netzwerk »Bibel und Bekenntnis« versteht sich als Zusammenschluss von Christinnen und Christen, sowie ganzer Gemeinden, welche die Bibel als inspiriertes Wort Gottes wahrnehmen. Diese hat daraus resultierend Autorität in allen Lebensbereichen. Der Verein wendet sich gegen sog. Irrlehren in der evangelischen Kirche, der ›Postmoderne‹ oder dem in die Kirchen gebrachten Pluralismus. (Vgl. https://www.bibelundbekenntnis.de/fortsetzungsgruppe/) [letzter Zugriff: 08.08.2023].

> »An Jesus wird sich unsere Ewigkeit entscheiden. Wer ihn ablehnt, wird in Ewigkeit von Gott getrennt und verdammt sein. Wer Jesus jetzt vertraut und Vergebung der Sünden empfängt, wird in Ewigkeit die Gemeinschaft mit Gott erleben. Gott wird einen neuen Himmel und eine neue Erde schaffen, in der kein Leid, kein Schmerz sein wird, sondern Gerechtigkeit wohnt. Das ist garantiert, weil Jesus auferstanden ist.« (ebd.)

Dieser Meinungsbeitrag lässt sich in zweierlei Dimension lesen. Zum einen als ideeller, hoffnungsstiftender Beitrag, welcher in Zeiten einer individuellen Krise versucht, das Vertrauen auf Jesus Christus zu festigen. Auf einer anderen, wesentlich materielleren, Ebene liest sich der Artikel aber auch als Handlungsanweisung: selbstredend, das Pandemiegeschehen ist furchtbar und evoziert viel Leid. Aber auf individueller, und vielleicht auch kollektiv gesellschaftlicher Ebene, kann gar nichts gemacht werden, da es sich um göttliches Handeln handelt – und am Ende wird es sowieso gut und leidlos werden, das ist schließlich das Versprechen Jesu Christi in seinem Tod am Kreuz. Ausschließlich bejahende Antworten auf die Straffrage lassen sich jedoch nicht nur in *idea Spektrum* finden. Auch in katholischen Magazinen ließ sich diese Position finden. Diese wurde jedoch primär von Leserinnen und Lesern vertreten, auf Autorenseite lassen sich wenig bis keine apologetischen Texte finden. Zwei Leserbriefe aus der *Katholischen Sonntagszeitung* sollen dies kurz illustrieren. Beide sind zur gleichen Zeit erschienen. Beide Briefe versuchen dabei eine neue Perspektive innerhalb des Topos Strafe zu erarbeiten. Der erste schreibt, dass Covid eine Strafe Gottes sei, da eine Strafe immer Anwendung findet, wenn (göttliche) Gesetze übertreten werden. Dies ist für den Leser in der Pandemie evident. Die Strafe muss jedoch in einem fairen Verhältnis passieren, wenn Gott ein gerechter Gott ist – wer die göttlichen Gesetze übertreten hat, muss bestraft werden, der Rest nicht (vgl. Dambacher-KS-02). Ob diese Perspektive bei einem Virus, welches wahllos Menschen »straft«, zu 100 Prozent passend ist, steht auf einem anderen Blatt.

Der zweite Leserbrief meint, dass Covid eine göttliche Strafe sein kann, wenn es als »zukunftsweisende Korrektur« (Bilck/Meier/Tentrop-KS-02) fungiert. »Es wahrt das Wissen um unsere Unvollkommenheit und schützt unser Vertrauen in eine Macht, die größer ist als wir.« (ebd.) Wenn Covid eine Strafe ist, muss nicht nur die materielle Dimension, wenn Menschen körperlich leiden und existentiell bedroht werden, sondern auch die metaphysisch-moralische Dimension beachtet werden: eine Strafe hat appellierende, korrigierende Funktionen, welche sich auch bewahrheiten müssen. Ansonsten ist es keine Strafe.

Kurz soll nun noch das Licht auf zwei Artikel aus der *FAZ* geworfen werden. Denn, faszinierenderweise, hat es der christliche Strafdiskurs auch in eine säkulare Publikation geschafft. Und diese Artikel positionieren sich sehr eindeutig – Covid kann eine göttliche Strafe sein.

Beide Artikel sind dabei Kommentare: zum einen kommentiert der ehem. Militärbischof der Bundeswehr Hartmut Löwe die Krisenkommunikation der Kirchen, zum anderen kommentiert ein Leserbrief eine Positionierung von Kardinal Reinhard Marx. Löwe rekurriert dabei auf eine für ihn wahrgenommene »Sprachlosigkeit unserer Kirchenoberen« (Löwe-FAZ-05). Diese umwinden dadurch auch das Reden von einer göttlichen Strafe – Beiträge von katholischen und evangelisch-landeskirchlichen Publikationen konnten uns dies in 3.2.1 verdeutlichen –, was jedoch den Anforderungen der »einfachen« Kirchenmitglieder diametral gegenüber stehe. Löwe beobachtet dabei, dass religiöse Sprache oft in einen profanen Bedeutungszusammenhang gestellt wird. Wenn von Strafe gesprochen wird, christlich-theologisch, ist jedoch nicht von Rachsucht oder einem autoritären Tadel die Rede. Göttliche Phänomene lassen sich, mit ihrer spezifischen Bedeutung, in profaner Sprache zwar schwierig fassen, sollten daher aber nicht umgangen werden. Daher ist Covid auch eine Strafe Gottes – wenn man bedenkt, dass religiöse Sprache und Akteure die Welt mit ihren eigenen Manierismen erfassen wollen (vgl. ebd.). Der zweite *FAZ*-Artikel argumentiert anders, wenn auch mit gleichem Ergebnis. Dieser Leserbrief geht hart ins Gericht mit der klaren Positionierung des katholischen Kardinals Reinhard Marx, dass Covid keine Strafe Gottes ist. Für den Leser ist das Coronavirus aber eben genau das. Wofür? Für die menschliche Hybris, für den menschlichen Glauben, dass er selbst das Höchste ist und seine Ideen und Werte das Zentrum der Welt seien. Dabei schreibt er:

> »Es bekommt uns nicht, wenn wir meinen, unser Leben selbst bestimmen zu können, wenn wir nur nach Cash und Gold schielen, wenn wir abtreiben, weil es uns gerade nicht in den Kram passt, ein Kind zu haben, wenn wir unser Leben selbst enden lassen wollen, wenn wir leben, ›wie es euch gefällt‹, und nicht mehr nach dem Schöpfer und Erlöser fragen?« (Nörr-FAZ-04)

Covid ist hier eine Strafe – für, als normativ schlecht bewertete, menschliche, empowernde Errungenschaften der Moderne. Das hier gezeichnete Verständnis von Strafe ist akteurs- und perspektivenabhängig, weshalb sich hier keine allgemeinen Implikationen für den christlichen Strafdiskurs ableiten lassen können. Andere Artikel, welche Covid als göttliche Strafe verstanden, verwiesen nicht auf »menschliche Hybris« und gingen hart mit der, als defizitär empfundenen, Moderne ins Gericht. Die Bejahung der Straffrage lässt sich daher in zwei Richtungen einteilen:

1. Differenzierte Abwägungen, welche auf christliche Sprachdefizite sowie Fragen und Bedürfnisse einzelner Kirchenmitglieder eingingen, und die der Möglichkeit einer göttlichen Strafe Raum geben wollen.
2. Individuelle Berichte, die, aufgrund der defizitär wahrgenommenen Moderne, eine göttliche Strafe als plausibel verstehen.

Der christliche Strafdiskurs war, in Korrespondenz mit Kapitel 3.2.1, einer der am differenziertesten debattierten Topoi innerhalb der untersuchten christlichen Medien.

4.1.2 Reaktion der Natur oder isoliertes Virus? – Der Diskurs um die göttliche Schöpfung

Während Kapitel 3.2.2 den schöpfungs- und naturtheologischen Diskurs bereits anriss, soll hier noch einmal kurz auf diesen eingegangen werden. In Differenz zu katholischen und evangelisch-landeskirchlichen Publikationen, die dem Topos Natur viel Raum gaben, suchte man nach ähnlichen Artikeln in freikirchlichen Zeitungen fast vergebens. Nur ein Artikel ließ sich mit diesem Topos finden, dieser findet sich im *Medienmagazin Pro*, *idea Spektrum* thematisierte naturtheologische Reflexionen nicht. Und sogar der gefundene Artikel kann zeigen, warum freikirchliche Publikationen sich schöpfungstheologischen Diskursen verweigerten. In diesem wird postuliert, wie in vielen anderen Texten, dass der Mensch in der Pandemie ein gefährdetes Wesen ist. Nicht nur das, er ist in seiner »Gänze nur ein Geschöpf«. (Weimer-MP-03) Der Mensch realisiert nun, dass die diesseitige Welt eine gefährliche Sache ist. Der Beherrschung, und daher auch Deutung, soll der Mensch sich entziehen. Der »Wertekosmos der Gläubigen« (ebd.) korrigiert sich und besinnt sich auf das Zentrum zurück – Gott. Natur ist hier eine gefährliche Sache, antagonistisch zum Menschen. Viel eher soll er sich auf das konzentrieren, was ihm Hoffnung und Erlösung gibt. Das ist Gott oder Jesus. Freikirchliche Texte rekurrierten oft auf den individuellen Gläubigen als Fixpunkt ihrer Betrachtungen. Thematisiert wird das, was den Leserinnen und Lesern potentiell Hoffnung gibt, und was sie sich selbst als Frage stellen. Natur entzieht sich diesen Kategorien, wenn es eine gefährliche, unbeherrschbare Sache ist. Mensch und Gott stehen in freikirchlichen Publikationen im Fokus, welche man der diesseitigen Welt entziehen kann. Und trotzdem bleibt eine massive Leerstelle. Die Schöpfung lässt sich nicht von Gott isolieren, sie geht in ihm auf. *Idea Spektrum* und *Medienmagazin Pro* ignorieren damit auch naturwissenschaftliche Narrative in der Pandemie, welche schlussendlich der Schlüssel zur Beschreibung der Coronapandemie sind. Das konnten auch andere konfessionelle Publikationen erfassen. Auch der schöpfungstheologische Diskurs lässt sich als äußerst divers charakterisieren, betrachtet man das hier und in Kapitel 3.2.2 gezeichnete Bild.

4.2 Differenzen zwischen katholischen, freikirchlichen und evangelisch-landeskirchlichen Publikationen

4.2.1 Zentrum oder Randfigur? – Die Rolle Jesu Christi in der christlichen Kommunikation über die Coronapandemie

Kapitel 3.3.1 illustrierte bereits genau, inwieweit katholische und freikirchliche Publikationen christologische Deutungsnarrative über die Coronapandemie entwickelten. Offen blieb die Frage ob, und wenn ja wie, evangelisch-landeskirchliche Publikationen diese Narrationsart teilten, respektive anders bespielten. Und tatsächlich lässt sich hier ein ernüchterndes Bild zeichnen – kein einziger Artikel, weder in *chrismon* noch *zeitzeichen*, wies christologische Deutungen, geschweige denn Bezüge, auf. Das verwirrt, bedenkt man, dass ein Signum des Christentums die exklusive Rolle Jesu Christi als Messias ist. Und dennoch findet dieses inhaltliche Signum in evangelisch-landeskirchlichen Publikationen nicht statt. Gewiss: hin und wieder gibt es kurze Bezüge zu biblischen Geschichten, oder kurze Zitate jesuanischer Bibelworte. Und auch das Osterfest dient einem Artikel der *zeitzeichen* als theologischer Ausgangspunkt (vgl. Körtner-ZZ_online-04). Diese sind jedoch nur das – ein Ausgangspunkt, kein Vehikel, um einen Gedanken einzuführen. Der Gedanke entfaltet sich nicht daran, er wird nur dadurch eingeführt. Christologische Deutungen können so gar nicht stattfinden.

Doch warum werden christologische Deutungen in evangelisch-landeskirchlichen Publikationen so ignoriert? An dieser Stelle kann ich nur spekulieren. Zum einen kann es am generellen Profil der Zeitungen liegen. *zeitzeichen* versteht sich als wissenschaftlich-theologisches Medium – möglicherweise sind christologische Deutungen nicht mehr nutzbar zu machen, aus einer wissenschaftliche Perspektive, als Deutungsschema der Wirklichkeit. *chrismon* liegt der *ZEIT* bei – möglicherweise versucht man hier, die potentiell große und nichtreligiös gebundene Leserschaft nicht mit christlicher Terminologie zu »verschrecken«.

Und trotzdem finden sich in diesen Publikationen, logischerweise, christliche Deutungssymboliken. Jesus jedoch nicht. Der vorhin angesprochene Text in den *zeitzeichen* verdeutlicht das ganz gut. Als zentrales Fest für den christlichen Glauben wird Ostern beschrieben, da es die christliche Botschaft am präzisesten verkörpert – im Christentum wird nicht nur das reine Leben sakralisiert, viel eher bedeutet christlich hoffen mit dem Tod fertig zu werden, nicht nur mit dem reinen Vorgang des Sterbens (vgl. Körtner-ZZ_online-04). Und das realisiert sich in Gott. Jesus wird im Text nicht erwähnt.[19]

---

[19] An dieser Stelle ließe sich eine Dreifaltigkeits-Dreieinigkeits-Debatte aufmachen, wäre jedoch für diese Ausführungen nicht hilfreich.

Evangelisch-landeskirchliche Publikationen nutzen, in Differenz zu katholischen und freikirchlichen Publikationen, christologische Deutungsschemata nicht. Auftretende Bezüge sind oberflächlich, dienen als Vehikel zum Einstieg in ein Thema und können nicht differenziert-ambivalent fruchtbar gemacht werden.

4.2.2 Hoffen auf das Heil?!

In Kapitel 3.3.2 wurde bereits dargestellt, wie sich hoffnungseschatologische Deutungen in der Pandemie in freikirchlichen und katholischen Publikationen denkerisch entfalteten. Dort wurde auch ein Artikel aus den *zeitzeichen* vorgestellt. Dieser Artikel stellt den einzigen Text dar, welcher einen expliziten Bezug zum Symbol Hoffnung herstellt, in evangelisch-landeskirchlichen Zeitungen. Hier fällt eine quantitative Diskrepanz im Vergleich zu katholischen und freikirchlichen Publikationen auf. Diese bearbeiteten den Hoffnungstopos nämlich redlich, konstant über das Jahr verteilt. Evangelisch-landeskirchliche Publikationen »ignorierten« die Symboldeutung, *chrismon* hat keinen einzigen hoffnungstheologischen Artikel vorzuweisen. Das verwirrt auf den ersten Blick. Bei genauerer Betrachtung lassen sich jedoch Erklärungsansätze finden. Im Verlaufe dieser Publikation ließ sich oft konstatieren, dass die evangelisch-landeskirchlichen Publikationen, welche wir untersucht haben, theologische Symboldeutungen primär dazu nutzten, theologische Reflexionen über die Pandemie anzustellen, welche sich in einem wissenschaftlich-theologischen Diskurs behaupten können. Die Kommunikation nach innen, zum einen an die eigene Leserschaft, zum anderen an psychologisch-individuelle Bedürfnisse eben dieser, erfolgte nur äußerst selten. Die landeskirchlichen Publikationen haben offenbar einen, eigens formulierten, anders gelagerten Fokus – und damit verbunden vielleicht auch Anspruch – an die eigene Kommunikation. Keine seelsorgerische Arbeit mithilfe theologischer Symbole, viel eher öffentlichkeitswirksame, (geistes-)wissenschaftliche Reflexion.

Es ist dennoch verwirrend, dass diese Form der Binnenkommunikation nicht in den evangelisch-landeskirchlichen Publikationen Anklang findet. Hoffnung wird dort nicht als individuelles Handeln, sondern als metaphysische Größe verstanden. Ob diese Form der Kommunikation das Bedürfnis nach Hoffnung und einem sicheren Verlauf der Pandemie stillt, lässt sich hier nur schwer beantworten. Jedoch kann eine individuelle Adressierung, verbunden mit einer eigenen Handlungsmöglichkeit, die eigene, und potenziell neue, Leserschaft dort abholen, wo sie in der Pandemie mit ihren existentiellen Ängsten steht. Evangelisch-landeskirchliche Publikationen, wie die *zeitzeichen*, verweigerten sich diesem Weg an entscheidenden Stellen.

4.2.3 Apocalypse now?!

In Kapitel 3.3.2 wurde des Weiteren ausgearbeitet, dass katholische und freikirchliche Vertreter eine apokalyptische Symboldeutung negierten. Die Negation war jedoch nicht publikationsumgreifend Usus. Auf evangelisch-landeskirchlicher Seite ließ sich, überraschenderweise, eine ausführliche Apologie und Fruchtbarmachung des apokalyptischen Deutungsschemas finden. Diese lässt sich im Text *Die Erde wehrt sich* von Gerard Minnaard, publiziert in den *zeitzeichen*, finden. Dieser Text stellt eine Replik auf einen Text von Ralf Frisch, ebenfalls in den *zeitzeichen* publiziert und hier bereits vorgestellt, dar.

Minnaard versteht das Virus nicht nur isoliert als Virus, sondern viel eher als Reaktion der Natur auf menschliches (Fehl-)Verhalten. Als Ausgangspunkt seiner Überlegungen zitiert er den ehemaligen Trainer der Deutschen Fußballnationalmannschaft Joachim Löw. Folgende Passage, aus einer Videoansprache des ehemaligen Bundestrainers, war für Minnaard eine theologische Leitplanke:

> »Die letzten Tage haben mich sehr nachdenklich gestimmt. Die Welt hat ein kollektives Burnout erlebt. Ich habe das Gefühl, dass sich die Erde gegen die Menschen stemmt. Das Tempo, das wir Menschen vorgegeben haben in den letzten Jahren, war nicht mehr zu toppen. Machtgier stand im Vordergrund, Katastrophen haben uns nur am Rande berührt. Jetzt erleben wir was, was jeden einzelnen Menschen betrifft. Jetzt stellen wir fest, dass wir auf wichtige Dinge schauen müssen, was im Leben wirklich zählt: Respekt untereinander!« (Minnaard-ZZ_print-06)

Minnaard versteht Apokalypse nicht ausschließlich als auslöschendes und fatales Ereignis, sondern sieht in ihr einen Aspekt der Hoffnung. Um das zu illustrieren, greift er auf das biblische Buch der Offenbarung des Johannes zurück und gibt kurz einige Passagen wieder. Das entscheidende Moment, welches auch für uns Menschen in der Corona-Pandemie lehrreich sein kann, zeigt sich im Untergang Roms. Johannes beobachtet die römische Dekadenz, welche sich in aufwändigen Bauten widerspiegelt. Er sieht aber auch gleichzeitig eine solidarische Gesellschaft. Trotzdem ist für ihn Rom ein Gipfel der Gewalt, ein weltlicher exemplarischer ›Fehler‹. Rom wird untergehen, so sieht es Johannes in einer Vision.

> »Die Eliten werden jammern. – Die Kaufleute werden weinen, denn niemand wird mehr ihre Waren kaufen: – Ware aus Gold, Leinen, Pferde und Wagen, und Leiber und Seelen von Menschen. – In einer Stunde ist der ganze Reichtum dahin. – Freuet euch alle! – Denn der ganze Reichtum ging über Leichen. – Nun hat die Unmenschlichkeit ein Ende. – Die Musik hört auf. Das Handwerk liegt still. Das Licht geht aus.« (Minnaard-ZZ_print-06)

Dieser Untergang ist nicht das Ende des Menschen, sondern »ein Gericht im Namen der Humanität.« (Minnaard-ZZ_print-06) Dieses Gericht der Humanität will Minnaard auch in der Corona-Pandemie sehen. Das klingt zynisch, hält man sich vor Augen, wie viele Menschen unschuldig sterben mussten. Das hoffnungsvolle Moment lässt sich finden in den Ergebnissen der Pandemie, welche das abmildern, was die Pandemie evozierte: der menschliche Totalitätsanspruch auf den Planeten Erde. »Wenn wir durch die kurze Unterbrechung durch Corona das CO_2-Ziel für 2020 erreichen werden, dann wissen wir, was richtig ist. Wir kennen die Richtung.« (ebd.) Covid ist für Minnaard ein Marker – ein apokalyptischer Marker, welcher der Menschheit nicht aufzeigt, wo ihre Grenzen sind. Er zeigt ihr viel eher auf, wo die Grenzen bislang überschritten wurden und wie man diese Grenzüberschreitungen nicht rückgängig machen, aber reflektiert ausbessern kann. Weitere Artikel, welche Apokalypse als Thema oder als positiven Bezugspunkt, hatten, ließen sich in evangelisch-landeskirchlichen Publikationen nicht finden. Minnaards Text stellt damit einen Einzelfall, welcher auf wenig inhaltliche Zustimmung stieß, dar.

5. Exkurs: Metadiskussionen, Studien und Dogmatiken – Theologische Narrative und Deutungen abseits des Weges

Auf den vorhergehenden Seiten wurde ein (hoffentlich) präzises und genau gegliedertes Bild von religiösen Narrativen in der christlichen Kommunikation über die Coronapandemie gezeichnet. Dieses orientierte sich an klaren Gliederungspunkten. Bei der Sondierung des Materials fiel jedoch auf, dass es Narrationen und Artikel gab, welche sich zweifelsfrei mit theologischen Symboldeutungen auseinandersetzten, diese kamen jedoch entweder quantitativ seltener vor, oder bewegten sich abseits der getroffenen thematischen Leitplanken zur Gliederung. Auf den folgenden Seiten sollen diese Deutungen »abseits des Weges« trotzdem dargestellt und kritisch gewürdigt werden.

5.1 Über die einzige »Corona-Dogmatik«

Es ist eigentlich erstaunlich, dass es im gesamten Untersuchungszeitraum nur einen einzigen Entwurf einer Corona-Dogmatik gab, beachtet man die thematische Fülle, welche journalistisch bedient wurde. Diese ließ sich in den *zeitzeichen* finden, verfasst von Günter Thomas, Professor für Systematische Theologie, Ethik und Fundamentaltheologie an der Ruhr-Universität-Bochum.

In der fünfteiligen Serie »Gott ist zielstrebig«, veröffentlicht im März 2020, betreibt Thomas anhand neun theologischer Loci systematisch-dogmatische Überlegungen zur Coronakrise. Thomas referiert dabei zu klassischen und bereits hier behandelten Themen wie Schöpfung, Hoffnung oder Anthropologie. Die Überlegungen sind detailliert und wurden zeitlich früh in der Pandemie angestellt.

Der Text steht paradigmatisch für das inhaltliche Profil der *zeitzeichen* – detaillierte theologisch-wissenschaftliche Überlegungen zur Pandemie, welche die individuell-glaubende Ebene zunächst übergehen. Thomas' Erkenntnisse sind divers, lassen sich dabei auf diesen Seiten nicht zielführend zusammenfassen.[20] Sie korrespondieren auch dezidiert mit Erkenntnissen anderer *zeitzeichen*-Autoren. Dennoch blieb der Text nicht unwidersprochen. Gleich zwei Artikel wiesen Thomas' Methodik vehement ab. Zum einen wird der frühe Zeitpunkt kritisiert, an welchem die Überlegungen angestellt wurden. Der Vorwurf wird nicht explizit an Thomas' Dogmatik formuliert, richtet sich jedoch generell an systematische Positionierungen zur Coronapandemie. Diese können erst dann angestellt werden, wenn das gesamte Ausmaß der pandemiebedingten Veränderungen verstanden werden kann. Ansonsten werden nur temporäre Verschiebungen analysiert, was dogmatisch-systematische Theologie umgehen sollte (vgl. Habenicht-ZZ_online-04). Zum anderen werden die Erkenntnisse an sich kritisiert. Die beschriebenen Ambivalenzen – wenn Thomas bspw. schreibt, dass der Mensch in der Pandemie, im Verhältnis zur ihn umgebenden Natur, ein verletzliches Wesen ist (vgl. Thomas-ZZ_online-03) – sind keine Innovation, sondern Zustände, die die menschliche Existenz schon immer charakterisiert haben. Daher braucht es, in Augen des Autors, keine systematische Reflexion, sondern »Ermutigungstheologie« (vgl. Schaede-ZZ_online-04c).

Trotz aller Kritik ist Thomas' Corona-Dogmatik ein interessantes Stück Zeitgeschichte, in theologischer Hinsicht. Nie wieder wurde der Versuch gewagt, die Coronapandemie systematisch, allumfassend, zu deuten. Partiell ist dies geschehen, was die vorhergehenden Seiten hoffentlich zeigen konnten, aber eine holistische Corona-Dogmatik, wie die von Günter Thomas, ist noch immer nicht bespielt worden.

5.2 Die Frage, ob es eine öffentliche, theologische Auseinandersetzung über die Pandemie überhaupt brauche

Dass das auf den vorhergehenden Seiten präsentierte Material so ausführlich und divers ausgeformt wurde, ist keine Selbstverständlichkeit. Theologischer Diskurs ist in einer stark säkularisierten Gesellschaft keine Selbstverständlichkeit. Auch dieser Meta-Betrachtung – Braucht es zur Coronapandemie eine theologische Positionierung? – wurde im untersuchten Material nachgegangen. Grundsätzlich lassen sich, sollte der Frage nachgegangen worden sein, drei Argumentationslinien finden:

---

20 Die geneigten Leserinnen und Leser sind dazu eingeladen, die Corona-Dogmatik auf eigene Faust zu erkunden.

1. Es fand eine ausreichende theologische Diskussion um die Coronapandemie statt.
2. Die theologische, öffentliche Auseinandersetzung mit der Coronapandemie erfolgte nicht intensiv genug.
3. Es ist gut so, dass es keine theologischen Positionierungen und narrative Besetzungen zur Coronapandemie gab.

Erstere Argumentation ließ sich vor allem in landeskirchlich-protestantischen sowie in einigen katholischen Texten finden. Anknüpfend an den, in der Einleitung bereits kurz skizzierten Beitrag Ulrich Körtners wurde durch das Jahr hindurch, vor allem von Amtsträgerinnen und Amtsträgern der institutionalisierten Kirchen, die eigene Positionierung, oder wahrgenommene Nicht-Positionierung, verteidigt. Diese Positionierungen fanden oft in Verbindung mit dann erfolgenden theologischen Positionierungen statt (z.B. zum Topos Strafe, beispielhaft sei hier der Beitrag »Gott zieht keine Strippen« aus *chrismon*, verfasst von Heinrich Bedford-Strohm, zu nennen).

Diese Argumentationslinie lässt sich nur mit der oben skizzierten zweiten Position vollständig verstehen. Der Vorwurf, respektive die selbstkritische Einordnung, dass es zu wenig öffentliche Theologie im ersten Jahr der Coronapandemie gab, lässt sich in landeskirchlich-protestantischen sowie katholischen Publikationen gleichermaßen finden. Auffällig ist bereits jetzt, dass es eine solche Wahrnehmung des theologischen Coronadiskurses nicht in freikirchlichen Publikationen gab. Dies hängt vermutlich mit der Wahrnehmung des theologischen Diskurses an sich zusammen – aus der Binnenperspektive freikirchlicher Akteure muss diese Position nicht die eigene sein, da es in den hauseigenen Publikationen einen regen Austausch zu theologischen Themen in der Pandemie gab. Den Blick nach außen braucht es da nicht.

Der Vorwurf der – quantitativ wie qualitativ – mageren theologischen Positionierung wurde vor allem von den Leserinnen und Lesern der konkreten Publikationen in Leserbriefen formuliert. Der Vorwurf hat dabei immer einen klaren Adressaten – die institutionalisierten Kirchen. Diese erfüllten, so weiter, ihre Aufgabe in der Pandemie nicht. Es fehlte seelischer Beistand und theologische Orientierungsleistung (vgl. Baumann-ZZ_print-11). Doch nicht immer blieb es bei dem Vorwurf. Manchmal wird auch Verständnis für die (Nicht-)Positionierung der Kirchen gefunden. So z.B. wenn konstatiert wird, dass die Kirche sich gar nicht positionieren könnte, da ihr die Bilder fehlen, bzw. sie vorhandene Bilder zur Deutung nicht fruchtbar machen konnte (vgl. o.V.-CIG-9).

Abschließend soll noch kurz auf die Position eingegangen werden, dass es ganz gut sei, dass es keine theologische Positionierung der Kirchen gab. Diese Domäne ist dabei den säkularen Publikationen zu eigen, genauer gesagt – eine Domäne der *ZEIT*. Allein zwei der drei untersuchten Artikel drehten sich um diese Frage (vgl. Finger-Z-05; Reisdorf-Z-06). Beide haben dabei den gleichen Ausgangspunkt und bedienen sich historischer Narration, um den eigenen Punkt stark zu machen:

> »Während Seuchen in früheren Zeiten von der Kirche als Strafe Gottes verkündet wurden oder als Anlass für Antisemitismus herhalten mussten, erscheint die Kirche heute häufig orientierungslos bei dem Versuch, Katastrophen oder politische Vorgänge mit dem christlichen Glauben in einen Zusammenhang zu stellen.« (Finger-Z-05)

Oder anders formuliert:

> »Um die Sprachlosigkeit der Kirchen zu verstehen, muss man sich klarmachen, wie sie einst auf verheerende Seuchen reagierten: Während der Pest predigten europäische Bischöfe ihren verängstigten Gläubigen den Zorn Gottes, der die sündige Menschheit zu Recht ereile. Als das nicht half und der Schwarze Tod auch die Frömmsten hinraffte, verselbstständigte sich der Verdammungsfuror und traf als Sündenböcke vor allem Juden. Tausende wurden massakriert, um den Valentinstag des Jahres 1349 starben allein in Straßburg etwa 2000 Menschen. Seither hat das Christentum gelernt, sich mit der Deutung von Katastrophen zurückzuhalten – zumal die Idee eines ungnädigen Gottes die Leute den Aufklärern in die Arme trieb. [...] Und so hat sich der apokalyptische Ton, die Angstlust, mit der das Fürchterliche einst als das Folgerichtige beschworen wurde, aus dem Sprachgebrauch der Kirchen verflüchtigt. Der Glaube ist vernünftig geworden, gerade in Deutschland. Selbst das Weltweitvirus Covid-19 verleitete keinen deutschen Bischof zum Triumph über die gottlose Moderne oder zu trotzigem Beharren auf einem Ritual. Gott sei Dank!« (Reisdorf-Z-06)

Die Sprachlosigkeit wird positiv gewürdigt, ausgehend von historischen Überlegungen. Die antisemitischen Pogrome zur Zeit der Pest dienen als mahnende Negativfolie für heute – die historische Linie mag kritisch zu untersuchen sein, der Gedankengang ist jedoch nachvollziehbar.

In den Texten wird auch nicht konstatiert, dass die Kirchen gar nichts zum pandemischen Geschehen sagen – nur das theologische Erklären auf gesamtgesellschaftlicher Ebene wird als defizitär und zu umgehen charakterisiert.

5.3 Die gerechte Strafe Gottes?! – Einblick in die quantitativ-qualitative Untersuchung der Coronapandemie

Der vorliegende Band, fünf Jahre nach Beginn der Coronapandemie, ist, in seiner Form bislang einzigartig, nicht die einzige qualitativ-quantitative Untersuchung zu religiöser Kommunikation in der Krise. Schon in der ersten Januarwoche des Jahres 2021, und damit noch knapp in unserem Untersuchungszeitraum, stellten die Religionssoziologen Detlef Pollack und Carolin Hillenbrand in der *FAZ* eine Studie vor, welche sich der zentralen Frage widmete, ob es einen Zusammenhang zwischen individueller Religiosität und dem Glauben an Verschwörungsmythen gibt. 2032 Menschen wurden dabei befragt und für die Autoren zeichnet sich ein eindeutiges Bild ab. Insgesamt gäbe es drei Gruppen, welche sich im religiösen Spektrum entfalten:

1. Religiöse Individuen, die behaupten, dass hinter Covid der Einfluss böser Mächte stecke.
2. Religiöse Individuen, die behaupten, dass Covid eine Strafe Gottes für die menschlichen Sünden sei.
3. Religiöse Individuen, die behaupten, dass die Wissenschaft die Pandemie beende (vgl. Hillenbrand/Pollack-FAZ-01).

Etwa zehn Prozent ließen sich der ersten Gruppe zuordnen. Pollack und Hillenbrand konstatierten, dass sich in diesen Gruppen vor allem Leute sammeln, welche die eigene Religion als einzigen Wahrheitsmarker zulassen, was sich primär im freikirchlichen, weniger im katholischen oder evangelisch-landeskirchlichen Spektrum finden ließ (vgl. Hillenbrand/Pollack-FAZ-01).

Ungefähr 24 Prozent lassen sich der zweiten Gruppe zuordnen. Konfessionelle Tendenzen lassen sich hier eher weniger erkennen. Für Pollack und Hillenbrand steht hinter dieser Überzeugung die Überzeugung eines totalitären Wahrheits- und Geltungsanspruches der eigenen Religion. In die dritte Gruppe fallen 66 Prozent der Befragten, damit die Mehrheit. Die konfessionelle Zugehörigkeit ist dabei gespiegelt zur ersten Gruppe, vor allem katholische und landeskirchlich-evangelische Christinnen und Christen fallen in diese Gruppe, freikirchliche Christinnen und Christen eher weniger (vgl. ebd.). Doch die beiden Forscher belassen es nicht nur bei dieser Kategorisierung, sondern konstruieren von dieser ausgehend eine weitere, diesmal mit vier Variablen. Unter diesen firmieren unterschiedliche Profile an Religiosität. Konkrete Zuschreibungen zu den klassischen Gruppen innerhalb des christlichen Spektrums werden nicht vorgenommen:

1. Das privatistisch-apokalyptische Profil: Zugehörige zu dieser Gruppe verstehen die Pandemie als eine Strafe Gottes und sehen als Ausgang aus der Krise nur eine Erlösung aus der materiell-diesseitigen Welt.
2. Das ungebunden-spirituelle Profil: Dieser Gruppe wird kein konkretes inhaltliches Profil zugeschrieben. Es wird nur festgehalten, dass diese Gruppe eine Affinität zum Glauben an die Erzählung hat, dass Covid eine Strafe Gottes sei.
3. Das gemeinschaftlich-engagierte Profil: Dieser Gruppe wird attestiert, dass sie nicht daran glauben, dass die Welt von bösen Mächten durchdrungen sei, und Covid damit keinen metaphysisch bösen Ursprung habe.

4. Das demütig-fromme Profil: Anhänger dieser Gruppe neigen dazu, die Pandemie als Strafe zu deuten, glauben jedoch ungehindert dessen an die Handlungsmacht des Menschen und die Kompetenz von Wissenschaft. Das schlussendliche Vertrauen in Gott ist aber stärker (vgl. Hillenbrand/Pollack-FAZ-01).

Pollacks und Hillenbrands Ergebnisse sind dabei zweierlei faszinierend. Zum einen spiegeln sie, bereits früh in der Pandemie, ein gesteigertes Interesse an der wissenschaftlichen Auseinandersetzung mit der Coronapandemie wider. In den letzten Jahren spross wissenschaftliche und pseudowissenschaftliche Literatur zur Pandemie aus jeglicher Fachdisziplin hervor. Das vorliegende Buch ist auch Teil dieses Phänomens. Zum anderen korrespondieren die Ergebnisse der Studie eng mit den hier vorgestellten Ergebnissen. Nicht nur die individuellen Christinnen und Christen als Glaubenssubjekte lassen sich anhand ihrer Glaubensüberzeugung kategorisieren. Auch die korrespondierenden Publikationsorgane spiegeln diese inhaltlichen Profilierungen wider. Dabei muss nicht nur der Topos Strafe als relevantes Kriterium verstanden werden, eine Fülle anderer Topoi hätte, vermutlich, ähnliche Ergebnisse geliefert.

Und doch kann die Studie nicht ohne Kritik erörtert werden. Das liegt zum einen am generellen Design der Untersuchung, zum anderen an den postulierten Ergebnissen. Die Studie hat an sich ein tendenziöses Design, das lässt sich am prägnantesten an der Frage zeigen – Gibt es einen Zusammenhang zwischen individueller Religiosität und Verschwörungsmythen? Als Marker für den Glauben an Verschwörungsmythen wird der Glaube daran, dass Covid eine Strafe Gottes sei, festgelegt. Eines weiteren Kriteriums bedarf es nicht. Der Straftopos wird ergänzend dazu mit der Behauptung verbunden, dass böse Mächte die Welt durchwirken würden. Auseinanderdividiert werden die beiden Behauptungen nicht, dabei wäre dies wichtig gewesen. Auch in dieser Untersuchung ging es lange um die Frage, ob Covid eine göttliche Strafe sei. Und die meisten der präsentierten Texte trugen keine Züge von Verschwörungsmythen. Ein pars pro toto-Zusammenhang lässt sich, zumindest aus der hier vorgestellten Perspektive, nicht ableiten. Es ist unbestreitbar, dass der Strafgedanke eine veritable Rolle in der Konstitution christlicher Verschwörungsmythen darstellte. Jedoch ist nicht automatisch jeder Christ, jede Christin, Verschwörungsmystiker, wenn er sich, angesichts weltlicher Ambiguität, eine göttliche Strafe als Möglichkeit erdenkt. Des Weiteren sind die Religiositätsprofile, welche Pollack und Hillenbrand aus ihren Beobachtungen ableiten, nur bedingt konsistent zu den vorherigen Ergebnissen. Während der erste Teil der Untersuchung ergab, dass 66 Prozent, also die Mehrheit, der befragten Personen meinte, dass Covid keine göttliche Strafe ist, weisen zwei der vier Profile die Bejahung des Strafgedankens als konstitutiv auf. Außerdem hat die Darstellung der Profile keine durchgehende Struktur. Manche werden inhaltlich klar charakterisiert, wieder andere nur grob umrissen.

Und auch hier muss die kritische Nachfrage erlaubt sein, ob es wirklich ausreichend ist, Religiositätsprofile zu erstellen, welche sich nur anhand einer Variable konstituieren – der Glaube oder Nicht-Glaube an einen strafenden Gott.

6. Fazit

Abschließend lässt sich festhalten: der theologische Diskurs im ersten Jahr der Coronapandemie innerhalb christlicher Publikationen war divers und ambivalent. Es ließen sich Gemeinsamkeiten, aber auch fundamentale, in der inhaltlichen Positionierung und narrativen Erzählung, Differenzen skizzieren. Diese Unterschiede, z. T. aber auch Gemeinsamkeiten, lassen sich oft mit der spezifischen inhaltlichen und organisatorischen Ausrichtung der Publikationen erklären. Diese Positionierungen korrespondierten oft mit den Bedürfnissen der Leserinnen und Leser, welche diese oft in Leserbriefen artikulierten.

Die theologischen Deutungen diffundierten, je nach inhaltlichem Topos, in der Innovation. So ließen sich in einigen Beiträgen vorsichtige Versuche theologischer Innovation finden, man denke an die schöpfungstheologischen, sowie die Überlegungen zur Rolle Gottes in der Pandemie, Überlegungen, die evolutionäre Konzeptionen unserer Welt ausarbeiteten. In anderen Topoi hingegen gelang die Innovation nicht, oder wurde schlicht nicht versucht. Man erinnere sich hier an die diversen anthropologischen Texte, diese hätte man eins zu eins auch auf andere Pandemien übertragen können.

Theologischer Diskurs, theologische Narration, war virulent und lebendig in der Coronapandemie. Mal innovativ, mal konservativ. Ein abschließendes, einteilendes Urteil – so wie Ulrich Körtner z. B. eines vornahm – kann ich an dieser Stelle nicht fällen. Dazu stolperte ich im Verlauf der Untersuchungen über Ungewohntes, Neues, aber natürlich auch Bekanntes, fast Erwartetes.

Literaturverzeichnis

Quellen: Artikel

chrismon / chrismon Plus

Bedford-Strohm, Heinrich: Gott zieht keine Strippen. In: chrismon 07/08 (2020).
Claussen, Johann Hinrich: Will Gott uns strafen? In: chrismon 9 (2020), 7.
Faßrainer, Gerhard: [Leserbrief]. In: chrismon Plus 7 (2020), 94.
Kurschus, Anette: Entschleunigung? Von wegen! In: chrismon 6 (2020), 2.
Ott, Ursula: Das kann man üben: Zufrieden sein mit dem, was eben geht. In: chrismon 11 (2020), 16.

Christ in der Gegenwart

Friedrich, Jörg Phil: Die Evolution, die Viren, Gott. In: Christ in der Gegenwart 72 (2020), Nr. 19, 209.

Guntli, Erich: Gottes Spickzettel. In: Christ in der Gegenwart 72 (2020), Nr. 45, 501.

– (a). Jenseits von Ver-Virung. In: Christ in der Gegenwart 72 (2020), Nr. 24, 257–258.

– (b). Schutzmaßnahmen. In: Christ in der Gegenwart 72 (2020), Nr. 25, 265–266.

Herzog, Christina: Schon und Noch-nicht. In: Christ in der Gegenwart 72 (2020), Nr. 49, 552.

Langer, Stephan: Unsere Stunde Null. In: Christ in der Gegenwart 72 (2020), Nr. 18, 187.

o.V.: Ehrenrettung für den Raben. In: Christ in der Gegenwart 72 (2020), Nr. 44, 499.

–. Keine Bilder für Corona. In: Christ in der Gegenwart 72 (2020), Nr. 39, 427.

–. Kirche ohne Jenseits? In: Christ in der Gegenwart 72 (2020), Nr. 27, 290.

Pichlmeier, Andrea: Von Angesicht zu Angesicht. In: Christ in der Gegenwart 72 (2020), Nr. 16, 169–170.

Rosen, Judith: Auf dem Weg mit dem Kreuz. In: Christ in der Gegenwart 72 (2020), Nr. 49, 550.

Röser, Johannes: Trost, der Glauben und Hoffnung sucht. In: Christ in der Gegenwart 72 (2020), Nr. 14, 143–144.

–. Kirche, werde wesentlich! In: Christ in der Gegenwart 72 (2020), Nr. 22, 231.

–. Wir Säulensteher. In: Christ in der Gegenwart 72 (2020), Nr. 15, 163–164.

–. Weihnachten ohne Weihnachten. In: Christ in der Gegenwart 72 (2020), Nr. 51, 563–564.

Scheuer, Manfred: Warteräume. In: Christ in der Gegenwart 72 (2020), Nr. 48, 525–526.

Christliches Medienmagazin Pro

Böcking, Daniel: Kinderlachen im Lockdown. In: Medienmagazin Pro (2020), Nr. 6, 51.

Franz, Nicolai: Kritik Ja, Verschwörungstheorie Nein. In: Medienmagazin Pro (2020), Nr. 3, 8.

Pepper, Martin: Wir müssen lernen, loszulassen. In: Medienmagazin Pro (2020), Nr. 2, 41–42.

Steinert, Jonatahan: Hoffnung gegen das Virus. In: Medienmagazin Pro (2020), Nr. 2, 7.

Weimer, Wolfram: Das Heimweh nach Gott wächst. In: Medienmagazin Pro (2020), Nr. 3, 19.

Werth, Jürgen: Weihnachten ist Gottes Anti-Lockdown. In: Medienmagazin Pro (2020), Nr. 6, 32–33.

DIE ZEIT

Finger, Evelyn: Frommes Schweigen. In: Die Zeit 75 (2020), Nr. 23, 1.

Kässmann, Margot: Sorgt für die Seelen! In: Die Zeit 75 (2020), Nr. 20, 52.

Reisdorf, Klaus: [Leserbrief]. In: Die Zeit 75 (2020), Nr. 25, 14.

FAZ

Bedford-Strohm, Heinrich: Das Virus als Wegmarke. In: FAZ 25.05.2020, 6.

Bingener, Reinhard: Corona und die Frage nach Gott. In: FAZ 08.06.2020, 8.

Hillenbrand, Carolin/Pollack, Detlef: Die gerechte Strafe Gottes. In: FAZ 07.01.2021, 12.

Körtner, Ulrich: Der Gott der Klimaschützer. In: FAZ 11.08.2020, 11.
Löwe, Hartmut: Das Schweigen der Bischöfe zu Corona. In: FAZ 13.05.2020, 8.
Nörr, Gerhard: Ohne lautes Trallala [Leserbrief]. In: FAZ 06.04.2020, 20.
Scherle, Peter: Von Gott reden in der Krise. In: FAZ 08.04.2020, 13.

idea Spektrum

Bilz, Tobias: Willkommene Gelegenheit. In: idea Spektrum (2020), Nr. 47, 13.
Dietz, Thomas/Voss, Michael: An Anti-Corona-Demos teilnehmen? In: idea Spektrum (2020), Nr. 35, 15.
FEG: »Seid Hoffnungsverbreiter!« In: idea Spektrum (2020), Nr. 40, 11.
Henny, Heiner Martin: Wir haben eine herrliche Zukunft. In: idea Spektrum (2020), Nr. 44, 13.
Hohage, Gerrit: Nutzlose Kirchen? In: idea Spektrum (2021), Nr. 5, 24.
Huhn, Karsten: Die Bibel, Corona und wir. In: idea Spektrum (2020), Nr. 13, 16.
Huhn, Karsten/Wengenroth, David: Wird 2021 besser als das vergangene Jahr? In: idea Spektrum (2021), Nr. 1, 16–19.
Knauz, Daniela: Jesus schenkt Frieden. In: idea Spektrum (2020), Nr. 26, 13.
Lauer, Jürgen: Ein Gespenst geht um. In: idea Spektrum (2020), Nr. 15, 14.
Löhde, Detlef: Woher kommt die Gewissheit [Leserbrief]. In: idea Spektrum (2020), Nr. 29, 42.
Meuser, Bernhard: Was will uns Gott mit der Pandemie sagen? In: idea Spektrum (2020), Nr. 21, 20–22.
o.V.: Corona-Zeit ist ein Aufruf zur Buße. In: idea Spektrum (2020), Nr. 48, 30.
–. In Krisen Hoffnung in die Zeit tragen. In: idea Spektrum (2020), Nr. 50, 26.
–. In der Corona-Krise besonnen bleiben. In: Idea (2020), Nr. 15, 40.
–. Was tun mit Verschwörungstheorien? In: idea Spektrum (2020), Nr. 43, 30.
–. Wir wollen aufhören, uns von Angst leiten zu lassen. Evangelisches Jugendwerk in Württemberg: Neu auf Gott hören. In: idea Spektrum (2020), Nr. 32/33, 36.
Parzany, Ulrich: Ostern: Hoffnung auch in Seuchenzeiten. In: Idea (2020), Nr. 15, 3.
–. Corona darf uns Christen nicht spalten. In: idea Spektrum (2020), Nr. 37, 3.
Raedel, Christoph: Corona ist nicht König. In: idea Spektrum (2020), Nr. 12, 16.
Scheufler, Lutz: Glaube in der Krise. In: idea Spektrum (2021), Nr. 6, 3.
Schneeberger, Peter: Enthüllt das Geheimnis! In: idea Spektrum (2021), Nr. 3, 14.
Till, Markus: Das Corona-Trainingslager. In: idea Spektrum (2020), Nr. 44, 3.
Uphoff, Frank: Mit dem Herzen siehst du besser. In: idea Spektrum (2020), Nr. 11, 13.
Vetter, Ekkehart: Wie gehen wir Christen mit Corona um? In: idea Spektrum (2020), Nr. 43, 3.
Wagner, Christiane: Verantwortungsbewusst mit Corona umgehen [Leserbrief]. In: Idea (2020), Nr. 43, 51.

Katholische Sonntagszeitung

Batlogg, Andreas: Glaube im Alltag. In: Katholische Sonntagszeitung 127 (2020), Nr. 39, 11.
Bilck, Gisela/Meier, Engelbert/Tentrop, Lucia: [Leserbrief]. In: Katholische Sonntagszeitung 128 (2021), Nr. 7, 9.

Dambacher, Franz: [Leserbrief]. In: Katholische Sonntagszeitung 128 (2021), Nr. 7, 9.
Darmstadt, Brigitte: Maske und Gottesbeziehung. In: Katholische Sonntagszeitung 127 (2020), Nr. 30, 9.
Heinz, Kurt J.: [Leserbrief]. In: Katholische Sonntagszeitung 127 (2020), Nr. 18, 9.
KNA: Keine Strafe Gottes. In: Katholische Sonntagszeitung 127 (2020), Nr. 12, 4.
–. Parolin: Geist der Solidarität nötig. In: Katholische Sonntagszeitung 127 (2020), Nr. 15, 6.
Läufer, Erich: Apokalypse oder Neustart? In: Katholische Sonntagszeitung 127 (2020), Nr. 14, 8.
Löffler, Hans-Georg: Leben als »Kinder des Lichts« – jetzt. In: Katholische Sonntagszeitung 127 (2020), Nr. 46, 10.
Meier, Bertram: Umkehr zur Schöpfung. In: Katholische Sonntagszeitung 127 (2020), Nr. 22, 2–3.
Pfenning, Michael: Die Spuren Gottes entdecken. In: Katholische Sonntagszeitung 127 (2020), Nr. 16, 13.
Raffeiner, Andreas: Pater Anselm Grün über Glück, Hoffnung und Frauen am Altar. In: Katholische Sonntagszeitung 127 (2020), Nr. 27, 15.
Reichart, Erwin: Die Lehren aus Corona. In: Katholische Sonntagszeitung 127 (2020), Nr. 13, 10.
–. Hilflos und verlassen? In: Katholische Sonntagszeitung 127 (2020), Nr. 51/52, 10.
Schäfer, Klaus: Der gute Hirte. In: Katholische Sonntagszeitung 127 (2020), Nr. 18, 10.
Then, Reinhold: Steiniger Weg der Hoffnung. In: Katholische Sonntagszeitung 127 (2020), Nr. 26, 39.
Vogl, Thomas: Leisten wir Gott Gesellschaft. In: Katholische Sonntagszeitung 127 (2020), Nr. 23, 31.
Zopora, Wolfgang: Ein Ereignis das jeden betrifft [Leserbrief]. In: Katholische Sonntagszeitung 127 (2020), Nr. 18, 9.

zeitzeichen / zeitzeichen online

Baumann, Michael: Leere [Leserbrief]. In: zeitzeichen 21 (2020), Nr. 11, 57–58.
Charbonnier, Ralph: Corona als vierte Kränkung. In: zeitzeichen 22 (2021), Nr. 1, 46–47.
Fischer, Johannes: Covid-19 und Gott. In: zeitzeichen 21 (2020), Nr. 9, 7–10.
Frisch, Ralf: Gott, das Virus und wir. In: zeitzeichen Online 03.03.2020, URL: https://zeitzeichen.net/node/8151 [letzter Zugriff: 29.03.2024].
Habenicht, Uwe: Zeit für Freestyle. In: zeitzeichen Online 09.04.2020, URL: https://zeitzeichen.net/node/8227 [letzter Zugriff: 29.03.2024].
Kosch, Stephan: Relevanz, Resonanz, Regentanz. In: zeitzeichen 21 (2020), Nr. 9, 30–33.
Körtner, Ulrich H. J.: Nicht mehr systemrelevant. In: zeitzeichen Online 06.05.20, URL: https://zeitzeichen.net/node/8315 [letzter Zugriff: 15.03.2024].
–. Reinigender Wind der Auferstehung. In: zeitzeichen Online 09.04.2020, URL: https://zeitzeichen.net/node/8225 [letzter Zugriff: 29.03.2024].
Löhr, Dorothee: Spuren des Paradieses. In: zeitzeichen 21 (2020), Nr. 9, 53–55.
Mawick, Reinhard: Theologie at is best. In: zeitzeichen Online 10.11.2020, URL: https://zeitzeichen.net/node/8664 [letzter Zugriff: 29.03.2024].
Melzer, Karl-Heinrich: Wenn nicht Kanzel, dann eben Welt. In: zeitzeichen Online 01.07.2020, URL: https://zeitzeichen.net/node/8415 [letzter Zugriff: 29.03.2024].

Minnaard, Gerard: Die Erde wehrt sich. In: zeitzeichen 21 (2020), Nr. 6, 51.
Ode, Manfred: Ethische Herausforderung [Leserbrief]. In: zeitzeichen 21 (2020), Nr. 7, 59.
Schaede, Stephan (a): Corona-Panorama I. In: zeitzeichen Online 06.04.2020, URL: https://zeitzeichen.net/node/8219 [letzter Zugriff: 29.03.2024].
Schaede, Stephan (b): Corona-Panorama II. In: zeitzeichen Online 08.04.2020, URL: https://zeitzeichen.net/node/8224 [letzter Zugriff: 29.03.2024].
Schaede, Stephan (c): Corona-Panorama III. In: zeitzeichen Online 10.04.2020, URL: https://zeitzeichen.net/node/8230 [letzter Zugriff: 29.03.2024].
Thomas, Günter: Gott ist zielstrebig (I–V). In: zeitzeichen Online 27.03.2020, URL: https://zeitzeichen.net/node/8206 [letzter Zugriff: 29.03.2024].
Ulrich, Gerhard: Stärke in der Krise. In: zeitzeichen 21 (2020), Nr. 7, 11.
Vetter, Christof: Leben im Glaubensexil. In: zeitzeichen 21 (2020) Nr. 9, 37–40.
Wandel, Jürgen: Gottesbild im Wandel. In: zeitzeichen 21 (2020), Nr. 7, 51–53.

Weitere Literatur

Descartes, Rene : Œuvres, Bd. VI : Discours de la méthode et Essais. Paris 1902.
Fischer, Lars: Die Welt wird wieder untergehen. In: Spektrum Online 06.05.2021, URL: https://www.spektrum.de/news/apokalypse-die-welt-wird-wieder-untergehen/1869820 [letzter Zugriff: 29.08.2024].
Gerhardt, Paul: Nun ruhen alle Wälder, unter: https://www.zgedichte.de/gedichte/paul-gerhardt/nun-ruhen-alle-waelder.html [letzter Zugriff: 29.08.2024].
o.V.: Argumente sind tot ... es lebe der Extremismus. URL: https://web.archive.org/web/20080330042400/http://www.sekteninfo.net/articles-w Argumente+sind+tot...+es+lebe+der+Extremismus.html (27.01.2008) [letzter Zugriff: 08.08.2023].
–. Fortsetzungsgruppe. In: Netzwerk Bibel und Bekenntnis Online, URL: https://www.bibelundbekenntnis.de/fortsetzungsgruppe/ [letzter Zugriff: 08.08.2023].
Parzany, Ulrich: Wenn die Bibel Gottes Wort ist. In: Idea Online 08.01.2016, URL: https://www.ideaSpektrum.de/spektrum/wenn-die-bibel-gottes-wort-ist [letzter Zugriff: 08.08.2023].

Mittelbare Krisenbewältigung in der Corona-Pandemie

Die Thematisierung religiöser Praxis in Print- und Onlinepublikationen

Christina Sawatzki

Ging es im vorangegangenen Kapitel um die unmittelbare Krisenbewältigung und damit die Ansätze christlich-theologischer und religiöser Deutungen der Pandemie in den verschiedenen Publikationsorganen, wird nun die Ebene der Deutung verlassen, um auf die praktisch-religiösen Bewältigungsmechanismen zu fokussieren. Hierbei soll untersucht werden, welche verschiedenen Formen von religiöser Praxis in den Zeitungen und Zeitschriften thematisiert oder angeraten werden, welche Begründungen hierfür – auch theologisch – geliefert werden und insbesondere welche Differenzen sich zwischen den konfessionell unterschiedlich geprägten Publikationsorganen erkennen lassen. Vor allem der ›interne‹ Vergleich zwischen den Zeitschriften aus dem christlich-publizistischen Spektrum mutet hier interessant an. Sind Unterschiede zwischen den konfessionellen respektive kirchlichen Strömungen erkennbar? Was lässt sich aus den unterschiedlichen Fokussen über das Verständnis religiöser Praxis als Bestandteil gelebten Glaubens der Kirchen erkennen? Tritt das Thema teilweise zurück oder nimmt es einen zentralen Platz ein? Und lässt sich im Verlaufe des ersten Corona-Jahres erkennen, ob und wann die religiöse Praxis im Laufe des (Kirchen-)Jahres Veränderung erfuhr oder ihr besondere Relevanz zukam? Welche Rückschlüsse lässt das zu?

Nimmt man diese Leitfragen als Ausgangspunkt, lässt schon der erste Blick auf die Ergebnisse der Topic-Analysen Rückschlüsse zu, welche Themen die verschiedenen Zeitschriften fokussieren und in welchem Sinnzusammenhang sie sich vermeintlich Themengebieten der Praxis nähern respektive wo sie ihre Schwerpunkte legen. Da sich in Bezug auf die Praxis schon anhand der Ergebnisse der Topic-Analyse sehr deutliche Unterschiede zwischen den katholischen, evangelisch-landeskirchlichen und freikirchlichen Zeitschriften erkennen lassen, ist es lohnenswert, diese Unterscheidung auch bei der Auswertung im Blick zu behalten. Zudem deuten die Ergebnisse der Topic-Analyse darauf hin, dass Praxis entweder im Kontext von Institution oder auf individueller Ebene thematisiert wird. Diese Differenz wird daher im Folgenden mit abgebildet.

Die Beschäftigung mit der religiösen Praxis in der Corona-Pandemie setzt bei nahezu allen untersuchten Zeitschriften mit Beginn des Untersuchungszeitraums ein und wird mit sehr unterschiedlichen Fokussen und in unterschiedlichster Intensität fortgeführt. Die verschiedenen Themenbereiche sollen nun beleuchtet werden.

Wichtig ist anzumerken, dass die hier angewandte Methode und Untersuchung nicht auf Vollständigkeit angelegt ist. Vielmehr bilden die generierten Topics Eindrücke bezüglich der fokussierten Themen, der Sinnzusammenhänge und der Kontextualität bestimmter Themenfelder in den unterschiedlichen Publikationsformaten ab, die sich bei näherer Auseinandersetzung mit einzelnen Texten aus den jeweiligen Kategorien bestätigen oder präzisieren lassen. Interessant ist dabei vor allem, in welchen Sinnzusammenhängen bestimmte Themenfelder eine Rolle spielen und wo und wann sie thematisiert werden. Dabei ist nicht ausgeschlossen, dass die Themen auch über die hier explizit genannten Artikel hinaus in den verschiedenen Publikationsorganen Erwähnung finden.

Eine Besonderheit dieses Kapitels ist zudem, dass das Thema der religiösen Praxis jenseits des kirchlichen Gottesdienstes[1] in den durch die Analyse generierten Topics nicht unbedingt auf Anhieb ablesbar ist. Insbesondere individuelle oder private Praktiken kommen in den Texten oft nur am Rande vor und schlagen sich nicht unbedingt oder erkennbar in den Topics nieder. Daher waren es bei der Frage nach der Praxis überdurchschnittlich viele Topics, die ausgewertet wurden. Zudem ist bei einzelnen, relevanten Begriffen die Topic-Umgebung besonders wichtig; das heißt, in welchem Kontext taucht ein einzelnes praxisrelevantes Wort wie »Gebet« oder »Seelsorge« auf und bestätigt sich dieser Zusammenhang auch in den Texten? Wie oft tauchen diese Wörter in den Kategorien der einzelnen Zeitschriften auf? Welche Rückschlüsse lassen andere Topic-Wörter zu?

1. Die individuelle Praxis zu Zeiten der Pandemie

Wenn es um die Praxis als Bestandteil mittelbarer Krisenbewältigung geht, lässt schon der Blick auf die verschiedenen Topic-Wörter erkennen, dass der Fokus der Auseinandersetzung in den verschiedenen Publikationsorganen schwerpunktmäßig entweder auf der individuellen oder der institutionell-kirchlichen Praxis liegt. Bei Praxis, die im Privatraum oder in der nicht-institutionell gefassten Gemeinschaft zu verorten ist, tritt insbesondere das Gebet ins Zentrum der Betrachtung.[2]

---

1 Hierfür war vom Herausgeber ursprünglich ein eigenes Kapitel vorgesehen.

2 Hausgottesdienste, Onlinegottesdienste u. Ä., die in den Publikationen oft thematisiert werden, werden in diesem Beitrag nicht berücksichtigt, da hierfür wie oben angemerkt vom Herausgeber ein eigenes Kapitel angedacht war.

1.1 »Mit dem Vaterunser durch Corona«[3]? Die unterschiedliche Bedeutung des Gebets

Denkt man an Formen religiöser Praxis im Christentum, kommt vielen sicher nach dem Gottesdienst als Erstes das Gebet in den Sinn. Interessanterweise tauchen Wörter, die dieses Praxisfeld explizit berühren, am umfassendsten unter den Topic-Wörtern der Zeitschrift *idea* auf (»Gebet«, »Bibeltext«, »auswendig«, »beten«, »Bibel«).[4] Dieser erste Eindruck von der Relevanz, die der Gebetspraxis in dieser Zeitschrift beigemessen wird, bestätigt sich, wendet man sich den entsprechenden Texten zu.

Die Beschäftigung mit religiöser Praxis vor dem Hintergrund der Corona-Pandemie setzt bei *idea* im März 2020 ein und nimmt bis zum Ende des Betrachtungszeitraums nicht ab. Dabei wird in nahezu jedem Monat in größerem oder geringerem Umfang das Beten thematisiert – in keiner anderen der untersuchten Zeitschriften geschieht das in vergleichbarem Maße. Schon die generierten Topic-Wörter enthalten Begriffe wie »beten«, »Gebet« oder »Beter«.

So wird bereits in einem Artikel im März 2020 auf einen Gebetsaufruf aus dem freikirchlichen Raum rekurriert, in dessen Kontext dem Gebet in der Krise höchste Priorität beigemessen wird (I-25-03-20, 34). In derselben Ausgabe wird die Haltung des bayrischen Ministerpräsidenten Markus Söder abgebildet, der das Gebet mitunter als die »dritte Maßnahme im Kampf gegen die Infektionskrankheit« bezeichnete (I-25-03-20, 6).[5] Interessant ist, dass dieser ›Maßnahmen‹-Charakter des Gebets bei *idea* im Laufe der Zeit immer wieder an unterschiedlichen Stellen anklingt. So schreibt der Geschäftsführer der CDU/CSU Wirtschaftsvereinigung MIT in einem Gastkommentar, dass Gott Wunder wirken könne und man dafür beten dürfe, »dass es für eine scheinbar unlösbare Lage doch eine Lösung« gebe (Alsleben-I-16-04-20, 3).[6] Auch im Rahmen eines Rekurses auf die Gebetsaktion »Gottkontakt« der Evangelischen Kirche in Hessen

---

3 Titel eines Artikels der *Katholischen Sonntagszeitung* im Juni 2020 (Magg-KS-13/14-06-20, 31).

4 Bei *FAZ* und *ZEIT* lassen sich diese Begriffe auch finden, allerdings in Topic-Zusammenhängen, die sich eindeutig auf Beiträge kirchlicher Akteurinnen und Akteure beziehen – zuvorderst Papst Franziskus.

5 Wird das Gebet thematisiert, sind es auffällig viele Stimmen aus CDU/CSU oder dem bayrischen oder hessischen Raum, die bei *idea* wiedergegeben werden. So wird Ministerpräsident Reiner Haseloff zitiert, wie er seine Gebetspraxis schildert (I-13-05-20, 7), ebenso Schleswig-Holsteins Ministerpräsident Daniel Günther (CDU) (I-20-05-20, 7), oder es wird von einem Treffen des Landesvorsitzenden der CDU Thüringen Christian Hirte mit Pfarrern berichtet (I-19-08-20, 30).

6 Die Wirksamkeit des Gebets wird auch in Leserbriefen thematisiert (z.B. Rominger-I-08-04-20, 50).

und Nassau wird die Kraft des Gebets hervorgehoben. In diesem Zusammenhang wird auf den aus Umfragen hervorgehenden Fakt verwiesen, dass Menschen in der Krise mehr beten würden als zuvor (I-16-04-20, 27). Ähnliches wird an anderer Stelle mit Bezugnahme auf eine Studie aus Großbritannien vermerkt, im Rahmen derer einige der Betenden ihre Motivation zum Gebet mit der Überzeugung begründet hätten, »dass das einen Unterschied mach[e].« (I-13-05-20, 12) In nahezu allen untersuchten *idea*-Artikeln, die sich mit der Praxis des Gebets befassen, geht es nicht um die kontemplative Praxis oder die Meditation im Gebet, sondern um die Wirksamkeit und darum, »wie Gott Gebete erhört« und »gerne gibt« (z. B. Hadem-I-08-07-20, 38). Dies wird beispielsweise auch in dem Artikel über einen Unternehmer aus der Bekleidungsbranche deutlich, der berichtet, täglich »für Mitarbeiter, Standorte und Politiker« zu beten (Bergner-I-14-10-20, 25). Das Gebet erscheint weniger als eine mittelbare, denn als unmittelbare Bewältigungsmaßnahme. Der Corona-Bericht eines ehemaligen *idea*-Leiters thematisiert diese Art von Gebetsverständnis und verweist mit Blick auf vorherrschende Missverständnisse zu Gebet und Erfüllung auf die Souveränität Gottes, der selbst entscheide, gewisse Gebete zu erhören und andere nicht (Matthies-I-16-12-20, 19).

Über die private Gebetspraxis hinaus werden in den Artikeln der *idea* an verschiedenen Stellen Online-Gebete und Großgebetstreffen als Formate neuer religiöser Praxis abgebildet, die in den anderen Publikationswerken keine Erwähnung finden. Die Einheit stiftende Wirkung des gemeinsamen Gebets in Zeiten der Meinungsverschiedenheiten wird mitunter in Hinblick auf die Großaktion »Deutschland betet gemeinsam« hervorgehoben (Schink-I-13-01-21, 3). Im Dezember kürt *idea* dieses Format im Rahmen der Kategorie *Christen des Jahres 2020* mit rund einer halben Million Teilnehmenden zur »Aktion des Jahres« (Pfeifer-I-23-12-20, 17). An anderer Stelle wird das deutschlandweite und überkonfessionelle Online-Gebetstreffen »Gemeinsam vor Pfingsten« beworben und der Verfasser hebt in diesem Zusammenhang hervor, dass die Kirche nichts so dringend brauche »wie den Heiligen Geist.« Anliegen des Gebets seien hier neben dem Trost in der Krise auch die »Einheit der Christen« und »Erfüllung der Kirchen mit neuer Freude« (I-27-05-20, 8). Zudem wird über dieses ökumenische Event mit rund 150.000 Teilnehmenden in seiner Gestaltungsvielfalt auch im Nachgang berichtet (I-04-06-20, 9).

Kollektive Gebetsaktionen mit einem nicht nur kirchen- und konfessionsübergreifenden, sondern religionsübergreifenden Ansatz finden dagegen überaus kritisch Erwähnung. In seinem Kommentar *Kirche ohne Jesus?* beschreibt *idea*-Vorstandsvorsitzender Helmut Matthies das »Gebet der Weltreligionen für die Überwindung der Corona-Pandemie«, welches der *Runde Tisch der Religionen in Deutschland* veranstaltet hatte, und kommt zu dem Fazit: »Einen ›Allerweltsgott‹ gibt es nicht! Das Passwort für den Himmel ist allein das Bekenntnis zu Christus in Wort und Tat (Matthäus 10,32 f.).« (Matthies-I-20-05-20, 7) Ähnlich scharf ist die Kritik in Leserbriefen des Folgemonats, in denen beispielsweise das religiöse »Herumexperimentieren« scharf verurteilt wird oder Islam, Buddhismus und Bahai schlicht als »Götzendienst« abgelehnt werden (Baschang-I-04-06-20, 43; Runne-I-04-06-20, 43). Christliches Gebet wird kirchen- und religionsübergreifend, online, offline und in verschiedenster Frömmigkeitspraxis begrüßt – die interreligiösen Gebetsformate dagegen abgewertet.

Ein weiteres nah mit dem Gebet verbundenes Element persönlicher Praxis, das bei *idea* thematisiert wird, ist das Bibelstudium. Neben Begriffen wie »beten«, »Gebet« oder »Beter« lassen sich ebenfalls schon in den Topics entsprechende Wörter wiederfinden, beispielsweise »Bibeltexte« oder »Bibel«. Bis auf eine Ausnahme wurden diese Begriffe für keine andere Zeitschrift generiert.[7] Die Corona-Krise wird als Gelegenheit und Chance gelesen, um sich zuhause mit der Bibel auseinanderzusetzen. Im Rahmen der Vorstellung des *Missionswerks Bibel-Memory* wird betont, dass das Wort Gottes »Licht, Trost und Wegleitung« schenke und die Praxis des Auswendiglernens wird gelobt (I-01-04-20, 32). An anderer Stelle bekräftigt ein Leserbrief diesen Wert der Praxis (Wendschlag-I-08-04-20, 50). Dass das Lesen in der Bibel wie auch das Gebet und das Hören von Predigten gegen die Isolation und Einsamkeit wirken könnten, betont beispielsweise ein Pfarrer gegenüber *idea*, wobei er zugleich anprangert, dass die »Scharfrichter der politischen Korrektheit« die deutliche Rede der Prediger störten (I-19-08-20, 30).[8]

Aufgrund ihrer erkennbar anderen Ausrichtung stehen die persönliche Praxis und damit das Gebet bei der zweiten untersuchten Zeitschrift aus dem freichristlichen Raum, dem *Christlichen Medienmagazin Pro* (MP), nicht im Fokus. Insgesamt wird religiöse Praxis im Zusammenhang mit Corona nur in wenigen Ausgaben im Verlauf des Jahres 2020 thematisiert, was mit dem sich von *idea* deutlich abhebenden inhaltlichen Fokus des *Medienmagazins* zusammenhängt. Dennoch zeigen die Topic-Wörter deutlich, dass religiöse Praxis eine wichtige Rolle einnimmt. Neben dem »beten« selbst lassen sich viele Begriffe finden, die Bereiche des Glaubens und der Praxis berühren, wohingegen Termini, die auf Institution rekurrieren, nahezu überhaupt nicht vorhanden sind.[9]

Die Gebetspraxis wird beispielsweise in einem Interview mit Mediengestalt Wigald Boning besprochen, der selbst verlauten ließ, er setze in der Krise mit-

---

7 Lediglich bei *Chrismon Plus* existiert das Topic-Wort »Bibel« ebenfalls.

8 Teilweise wird die Pandemie auch als Chance verstanden, z. B. als »Trainingslager«, um »geistliche[] Grunddisziplinen« einzuüben und Beten wieder zu lernen oder in der Bibel zu lesen (z. B. Till-I-04-11-20, 3). In diesen Fällen geht es aber nicht um das Bewältigungspotential der Praxis im Angesicht der Pandemie, sondern um den Beitrag der Pandemie zur Glaubensvertiefung.

9 Hiermit ist nicht die Gemeinschaft ausgeschlossen: Begriffe wie »gemeinsam« oder »Gottesdienst« tauchen auf.

unter auf Beten. Er schildert seine persönliche Gebetspraxis in seiner Garten-Kapelle und betont dabei, es seien »mehr Dank- als Bittgebete«, die er spreche (Schumacher-MP-05/06-20, 40). Im Kontext der Weihnachtszeit berichtet der Liedermacher Jürgen Werth von seiner Gebetspraxis, die sich insbesondere auf das Vaterunser konzentriere, sowie von der Hoffnung und Zuversicht, die Weihnachten bringen könne (MP-11/12-20, 32 f.). In beiden Fällen handelt es sich um individuelle Schilderungen prominenter Persönlichkeiten.

Sehr anders als bei *idea* sieht die Auseinandersetzung mit dem Gebet in den katholischen Zeitschriften *Christ in der Gegenwart* (CIG) und *Katholische Sonntagszeitung* (KS) aus. Dass die religiöse Praxis in der Zeitschrift *Christ in der Gegenwart* eine Rolle spielt, lässt sich schon anhand der Topic-Wörter belegen. Zwar lassen diese im Vergleich zu anderen der untersuchten Zeitschriften auf keinen vergleichbar klaren Fokus schließen, allerdings finden sich neben dem konkreten Wort »beten« weitere Begriffe, die kontemplativ anmuten (»glauben«, »Angst«, »Hoffnung«). Dabei ist der Kontext zunächst nicht klar erkennbar: So tauchen neben vielen vermeintlich institutionell konnotierten Begriffen (»Kirche«, »Priester«, »Gemeinde«) in den Topics auch Begriffe auf, die den individuellen Bereich berühren.[10] Aufgrund der vielfältigen und daher nicht sehr klar ablesbaren Topics ist der Blick in die Texte hier sehr relevant.

Die »Gebetsstürme«, wie sie im Rahmen der *idea*-Publikationen schon mit positiver Konnotation Erwähnung fanden, werden ebenfalls früh wahrgenommen – aber kritisiert. Ab März 2020, und damit zu Beginn des Untersuchungszeitraums, wird in der *CIG* religiöse Praxis in der Pandemie thematisiert und damit unmittelbar auch aufkommende Praktiken der »Magie« und »Scharlatanerie«. Von zu beobachtenden Praktiken wie Exorzismen oder Wunderheilungen wird klar auf Distanz gegangen. So setzt sich Autor Johannes Röser schon im März mit einer problematischen Stellungnahme der rumänischen orthodoxen Kirche auseinander, im Rahmen derer dem Küssen von Ikonen und der Eucharistie jede Gefahr abgesprochen worden war, sowie mit vermeintlich schützenden Salbungspraktiken gegen Corona in Brasilien oder exorzistischen Corona-Austreibungen in Malawi. Er betont »Wegbeten oder Herleiten hilft nicht«. Vielmehr stellt er die kontemplative und psychologische Wirkung des Gebets in den Fokus; so sei Gebet als »Aufschrei der Seele« und als »eine Unterbrechung: gegen den Trott der Gottvergessenheit« zu verstehen, wie es Johann Baptist Metz einst definiert habe. Beim Gebet gehe es gemäß Metz darum, »Gott um Gott zu bitten« – jenseits von »magischen Vorstellungen« (Röser-CIG-22-03-20, 127 ff.). Auch im Rahmen seines Artikels *Ist Gott ›systemrelevant‹?* beschäftigt sich Röser mit dem Problem eines »funktionalistisch angeforderte[n]« Gottes und stellt dagegen, was er als das eigentliche Zentrum des »Glaubensringen[s]« versteht (Röser-10-05-20, 207 f.).

---

10 In jedem Topic der *CIG* (12 von 12) tauchen die Begriffe »Menschen« und »leben« auf.

Ebenfalls sehr deutlich wird im April im Artikel *Retrokatholizismus mit Neomagie* angeprangert, dass selbst aus der Kirchenleitung verlautet würde, ein »Gebetssturm« könnte gegen die Pandemie helfen. Abgebildet wird die deutliche Kritik der Theologin Julia Knop, die wiederaufkommende »magische Vorstellungen« und alte katholische Praktiken wie Blasiussegen oder Sakramentsprozessionen hinterfragt und dagegen »neue Formen von Gebet und Solidarität« lobt (CIG-05-04-20, 142). Ähnlich klingen Äußerungen des Theologen Gunter Prüller-Jagenteufel, auf die im Folgemonat ein Artikel rekurriert. Er kritisierte demnach die »naiv-religiösen Grundhaltungen« und wachsenden Aberglauben, »wonach Gott ›nach Belieben Naturgesetze ein- und aussetz[e].‹« (CIG-10-05-20, 206) Auch Stefan Langer setzt sich in seinem großen Beitrag *Beten ist möglich* unter anderem mit den Problemen eines »magischen« Gebetsverständnisses auseinander und fragt zugespitzt: »Lieber Hände falten als Hände waschen?« Er erörtert, wie man das Bittgebet heutzutage verstehen und vorherrschende Ungewissheiten integrieren könnte (Langer-CIG-07-06-20, 239 f.).[11]

Jenseits der oben angedeuteten Kritik an einem funktionalistischen Gebetsverständnis als Pandemiemaßnahme wird auf den Mehrwert des Gebets als Praxis in Coronazeiten auch sehr positiv rekurriert – wie es anhand des oben erwähnten Artikels Rösers schon erkennbar wurde. Im November nimmt Judith Rosen in ihrem Artikel *Beten in der Angst* auf eine Katechese von Papst Franziskus Bezug, und befasst sich mit der Angst der Betenden und ihrer Überwindung (Rosen-CIG-29-11-20, 543). Erkennbar ist, dass Gebet nicht als Maßnahme zur Bewältigung der Pandemie, sondern als Mittel im Umgang mit dem persönlichen Befinden und der eigenen Unsicherheit angeführt wird.[12] Der Artikel *Einzeln vor Gott* befasst sich mit der durch die Vereinzelung herbeigeführten Möglichkeit, sich individuell an Gott zu wenden und sich mitunter im Gebet vor Gott mit den eigenen Gedanken und Gefühlen auseinanderzusetzen (Jaschke-I-03-05-20, 203).[13] Auch der im Februar 2021 und damit spät publizierte Artikel

---

[11] Eine mit diesen Positionen vergleichbare Kritik findet sich bei *idea* nicht. Im April 2020 wird dort beispielsweise im Rahmen des *Corona-Tickers* bekannt gegeben, dass eine kursierende WhatsApp-Meldung über die Heilung von Corona-Patienten durch Christenblut falsch sei. *Idea* informiert, man habe bei der Gemeinde in Stuttgart nachgefragt und sei über die Falschheit der Meldung informiert worden (I-08-04-2020, 9). Allerdings wird die Idee einer solchen Heilung nicht per se abgelehnt; *idea* berichtet lediglich davon, dass die Gemeinde die Information auf Nachfrage für falsch erklärt habe.

[12] Der Gedanke, dass Glaube »eine wichtige Medizin gegen Ängste und Depressionen durch Corona« sein könne, findet sich z. B. auch in einem Leserbrief (Buchner-CIG-26-07-20, 332).

[13] Ähnliches trifft für das Verständnis von Spiritualität zu. So thematisiert der wenige Monate zuvor erschienene Artikel *Facetten des Friedens* einen Beitragsband zu *Spiri-*

Mit Gelübden durch die Krise, welcher sich auf der Suche nach Resilienz-Garanten mit dem Leben von Mönchen und Nonnen auseinandersetzt, schlägt eine ähnliche Richtung ein. Hier benennen einige Ordenschristen Gebet und Gelübde als Quellen ihren Gleichmuts. Viele von ihnen hätten in den Monaten der Pandemie »ihre traditionelle Lebensweise, ihren Glauben, ihren Gehorsam als sicheren Anker in dieser stürmischen Zeit wertschätzen gelernt.« Benediktiner Johannes Tebbe beispielsweise betont die Bedeutung des Gebets als Stärkung, »die Situation auszuhalten« und verneint eine Vorstellung von Gott als »Wunscherfüller«. Ähnlich wird Hochschulseelsorger Pater Max Cappabianca zitiert, der festhält: »Der Glaube tröstet, aber er ist keine Vertröstung, [...] Vertröstung wäre die irrige Hoffnung, dass das Gebet die Wirklichkeit auf unser Kommando verändern muss.« Da das Ordensleben für die normale Bevölkerung natürlich nicht als Blaupause fungieren könne, benennt Autor Jonas Mieves als möglichen Weg zur Resilienz mitunter »Achtsamkeit mit den Nächsten, eine gewisse Unterordnung unter die Nöte einer Gemeinschaft, ein[en] geregelte[n] Tagesablauf [und] eine geerdete Spiritualität« (Mieves-CIG-21-02-21, 3). Auch in Leserbriefen wird dies vielfach aufgegriffen. Dabei wird zwischen der Hinwendung zu Gott und dessen Eingreifen klar unterschieden und der kontemplative und das Selbst verändernde Wert des Gebets wird hervorgehoben (z.B. Waltersdorfer-CIG-26-07-20, 324; Doll-CIG-26-07-20, 324; Gutgesell-CIG-26-07-20, 324; Westphalen-CIG-17-05-20, 218; Flerus-CIG-17-05-20, 218; Britz CIG-17-05-20, 218; Wilfing-CIG-17-05-20, 218).

Ein mit den Eindrücken der *CIG* vergleichbares Bild bietet sich mit Blick auf das zweite untersuchte katholische Publikationsorgan, die *Katholische Sonntagszeitung*. Neben der konkreten Thematisierung des Gebets als Praxisform findet es oft auch im Rahmen von Berichten aus der Praxis Erwähnung. Die Topic-Analyse deutet auf ein geringeres Interesse an Institution hin. Zugleich lassen einige der generierten Begriffe erkennen, dass Privates respektive individuelle Praxis thematisiert zu werden scheinen (»glauben«, »erinnern«, »leben«). Zwar taucht das Wort »beten« nicht auf, dafür aber nur hier das Wort »bitten«. In einem Interview mit Mönch Kilian Müller wird dieser explizit nach Gebetsempfehlungen für die Lesenden gefragt. Er empfiehlt neben vertrauten Gebeten wie dem Vaterunser oder dem Rosenkranz, in welchen die Chance läge, »im Vertrauen zu wachsen«, auch die Psalmen und den Gesang (Zopora-KS-04/05-04-20, 18f.). Als »Pfingstlektion« macht die Theologin Nicole Seibold den Dreischritt »Erst beten, dann hören, dann handeln« auf und hebt innewohnende Wirksamkeit sowie den Wert hervor, das Gebet als Einhalt und Vorbereitung zu nutzen (Seibold-KS-30/31-05-20, 31). Unter dem Titel *Leisten wir Gott Gesellschaft!* beschäftigt sich im Juni auch ein Pfarrer mit dem Gebet und spricht von »Gottes-

tualität in verunsicherten Zeiten und die Frage, ob Letztere in Krisenzeiten helfen könne (Ziegler-CIG-28-06-20, 281).

dienst und Gebet als ritualisierte[r] ›Geselligkeit‹«. Er regt dazu an, theologische wie spirituelle »Berührungsängste« abzulegen und »Gott Gesellschaft« zu leisten (Vogl-KS-06/07-06-20, 31). Im selben Monat wird in einem Artikel über die Caritas unter der Überschrift *Mit dem Vaterunser durch Corona* das Gebet und insbesondere der Satz »Dein Reich komme« fokussiert, der nicht als »Vertröstung«, sondern als Aufruf zur zwischenmenschlichen Praxis verstanden werden solle (Magg-KS-13/14-06-20, 31).

Mehrfach kommen Gebet und religiöses Erleben zudem in der Kategorie *Gedanken zum Sonntag* zur Sprache. So wird beispielsweise in Auseinandersetzung mit Psalm 23 zur Zuversicht auf Gott als den, der durch die Krise begleitet, geraten, und seine Erreichbarkeit in Gebeten betont (Schäfer-KS-02/03-05-20, 10). Auch wird zum Gebet als einem Weg des Aufbruchs aus der »defensiv routinierten Glaubenspraxis« geraten – als eine Möglichkeit, »Selbstbewusst aus Demut« mit Gott in den Dialog zu treten (KS-13/14-02-21, 10).

Gebet und Spiritualität haben in den Artikeln und Ausgaben der katholischen Publikationsorgane also durchaus eine hohe Bedeutung, und ihnen wird eine Wirkung zuerkannt. Allerdings ist diese meist kontemplativer Natur und im Innern des Menschen verortet. Mehrfach kommen in diesem Zusammenhang Ordenschristinnen und -christen zu Wort, deren Praktiken als Anregungen abgebildet werden oder die selbst zu konkreten Praktiken raten.

Verlässt man den Bereich christlicher Publikation und wendet sich den relevanten Artikeln der *Frankfurter Allgemeinen Zeitung* (*FAZ*) zu, lassen sich einige Parallelen zu den katholischen Publikationsorganen erkennen. Wie oben bereits erwähnt, wurde das Wort »Gebet« hier im Kontext eines Topics generiert, das sich eindeutig auf die Praxis Papst Franziskus' bezieht. Auch die anderen Topic-Wörter weisen darauf hin, dass der Blick der *FAZ* überdurchschnittlich oft ins Ausland – häufig nach Italien oder in den Vatikan – wandert und die Artikel in hohem Maße Schilderungen der Gebetspraxis kirchlicher Akteurinnen und Akteure oder des Papstes beinhalten (z. B. »Papst«, »Vatikan«, »Petersdom«). Es lässt sich daher auf Anhieb erkennen, dass die Artikel der *FAZ* hauptsächlich institutionalisierte kirchliche Praxis abbilden.[14] Zwar werden Gebete daher weniger als private Praxis denn als Handlungen kirchlicher Repräsentanten dokumentiert, dennoch soll die geschilderte Gebetspraxis in diesem Kapitel mitabgebildet werden, um bei der Untersuchung von Lesart respektive Funktion dieser Gebete als Bewältigungsmechanismen den direkten Vergleich mit den anderen Zeitschriften zu ermöglichen. Im März 2020 erscheint beispielsweise der Artikel *Beten gegen das Virus*, in welchem neben den Protesten italienischer Geistlicher

---

14 Hierbei werden neben zahlreichen Topic-Wörtern zu Papst Franziskus auch andere Länder/Orte (»Argentinien«, »Spanien«, »Moskau« [...]) und Akteure (»Orthodoxe«, »Kyrill« [...]) aufgeführt sowie »Mönche« oder »Kloster«. Diese Begriffe tauchen unter den Topic-Wörtern keiner anderen Zeitschrift auf.

gegen die Kirchenschließungen auch das Gebet des Mailänder Erzbischofs auf dem Dach des Doms dokumentiert wird (Rüb-FAZ-14-03-20, 2). Eine Meldung im Mai berichtet von einem durch Eduardo Verástegui initiierten Rosenkranzgebet für das Ende der Pandemie (KNA-FAZ-27-05-20, 7).

Die kritische Auseinandersetzung mit Handlungen aus dem Bereich christlicher Orthodoxie, die bereits bei der *CIG* im Rahmen der Schilderungen weltweiter Gebets- und Praxisphänomene in den Blick genommen wurden, geschieht hier ebenfalls. Ähnlich wie in der *CIG* und in denselben Monaten wird die Praxis einiger orthodoxer Kirchen – oftmals wider die medizinischen Schutzvorgaben – zum Thema gemacht. Wie schon Johannes Röser im März Statements der rumänisch-orthodoxen Kirche zum Küssen von Ikonen und zur Eucharistie kritisch zur Sprache gebracht hatte (Röser-CIG-22-03-20, 127 ff.), werden im März 2020 in der *FAZ* Praktiken aus der russischen Orthodoxie geschildert. In ihrem Artikel *Kussverbot* thematisiert Kerstin Holm unter anderem die noch im März zu beobachtende Praxis des Küssens von Reliquien in der Kasaner Kathedrale in St. Petersburg sowie das Festhalten an Präsenz-Messen und Eucharistie unter Einhaltung von durch Patriarch Kyrill erlassenen Schutzmaßnahmen (Holm-FAZ-23-03-20, 9). Ähnlich thematisiert die Autorin im Mai im Rahmen ihres Artikels *Gott als Chefarzt* die ignorante Haltung in vielen orthodoxen Klöstern in Russland, Belarus und der Ukraine (Holm-FAZ-12-05-20, 9). Im Folgemonat dokumentiert der Artikel *Den Löffel aufgeben?* die ebenfalls in Russland erlassenen Schutzmaßnahmen und die problematischen Statements von Fundamentalistinnen und Fundamentalisten oder gar Priestern, die in den Medien hatten verlauten lassen, »durch Ikonen und Kommunion könne keine Krankheit übertragen werden.« Auch in Bulgarien oder Georgien hätten sich der Patriarch respektive die Kirche den staatlichen Verordnungen widersetzt (Veser-FAZ-07-04-20, 8).[15] Michael Wolffsohn plädiert in *Die Stunde der Orthodoxen* dafür – ähnlich wie es in Israel geschehe –, mit den Orthodoxen zu kommunizieren und religiöses Gebot und medizinische Vernunft zu verbinden (Wolffsohn-FAZ-20-04-20, 11). Eine Forderung, die auch in Leserbriefen aufgenommen wird (Kleine-FAZ-20-05-20, 12).

Ein ähnliches Bild bietet sich bei der *ZEIT*. Auch hier wird das Gebet im Rahmen der Dokumentation von Praxis kirchlicher Akteurinnen und Akteure erwähnt. Allerdings wird die Debatte um das Gebet als kontemplative Praxis ebenfalls abgebildet. Die zu den *ZEIT*-Artikeln generierten Topic-Wörter rekurrieren – ähnlich wie im Falle der *FAZ* – in hohem Maße auf institutionelle Themenbereiche. Im Gegensatz zu Ersterer setzen sich die zur *ZEIT* generierten Topic-Wörter aber auch aus Begriffen zusammen, die eindeutig kontemplativer

---

15 Eine Ablehnung der Maßnahmen wird von den Gemeinschaften der Amischen geschildert, wo viele im Kontext der Pandemie auf den Glauben setzten. Allerdings sind die Begründungen der Ablehnung hier sehr anders gelagert als in den genannten Beispielen aus der Orthodoxie (Heil-FAZ-29-04-20, 7).

Natur sind (z. B. »Besinnung«, »Zuversicht«). Hierunter fallen auch Termini wie »Gebete«, »beten« oder »Glaube«. Die zugehörigen Topics zeigen aber, ähnlich wie im Falle der *FAZ*, dass es sich um Schilderungen der Praxis kirchlich-institutionell gebundener Akteurinnen und Akteure respektive um ihre Verlautbarungen handelt.

Das Gebet wird aber nicht allein im Zuge der Schilderung der Tätigkeiten von Priestern oder Seelsorgenden erwähnt. Im April bespricht ein Artikel das Gebet als Hilfsangebot – und zwar nicht etwa in der Rubrik *Glauben & Zweifel*, sondern in *Streit*. Die Stimmen, die hier zu Wort kommen, sprechen allein von einer kontemplativen Praxis und einer mental-stärkenden Wirkung. Sabine Rückert beispielsweise beendet ihre Überlegung darüber, ob das Gebet ein »göttliches Du[] erreicht oder eher dem eigenen Bewusstsein aufhilft« mit dem Satz: »Vielleicht kommt es darauf ja auch gar nicht an.« Deutlich lehnen Bodo Ramelow oder Sahra Wagenknecht ab, dass das Gebet jenseits der entstehenden »gemeinsame[n] Kraft« unmittelbare Hilfsmaßnahme sein könne, denn »Gott zahl[e] keine Miete« oder »antworte[] nicht auf Anweisung« (Z-08-04-20, 12 f.). Der zugehörige Artikel *Jein und Amen* fokussiert mit Rekurs auf empirische Studien und wissenschaftliche Klärungsversuche die mittelbare Wirkung des Gebets (Schnabel-08-04-20, 13).

In den evangelisch-landeskirchlichen Zeitschriften spielt das Gebet als krisenbewältigende Praxis keine nennenswerte Rolle. Weder unter den Topic-Wörtern der *Zeitzeichen* noch der *Chrismon*-Publikationen findet sich ein Begriff, der direkt auf Gebetspraxis rekurriert. Zwar wird das Gebet bei Schilderungen von Gottesdienst oder Seelsorgepraxis in verschiedenen Artikeln erwähnt, allerdings vorwiegend als existenter Bestandteil der Praxis, nicht im Kontext zentral thematisierter Bewältigungspraxis.[16]

1.2 »Als Christ kommt man besser durch die Krise«[17] oder »Damit Corona euch nicht scheidet«[18] – Praxisthemen mit Fokus auf den Privatbereich

Das Gebet ist neben der Bibellektüre eine Frömmigkeitspraxis, die sich gut im Privatbereich und auch außerhalb der kirchlichen (Präsenz-)Gemeinschaft durchführen lässt. Daneben finden aber auch andere Formen privater respektive individueller Religionspraxis Erwähnung, die in der Zeit der Corona-Pandemie als Bewältigungsmaßnahmen für mit der Krise zusammenfallende Herausforderungen im Privaten und im Familienleben besprochen werden. In den meisten

16 Zum Beispiel der Seelsorgepraxis, vgl. Gessler-ZZ_print-01-21, 55 ff.

17 Titel eines *idea*-Artikels im Oktober 2020 (Bergner-I-14-10-20, 24 f.).

18 Titel eines *idea*-Artikels im August 2020 (I-13-08-20, 22).

Medien sind es insbesondere die großen christlichen Feste Ostern und Weihnachten, in deren Kontext die individuelle Praxis vermehrt in den Blick genommen wird. Dies steht mitunter in Zusammenhang mit den durch das Wegfallen der Gottesdienste und damit der gewohnten Festabläufe und -rituale entstehenden Herausforderungen. Daneben werden insbesondere ab Mitte des Jahres in einigen Zeitschriften die Probleme und Risiken besprochen, die Quarantäne und Lockdown für Ehe- und Familienleben mit sich bringen.

In den Artikeln der Zeitschrift *Christ in der Gegenwart* lässt sich eine ausgeprägte Auseinandersetzung mit Praxis und individuellem religiösen Erleben insbesondere in der Zeit um das Osterfest erkennen. Hier wird in den zugehörigen Artikeln die Frage relevant, wie Ritual und Religion auch jenseits des kirchlichen Raums gelebt werden könnten. So schreibt Johannes Röser im April über die sich auftuende Möglichkeit, Glaube und Osterfest im Rahmen der »Hauskirche« gereinigt und neu erfahren zu können. Er zitiert den Jesuiten Franz Meures, wenn er schreibt, dass »Osterglaube in erster Linie ›Teilhabe an der Gottesferne‹« bedeute. Die Verengung der Verkündung auf den liebenden, tröstenden Gott grenze diejenigen aus, die Gottesferne und Zweifel erlebten. Die Zeit der Pandemie ist für ihn daher eine Chance, sich auf den tragischen österlichen Glauben zu besinnen (Röser-CIG-12-04-20, 163. Vgl. zur Bedeutung Osterns auch Pichlmeier-CIG-12-04-20, 161 f.). In derselben Ausgabe wird im Rahmen des Artikels *Ein tragisches und ein einzigartiges Osterfest* Wolfgang Huber zitiert, der im Wegfallen des gemeinsamen Gebets in der Kirche auch eine Chance sieht, »die besondere Bedeutung« dieses Festes neu wahrzunehmen sowie die Aufgabe, »neue Formen zu finden, in denen wir Gemeinschaft bekräftigen und die Botschaft von der Auferstehung Jesu Christi weitergeben.« (CIG-12-04-20, 162) Ähnlich klingen auch Meldungen in den Folgewochen. Im Artikel *Einsames Ostern, wahres Ostern* beschreibt der Verfassende, wie Christinnen und Christen Ostern nahe seiner ursprünglichen Authentizität erlebt hätten: »In sich gekehrt, still, schweigsam« und »für sich«. Innerlichkeit und das Erleben seien in dieser Situation in den Fokus getreten (CIG-19-04-20, 169). Die Eindrücklichkeit kleiner liturgischer Rituale, die viele Familien Ostern 2020 daheim vollzogen, beschreibt zudem im April ein Beitrag der Kolumne *Liturgie im Leben*. Die Autorin dokumentiert von kirchlichen Einrichtungen empfohlene Rituale und Praktiken, darunter die Osternacht mit Kindern im Garten oder auf dem Balkon, das Nachspielen der Ostererzählung mit Spielfiguren oder der Vollzug kleiner Rituale. Dies könne auch ein Anstoß sein, über die Pandemie hinaus »in der Familie und für sie stimmige religiöse Rituale« zu etablieren (Helmchen-Menke-CIG-26-04-20, 184). Schon vor dem Fest liefert die Autorin Heike Helmchen-Menke konkrete Vorschläge, wie man Ostern mit Kindern daheim gestalten, kindgemäß feiern und die Botschaft weitergeben könne (Helmchen-Menke-CIG-12-04-20, 168). Für die durch die Verschiebungen der Erstkommunionen entstandenen ›Zwischenzeiten‹ liefert sie zudem Praxisvorschläge für Eltern und Kind, darunter kleinere Rituale oder Tischgebete (Helmchen-Menke-CIG-19-04-20, 176). In selbiger Rubrik findet sich im Juli mit *Gedanken putzen* eine praktische Empfehlung zum Einüben des Sich-Besinnens. Dies könne beispielsweise mit Kindern im Rahmen eines Tagesrückblicks geschehen, der mit einem Lied oder Gebet ende. Hierin liege eine Möglichkeit, Kindern beizubringen, mit Gott über das eigene Leben zu sprechen (Helmchen-Menke-CIG-26-07-20, 324). Im Oktober beschäftigt sich selbige Autorin berichtend von einer Fachtagung zudem mit der Frage, wie man mit Kindern über Gott in der Krisenzeit sprechen könne, was hilfreiche Mittel seien und wie Kinder und Erwachsene von der christlichen Hoffnung zehren könnten (Helmchen-Menke-CIG-25-10-20, 476). Konkret wird es auch in anderen Beiträgen der *CIG*. So stellt Josef Epping im Juli in seinem Artikel *Tun, was Gott tut* – angelehnt an Paulus – eine mögliche Reaktion auf die Krise vor: »hinhören« und »zuhören, wo der wortlose Schmerz derer ist, die keine Stimme haben. Tun, was Gott tut – diesen Menschen Gehör verschaffen, für sie eintreten, sich zu ihrem Anwalt machen, ihr Leid in Worte fassen [...].« (Epping-CIG-19-07-20, 317 f.)

Nicht im selben Umfang wie zur Osterzeit finden sich auch in der Adventszeit Artikel, die die Praxis ins Zentrum stellen. Vergleichbar mit jenen Beiträgen, im Rahmen derer die Pandemiebedingungen als Chance gesehen wurden, Ostern authentisch zu erleben, sieht Manfred Scheuer in seinem Artikel die Wartezeit des Advents als Option, »dem Warten die Passivität zu nehmen« sowie dem »Drängen nach Gottes Gegenwart Raum zu geben« und so das Warten auf das Ende der Pandemie nicht nur negativ zu verstehen, sondern vielmehr zu nutzen (CIG-29-11-20, 525 f.). Mit einem Weihnachten ohne gewohntes Ritual und fernab der Möglichkeit des Zusammenkommens mit Familie und Freunden befasst sich im Monat darauf der Artikel *Weihnachten ohne Weihnachten*. Der Verfasser erkennt in dem »Weihnachtsfasten« ebenfalls eine Chance auf ein neues tiefes Erleben, gar die Möglichkeit, eine »mystische Christusbezogenheit neu zu entwickeln«, und sieht den Bruch als Chance zur »geistigen, geistlichen, aber auch strukturellen Reform.« (Röser-CIG-20-12-20, 563 f.) Wie in den Artikeln zur Osterzeit wird Röser bei Angaben zur Ausführung der Praktiken nicht konkret; allerdings wird deutlich, dass die Pandemie ihm zufolge zwei Funktionen erfüllen kann. Zum einen könnte sie dazu dienen, den Glauben neu und tiefer zu beleben. Zum anderen könnten aber auch Botschaft und Glaubensinhalt – insbesondere österlicher und weihnachtlicher – dabei helfen, der Krise etwas entgegenzusetzen, Zuversicht zu generieren und ihr gar etwas Positives abzugewinnen.

In der *Katholischen Sonntagszeitung* treten im Zusammenhang mit der individuellen Praxis Familien und insbesondere Kinder ins Zentrum der Betrachtung. Dies lässt sich bereits an den Topic-Wörtern ablesen. In den entsprechenden Kategorien stehen diese Begriffe zwischen Wörtern wie »Freude«, »Chance«, »Hoffnung« oder »Weihnachten«. Dieser erste Eindruck vom Kontext persönlicher Praxisfragen bestätigt sich bei der Auseinandersetzung mit den entsprechenden Artikeln. Es gibt aber – ähnlich wie im Falle der *CIG* – auch konkrete Praxisvorschläge für Einzelpersonen.

Im oben schon einmal erwähnten Interviewartikel mit Pater Kilian Müller empfiehlt dieser, anstelle des »Warum« das »Wozu« ins Zentrum der Fragen zu stellen, das Gute in der Situation zu suchen und ihr »im Licht des Glaubens« einen »Sinn zu entlocken». Helfen könnten in diesem Kontext Vorbilder aus der Vergangenheit, die im Leid Zugang zu Gott gefunden hätten. Hierin sieht Müller eine Voraussetzung dafür, »Gott vertrauensvoll zu bitten, sich mitten in diese Situation hinein zu verherrlichen.« (Zopora-KS-04/05-04-20, 18 f.) Im Angesicht der Osterfeiertage berichtet die *KS* von einem Aufruf der Bischöfe in Deutschland, trotz Corona verbunden zu bleiben und Ostern zu feiern. Des Weiteren führt der Artikel konkrete Praxis-Ratschläge auf. So wird empfohlen, die Passion zu lesen, Kommunikation über Telefon und Internet zu suchen oder derer zu gedenken, die sich um Betroffene kümmern (KNA-KS-04/05-04-20, 4). Ähnliches findet sich in der Osterzeit im Rahmen der Kolumne *Gedanken zum Sonntag*. Hier wird die vorherrschende Ausnahmesituation als Möglichkeit der Begegnung mit Jesus und der Zeugenschaft verstanden (Häusler-KS-11/12-04-20, 10).

Im Juni 2020 berichtet der Artikel *Steiniger Weg der Hoffnung* von Steinen, die durch Kinder aus Kindergärten und Grundschulen in der Quarantänezeit bunt bemalt wurden. Neben der konkreten Praxis, die dem Autor zufolge dazu diene, »von der Traurigkeit der Isolation und des Alleinseins abzulenken«, liege die metaphorische Bedeutung dieser Steine in der Hoffnung und Erinnerung auf das, »was uns heute noch tragen kann« (Then-KS-27/28-06-20, 31). In dem kurzen Interviewartikel ›Ein besseres Heute‹ wird in Zusammenhang mit der Diasporaaktion des Bonifatiuswerkes die Hoffnung als »grundlegender Wesensvollzug« der Christinnen und Christen thematisiert. Diese Hoffnung bedeute, »sich aktiv für ein besseres Heute einzusetzen« und »Hoffnungszeichen zu setzen«. Dabei erinnere die Corona-Pandemie an eine Diasporasituation; der Glaube würde trotz der physischen Distanz verbinden. Dies sei insbesondere im Gebet der Fall, obgleich Gemeinschaft auf Dauer unersetzbar bleibe (Kleibold-KS-07/08-11-20, 2). Ähnlich ruft der Beitrag *Leben als ›Kinder des Lichts‹ – jetzt* dazu auf, das Leben verantwortungsbewusst und mit aufmerksamem Blick auf die Nöte der Menschen im eigenen Umfeld zu leben; auf Gott vertrauend und mitgestaltend (Löffler-KS-14/15-11-20, 10). Auch aus der Weihnachtsgeschichte und dem Bekenntnis zu ihr ergebe sich eine karitative Praxis. So schreibt Andreas Magg: »Bethlehem, Weihnachten ist die Quelle und die Ausrichtung unseres Tuns [...] – nämlich sich mit ihm, Gott, auf den Weg zu den Menschen zu machen.« (Magg-KS-05/06-12-20, 31) Der Glauben wird als Ausgangspunkt einer positiven und produktiven Haltung in den Zeiten der Pandemie verstanden, wobei neben die Komponente religiösen Erlebens das karitative Handeln und die Fürsorge als Kernelement treten.

Darüber hinaus werden wie angedeutet auch in der *Katholischen Sonntagszeitung* Herausforderungen für das Familienleben in Zeiten der Pandemie in den Blick genommen. Während einige Beiträge, beispielsweise aus der Rubrik *beziehungsweise*, dieses Praxisfeld ohne größere Thematisierung des Religiösen aufnehmen,[19] wird es in anderen Artikeln einbezogen. So deutet der in der Adventszeit publizierte Artikel *Warum ist diese Zeit so anders?* die Corona-Einschränkungen durchaus als Chance, mit den Kindern »die eigentliche Freude dieser Tage neu zu entdecken« (Stummer-KS-28/29-11-20, 31). Erzbischof Heiner Koch, der im Beitrag *Mehr Hilfen notwendig* explizit auch finanzielle Herausforderungen für Familien und Kinder anspricht, erwähnt das in der Pandemie weggefallene kirchliche Angebot für Kinder und Jugendliche sowie die weiter bestehende Herausforderung, Eltern zu befähigen, »ihre Kinder religiös stärker zu begleiten«. Hierfür brauche es auch neue Rituale für Zuhause oder Vernetzungsangebote (Krumpholz/Wilke-KS-04/05-07-20, 2 f.). Allerdings ist in diesen Ansätzen die Religion nicht vorwiegend Instrument der Krisenbewältigung, sondern vielmehr wird die Krise als Chance verstanden, religiöse Praxis, gelebte Spiritualität oder christlich konnotierte Werte neu zu beleben.

Das sich in der *Katholischen Sonntagszeitung* abzeichnende Interesse an Familie und dem Wert der Gemeinschaft lässt sich auch in den Artikeln der *idea* wiederfinden. Dieses Interesse deuten schon die generierten Topic-Wörter – die mitunter sehr explizite Termini wie »Kinder« und »Eltern« enthalten – an. Hinzu kommt bei *idea* ein Fokus auf das eheliche Zusammenleben. Bereits im März erscheint der Kommentar *Corona: So klappt's mit dem Lernen zu Hause*, in welchem der Schulleiter eines privaten evangelischen Gymnasiums neben Tipps für den Heimunterricht auch anrät, die gemeinsame Andacht vor Unterrichtsbeginn zu Hause weiterhin zu feiern und die »geschenkte Zeit als christliche Familie« bewusst zu erleben. Er empfiehlt im Rahmen eines authentisch vorgelebten Glaubens der Eltern in »diesen herausfordernden Zeiten« mitunter das gemeinsame Bibellesen oder Beten vor dem zu Bett gehen (Birnbacher-I-25-03-20, 11).

Im Verlauf des Jahres 2020 werden in der Rubrik *Ehe-Kolumne* – aber auch in Artikeln jenseits dieser Kolumne – Auswirkungen der Pandemie auf das Ehe- und Familienleben zur Sprache gebracht, und es werden konkrete Praxisanweisungen gegeben. So werden im Rahmen der genannten Kolumne unter dem Titel *Stresstest für Ehepaare* fünf konkrete Tipps für Ehepaare, die sich im Corona-

19 Beispiel sei der im Juni 2020 erscheinende Artikel *Wenn es daheim eng wird,* im Rahmen dessen die Autorin Herausforderungen der Homeschooling-Zeit beleuchtet. Sie erkennt hierin allerdings auch Chancen, wie den Erwerb emphatischer Kompetenzen, die für die Zeit nach der Pandemie kostbar seien (Ammon-KS-06/07-06-20, 25). In der Weihnachtszeit äußert sich selbige Autorin in vergleichbarer Form noch einmal und verweist auf die Chance zur Gestaltung einer neuen, fürsorglichen Gemeinschaft (Ammon-KS-05/06-12-20, 23).

»Stresstest« befänden, abgedruckt; darunter gegenseitige Ermutigung und gemeinsame Aktivitäten, aber auch gemeinsames Beten und Gutes tun (Mockler-I-01-04-20, 36).[20] Bereits im Mai wird in einem mehrseitigen Artikel davon berichtet *Wie ein Ehepaar das Coronavirus überstand.* In diesem Zusammenhang erzählen der Pastor einer freikirchlichen Pfingstgemeinde und seine Frau von ihren Corona-Erkrankungen und Krankenhausaufenthalten sowie von der ihrerseits erlebten Stärkung durch den Glauben und die Unterstützung ihrer Gemeinde. So beschreibt Judith Kruse ihre Zeit im Krankenhaus als »Geschenk, Gott intensiv zu suchen, die Bibel zu lesen und zu beten.« Zwar hätte die Pandemie auch für die Gemeinde viele Umstellungen mit sich gebracht, doch erinnere die Krise auch daran, »dass der Glaube letztendlich nicht an der Gemeinschaft, sondern an der persönlichen Beziehung zu Jesus hängen muss.« Neben der der Pandemie innewohnenden Chance, sich Gott neu zuzuwenden, betonen beide Ehepartner die Relevanz der religiösen Praktiken, die sie mit den Kindern daheim vollziehen, wie Bibellesen, Beten und Erklären des Abendmahls (Huhn-I-06-05-20, 16 ff.). Im Artikel *Wie helfe ich meinem Kind durch Corona?* rät ein Psychologe zu Routinen und Aktivitäten mit Kindern und betont die Relevanz, die es habe, Kindern Angstlosigkeit zu vermitteln. In diesem Zusammenhang hebt der Verfasser die potentielle Sicherheit hervor, die der Glaube an Christus schenken könne, und erwähnt die Möglichkeit, die Pandemie zu nutzen, um den Glauben der Kinder zu stärken (Bernhard-I-13-05-20, 13). An anderer Stelle wird die Meinung eines am Hausunterricht festhaltenden Vaters abgebildet, der in den Schließungen der Schulen eine Chance sieht, Glaubensinhalte weiterzugeben (I-25-03-20, 27). Im August desselben Jahres befasst sich der Artikel *Damit Corona euch nicht scheidet* mit der befürchteten »Trennungswelle«, die die Corona-Pandemie mit sich bringen könnte. Empfohlen werden »gemeinsame emotionale Erholung« und die Beschäftigung mit dem eigenen Gottvertrauen sowie ihrem Ausbau in der vorherrschenden Situation (I-13-08-20, 22). Auch jenseits konkreter Praxisanweisungen werden die Auswirkungen der Pandemie(-Maßnahmen) auf Kinder gerade am Ende des Betrachtungszeitraums mitunter ausführlich thematisiert.[21]

Neben dem Themenblock Ehe/Familie wird auch bei *idea* wiederholt über persönliche Formen der Glaubenspraxis berichtet. Zur Mitte des Jahres legt beispielsweise Michael Herbst in Auseinandersetzung mit einem robusten Glauben in der Krise seine persönliche Praxis dar, die ihm durch die Krise

---

20 Ähnlich empfiehlt die Autorin, Glücksmomente im Alltag zu schaffen (Mockler-I-22-07-20, 14) oder die Weihnachtszeit gemeinsam zu nutzen (Mockler-I-23-12-20, 14).

21 Z. B. *Droht eine verlorene Generation?* (Kraus/Krauß-I-13-01-21, 15) oder *Lieber Gott, bitte mach, dass Corona bald vorbei ist* (Bernhard-I-13-01-21, 24). Auch in der *KS* (KNA-KS-04/05-07-20, 3). Dass diese Thematik im Verlauf des Jahres 2021 noch an Relevanz gewann, ist anzunehmen.

verholfen habe. Er betont die Relevanz von Routinen und nennt in diesem Zusammenhang konkret die Zeit am Morgen für Gebet und Journal sowie das Revuepassierenlassen des Tages und den Dank am Abend. Als hilfreich hätte er zudem empfunden, den »Sonntag tatsächlich Sonntag sein zu lassen« und Online-Gottesdienste aktiv mitzufeiern (Herbst-I-13-05-20, 16 ff.).

Neben den vielen konkret praktischen Maßnahmen und Konzepten wird wie oben schon angeklungen auch die persönliche Haltung im Verlauf des Jahres in verschiedenen Artikeln zum Thema gemacht. Da sich dieser Bereich über die Topic-Wörter nicht erfassen lässt und mit der Haltung als Praxis unmittelbar die Bereiche der Deutung respektive der Ethik betreten werden, kann eine aus den Texten erfasste Tendenz nur angerissen werden. Diese ließe sich bei Interesse sicher weiter untersuchen. Im April 2020 rekurriert ein Beitrag auf eine Empfehlung von Reiner Wörz, sich in der Pandemie in Besonnenheit zu üben. Er versteht die Corona-Situation als »Gnadenakt« und Möglichkeit der Umkehr zu Jesus. Im Zentrum sollten Hoffnung und frohe Botschaft, nicht das Gericht stehen (I-08-04-20, 41). Aus Bayern berichtend wird ein Synodaler zitiert, der von einer »Zeit für Buße und Umkehr« spricht und hierin Gebet, Buße sowie missionarische Verkündigung einschließt. Vertrauen, Solidarität und Barmherzigkeit sollten nun das Leben prägen (I-22-04-20, 26). Auch Evangelist Ulrich Parzany rät in der Krise zur Umkehr und Zuwendung zu Gott und dem Vertrauen auf ihn (Parzany-I-08-04-20, 3). Im Juni ruft Prior Konstantin Mascher nach einer »geistlichen Impfung« für Zuversicht und Standfestigkeit (Mascher-I-04-06-20, 14). Ein Artikel im Dezember gibt zudem die Ergebnisse einer Studie wieder, der zufolge junge Menschen mit starkem Glauben besser durch die Krise kämen (I-16-12-20, 11). Bei diesen Artikeln werden – teilweise in Ablehnung – der Anbruch der Endzeit und die Wiederkunft Christi thematisiert. Die Haltung steht in Verbindung mit Aktion und hat nicht selten eine missionarische oder sühnende Konnotation.[22]

Wurden Ehe und Familie als Kategorien der Gemeinschaft schon thematisiert, wird bei *idea* noch ein weitaus größerer Bereich nicht-institutionalisierter Gemeinschaft in den Blick genommen – die christliche Gemeinschaft. Diese Gemeinschaft wird mitunter da relevant, wo es um die Vereinbarkeit von Maßnahmen und Geboten geht. So wird zum Beispiel der Verzicht auf das Singen im Gottesdienst in der Rubrik *Pro & Kontra* von zwei Kirchenmusikern verhandelt und von dem einen in Verbindung mit dem Gebot der Menschenliebe für vereinbar erklärt und damit als verantwortungsbewusst bejaht. Die Kontra-Stimme verneint dies mit der Begründung, dass der Gottesdienst um die Beteiligung der Gemeinde beraubt würde und Singen im Gottesdienst unverzichtbar sei (Ammer/

22 Vergleiche hierzu auch die Kapitel zu theologischen Deutungen (J. Stephan) und ethischen Debatten (D. Häde).

Maibaum-I-13-05-20, 15).[23] Ende des Jahres 2020 wird thematisiert, inwieweit die unterschiedliche Bewertung der Maßnahmen des Staates die Spaltung ›der Christen‹ bedinge. So wenden sich die Artikel *Wie Corona die Christen spaltet* sowie der Beitrag *Christen sollten Corona nicht zum Hauptthema machen* dieser Fragestellung zu. Schließlich würden sich einige christliche Bewegungen und Verbünde positiv zur Corona-Gesetzgebung positionieren, wogegen andere diese mitunter als Eingriff in die Freiheitsrechte ablehnten (Städter-I-09-12-20, 20 ff.). In einem Leserbrief zu diesem Artikel wird das dort geschilderte Engagement eines Pfarrers gegen die staatlichen Maßnahmen kritisiert. Die Leserin hält fest: »Da muss man sich fragen, wer denn nun die Christen spaltet« und schreibt weiter, »Masken tragen und Abstandhalten [...] ist nicht gegen Gottes Gebot und für alle machbar« (Schunter-I-23-12-20, 51). Autor Michael Kotsch sieht in Corona »kein geistlich entscheidendes Thema.« Er betont, Christinnen und Christen seien »auch gegenüber ungerechten oder ungerecht empfundenen Regeln des Staates zum Gehorsam verpflichtet, solange kein klares Gebot Gottes verletzt« würde (Kotsch-I-09-12-20, 24 f.). Auch der evangelisch-lutherische Landesbischof Bilz spricht sich dafür aus, das »Joch zu tragen« und die Einschränkungen zu ertragen, Behutsamkeit im Miteinander zu üben und selbst demütig zu sein (Bilz-I-18-11-20, 14).

Bieten die Beiträge alle konkrete Auseinandersetzungen mit der Frage, wie den Herausforderungen zu begegnen und die Krise zu meistern sei, ist doch erkennbar, dass der Fokus sich von jenem der katholischen Publikationen unterscheidet. Zwar werden mit ›Familie‹ und ›Kindern‹ gleiche Themenfelder in den Blick genommen, bei *idea* lässt sich allerdings erkennen, dass ein Interesse darin zu bestehen scheint, Spaltungen und Brüchen entgegenzuwirken und Familien, Ehen, aber auch die Christenheit vor dem Auseinanderbrechen zu bewahren.[24] Die Hinweise und Ratschläge sind dabei oft klassisch-paartherapeutischer Natur. Der in den katholischen Zeitschriften erkennbare Ansatz, Rituale jenseits des kirchlichen Raums zu etablieren, tritt dagegen zurück. Dies hängt sicherlich damit zusammen, dass die freichristlichen Formate der Reli-

---

23 Zwar geht es hier um das Singen im Gottesdienst, allerdings auch um die Vereinbarkeit von Maßnahme und Praxis respektive Gebot, weswegen der Beitrag hier genannt wird. Singen und Musik als Bestandteile des Gottesdienstes werden in diesem Kapitel – wie die Gottesdienstpraxis selbst – nicht untersucht.

24 Dass einige freikirchliche Pfarrer die Zerstörung intakter Familienverhältnisse und Ehen als das eigentliches »Ziel von Social Distancing« bezeichneten und hinter der angeblich inszenierten Krise einen »Trick der Mächtigen« vermuteten, führte zu der Behauptung, dass die Querdenker-Bewegung hauptsächlich von christlichen Fundamentalisten angetrieben würde. Dass dies nicht der Fall war, wurde in der *FAZ* dargelegt (Bingener/Soldt-FAZ-02-01-21, 4).

giosität ohnehin im Privaten existieren und besser ohne institutionalisierte Gemeinschaft auskommen.

Im *Christlichen Medienmagazin Pro* lassen die Topic-Wörter ebenfalls erkennen, dass die Texte ihr Augenmerk vermehrt auf die Situation der Kinder richten – bei keinem anderen der Publikationsorgane tauchen »Kind« oder »Kinder« so häufig unter den generierten Topic-Wörtern auf.[25] Dass in diesem Zusammenhang »glauben« in Zeiten des Virus thematisiert wird, lässt sich ebenfalls aus einem Topic ablesen. Beide Beobachtungen finden sich in den Texten wieder. Neben Ausführungen zu den Comeback-Chancen von Glauben und Familie in Zeiten der Pandemie (Weimer-PRO-05/06–20, 19) werden auch Herausforderungen und konkrete Praxisbeispiele geliefert. Hier ist insbesondere die in der Rubrik *Pädagogik* angesetzte Kolumne des Bild-Redakteurs Daniel Böcking zu nennen, der mit seinen Kindern über Gott spricht. So schreibt er in *Kirche ist wie Vereinsheim – und sie fehlt uns* von religiöser Praxis, die er mit seinen Kindern betreibt (beten, Musik, Lesen der Kinderbibel) und betont zugleich, wie wichtig das »Gemeinschaftserlebnis mit anderen kleinen Christen« – auch in Kindergottesdienst und Religionsunterricht – sei, um Glaube als »gelebte Realität« zu erfahren (Böcking-PRO-04/05–20, 39). Ende des Jahres berichtet er in selbiger Kolumne von einem familiären Wochenendausflug und hält fest: die »Schöpfung kann nicht nur als Gottesbeweis dienen – sondern auch als Spielplatz, der völlig ausreicht«, um Zeit zu verbringen und zur Ruhe zu kommen (Böcking-PRO-11/12–20, 51).

In eine ganz andere Richtung religiöser Praxis geht der im Frühjahr 2020 publizierte Artikel über den Industriepastor Schladenbusch, der im Zusammenhang mit dem Netzwerk *Christen in der Autoindustrie* von der positiven Auswirkung christlicher Praxis in Unternehmen berichtet – insbesondere in der Krisenzeit – und Gebets- und Gesprächskreise erwähnt (Blöcher-Weil-PRO-05/06–20, 24f.).

In den evangelisch-landeskirchlichen Artikeln tritt die individuelle Praxis gegenüber den zuvor genannten Publikationsorganen deutlich zurück. Unter allen betrachteten Zeitungen und Zeitschriften ist *Zeitzeichen* die einzige, unter deren Topic-Wörtern sich das Wort »Kinder« nicht finden lässt – ebenso wenig das Wort »Familie«. Im Gegensatz zu den oben aufgeführten Beispielen aus anderen Publikationen tauchen auch »Weihnachten« oder andere Festzeiten nicht unter den Topic-Wörtern der landeskirchlichen Zeitschriften auf. Dennoch sind es insbesondere zu den christlichen Festzeiten publizierte Artikel, die auf private Glaubenspraxis Bezug nehmen. In den Onlineausgaben der *Zeitzeichen* sind es insbesondere Artikel um Ostern und Weihnachten, die nicht-institutionalisierte Praktiken aufgreifen.

---

[25] Sieben Mal findet sich hier »Kind« oder »Kinder«. In der *KS* tauchen diese Wörter viermal auf, bei *idea* dreimal, bei den anderen Zeitschriften zweimal oder weniger. In den *Zeitzeichen* taucht keiner dieser Begriffe auf.

So befasst sich der Artikel *Zeit für Freestyle* mit Ostern in der Ausnahmesituation und sucht nach »spirituell Tragendem«. Die Krise versteht der Verfasser als einen Ort, an dem das »Unverfügbare« den Menschen begegne. In der religiösen Praxis sieht er verweisend auf Riesebrodt einen Weg, »das absolut Unverfügbare in ein ansprechbares Unverfügbares zu überführen und das Leben wieder in die Hand zu nehmen.« Um dies zu gewährleisten, sieht er eine »eigensinnige, kooperative und weltzugewandte ›Freestyle Religion‹« als Option. Diese besitze neben dem weltzugewandten und liturgischen auch einen meditativen Bereich: private Meditation und Gebet, neue Gemeinschaftsformate und -rituale zum Beispiel im Familienkreis sowie fürsorgliches Wirken nach außen (Habenicht-ZZ_online-09-04-20). In der Weihnachtszeit befasst sich der Artikel *Still werden statt stillhalten* mit »Anti-Angst-Ressourcen« und thematisiert Formate und Rituale, die wegweisende Kraft entfalten könnten (Morgenroth-ZZ_print-12-20, 23 ff.). Ähnlich klingt es in der Kolumne von Christoph Markschies an, die das Empfinden vor dem Fest sowie Ruhe und Vorfreude ins Zentrum stellt (Markschies-ZZ_online-24-12-20). Das hier anklingende religiöse Erleben war in unterschiedlicher Ausprägung schon bei anderen Zeitschriften Thema. Haltung respektive innere Ausrichtung in den Krisenzeiten spielen auch in den *Zeitzeichen* eine Rolle, obgleich sich dies nicht in den Topics niederschlägt. Im August interpretiert der Artikel *Lob der Nüchternheit* Hoffnung und Nüchternheit als biblisch verbunden und leitet hieraus eine Haltung für die Gegenwart ab (Süselbeck-ZZ_print-08-20, 19). Im Januar 2021, zum Ende unseres Betrachtungszeitraums, spricht Ralph Charbonnier die innere Einstellung ebenfalls an und thematisiert im Zusammenhang mit der durch Corona erschütterten Selbstbestimmung das Standhalten und »Aktiv passiv sein. Verheißung hören, Christus vertrauen, Hoffnung stärker sein lassen als Furcht« (Charbonnier-ZZ_print-01-21, 46 f.). Begriffe wie »Besonnenheit« oder »Nüchternheit« kommen in keiner anderen Zeitschrift so oft vor wie bei den *Zeitzeichen*, ebenso der Verweis auf die Bibelstelle 2Tim 1,7.

Aufgrund des Fokus auf Religiosität, Menschen und ihre Lebenssituationen würde man die Themenbereiche (persönlicher) religiöser Praxis zur mittelbaren Krisenbewältigung zentral bei *Chrismon* respektive *Chrismon Plus* erwarten. Der Blick auf die Topic-Wörter bei *Chrismon* ist in Bezug auf die Praxis aber wenig aussagekräftig; zwar finden sich viele kontemplativ anmutende Begriffe (»Gottvertrauen«, »nachzudenken«, »lernen«, »glauben«, »verstehen«), allerdings keine, die auf konkrete Beschäftigung mit praktischer Krisenbewältigung hindeuten. Zudem lassen die umstehenden Wörter in den jeweiligen Topics unschwer erkennen, dass diese Begriffe in konkreten Kontexten verhandelt werden. Noch weniger aufschlussreich als bei *Chrismon* ist der Blick auf die generierten Topic-Wörter bei *Chrismon Plus.* Schaut man sich die Artikel der potentiell geeigneten Topics an, lässt sich vermuten, dass es insbesondere die innere Haltung der

Gläubigen sowie die kirchliche Praxis sind, die hier Schwerpunkte der Beschreibung darstellen.

Geht es um Abbildung konkreter Praxis, kann mitunter die Rubrik *Kirchgang* interessant sein, wobei es sich in erster Linie um persönliche Berichte, nicht um praktische Empfehlungen handelt. In dieser Kategorie schildern und bewerten Lesende ihre Gottesdienstbesuche und geben Anregungen weiter. Im Artikel *Zu Hause im Exil* schildert ein Leser einen Onlinegottesdienst aus Apolda, in welchem der zuständige Pfarrer davon gesprochen habe, dass Menschen in der gegebenen ›Exils-Situation‹ berufen seien, »einander Tröster und Trösterinnen zu werden« (Birnstein-CP-05-20, 77). In *Gegen das Dunkel* zitiert der Leser eine Pastorin der Konstantinbasilika, die das abendliche Anzünden einer Kerze empfohlen habe: »Und dann die Kerze behutsam auspusten. Und sehen wie der Rauch sich kräuselt [...]. Im Dunkeln berge ich mich in Gottes Hand.« Der Autor selbst bewertet diesen Gottesdienst als stärkend (Weitz-CP-01-21, 69).[26]

Wie bei den anderen Publikationsorganen sind Weihnachten und Ostern zuweilen Ausgangspunkte der Betrachtung. Beispielsweise findet sich in der Osterzeit ein Artikel, der theologisch erörtert, inwieweit der österliche Glaube Kraft in Krisenzeiten schenken könne, wobei auf keine konkrete Praxis rekurriert wird (z. B. Bedford-Strohm-C-07-04-20). Im Zusammenhang mit den Feierlichkeiten und Einschränkungen in der Weihnachtszeit nimmt Arnd Brummer im Rahmen seiner Kolumne die Herausforderung in den Blick, Weihnachten nicht wie selbstverständlich in Gemeinschaft feiern zu können (Brummer-CP-12-20, 40). In einem Beitrag aus selbiger Kolumne rekurriert er auf die in der Krise erkennbare »Begrenztheit menschlichen Handelns auch in Zeiten der ständigen Updates unserer Technologien«, die ihn mit Trost erfülle und dem Impuls, »gerade in Zeiten der Schwäche und Ratlosigkeit miteinander Glaube, Hoffnung und Liebe zu leben.« (Brummer-CP-05-20, 40)

Insgesamt präsentieren die genannten Berichte oder Kolumnen allerdings kaum konkrete Hinweise zur religiös-praktischen Krisenbewältigung; es handelt sich in erster Linie um persönliche Erfahrungsberichte. Zudem berühren auch die genannten *Kirchgang*-Berichte das Feld privater Praxis nur im Ansatz.

In den nicht-kirchlichen Zeitschriften wird die Frage nach der Praxis insbesondere im Zusammenhang mit dem Weihnachtsfest und seiner notwendigen Neugestaltung zentral. Dass Weihnachten hier ohnehin eine wichtige Rolle zu spielen scheint, zeigt sich deutlich mit Blick auf die Topic-Wörter. Bei *ZEIT* und *FAZ* taucht »Weihnachten« als Topic-Wort jeweils viermal auf – in keiner anderen

[26] Etwas konkret-praktischer wird es im Interview mit Dr. Kira Vinke, die einen Corona-Klima-Vertrag vorschlägt: »Wenn man Kindern so ein Opfer abverlangt, stehen die Älteren beim Klimaschutz in der Pflicht.« (Husmann-CP-11-20, 21) Hier geht es aber um das post-pandemische Handeln in der Klimakrise, nicht um mittelbare Krisenbewältigung.

Zeitschrift ist das der Fall.[27] In der *FAZ* bezieht sich ein ganzes Topic erkennbar auf das »Weihnachtsfest« und »Weihnachten«. Jenseits des Weihnachtsfestes tritt die Thematisierung privater Praxis deutlich zurück, da Religiosität und private Praxis in der *FAZ* nicht zentral ins Feld der Betrachtung gehören, was schon die enorme Dominanz institutioneller Topic-Wörter bezeugt, während kontemplativ anmutende Begriffe fehlen.[28]

Am Heiligabend 2020 verhandelt Jürgen Kaube in seinem Artikel *Die eigentlich Beschenkten* die Frage, wie Weihnachten im Lockdown fortbestehen könne: »Ein Familienfest ohne die ganze Familie, Nähe mit Abstandsgebot, Religion, aber ohne das Ritual?« – Schließlich seien derartige Feste nicht »beliebig variierbar.« Allerdings hebt der Autor den erzählerischen Kern als Hauptbestandteil hervor und sieht daher keine ›Bedrohung‹ durch die Maßnahmen (Kaube-FAZ-24-12-20, 11). Ebenfalls am 24. Dezember stellt der Artikel *Das Singen ist uns allen vergangen* die Relevanz des Gesangs – auch in der Gemeinde – als evangelische Praxis ins Zentrum und hebt dessen Bedeutung hervor. Zugleich beschreibt er, wie die weihnachtliche Botschaft der vorherrschenden Kontingenzintoleranz entgegenwirken könnte (Kaufmann-FAZ-24-12-20, 7).

Der Artikel *Der Virus als Wegmarke*, in welchem neben neuen institutionellen Formaten und Aufgaben sowie Herausforderungen der Seelsorge auch die christliche Haltung in der Pandemie thematisiert wird, nimmt dies ebenfalls auf. So zeige die Pandemie Grenzen menschlicher Kräfte auf. Als »geistliche Aufgabe des Glaubens« spricht der Verfasser von Vertrauen und Liebe und rekurriert auf christliche Dimensionen von »Demut und Akzeptanz, Ergebung und Annahme«, die Mut schenken könnten, Grenzen anzuerkennen und Zuversicht zu leben. Auch die Wirkung und Bedeutung der Osterbotschaft in der Pandemie sowie Liebe und Verantwortungsgefühl werden thematisiert. Weitere Aufgaben verlassen dabei den Bereich des Individuellen (Bedford-Strohm-FAZ-25-05-20, 6).

In der *ZEIT* sind es ebenfalls Artikel in der Weihnachtszeit, die auf Praxisfelder rekurrieren – oftmals geht es um das Fest-Feiern in der Pandemie. Die Bedeutung, die Weihnachten einnimmt, lässt sich schon anhand der Topic-Wörter nachweisen. Der Kontext der entsprechenden Topic-Kategorien belegt zudem, dass insbesondere die Frage nach dem Feiern des Weihnachtsfestes im Ausnahmezustand Gegenstand der Betrachtung ist (»feiern«, »Lockdown«, »lockern« oder »Ausnahmezustand«). Der Blick in die Artikel der *ZEIT* bestätigt diesen Eindruck. Als Beispiel sei hier der Beitrag *Es kommt auf uns an* angeführt, in welchem der Verfasser berichtet, wie die Pandemie die gewöhnliche Praxis und

---

27 Überhaupt wurde »Weihnachten« als Topic-Wort neben *FAZ* und *ZEIT* nur für die *KS* (einmal) und für das *MP* (viermal) generiert.

28 Nicht einmal das Wort »Glaube« respektive »glaube« findet sich hier – bei allen anderen Zeitschriften befindet es sich unter den Topic-Wörtern. So lassen sich nur Wörter wie »Leben« oder »Liebe« finden.

den Ritus des Weihnachten-Feierns behindere. Dabei hebt er Wert und Relevanz des tröstenden und beruhigenden Festes am Ende des Coronajahrs hervor und plädiert dafür, das Feiern des Fests den Menschen selbst zu überlassen (Löwisch-Z-10-12-20, 72). Auf derselben Seite findet sich eine ›Anleitung‹, wie die Weihnachtsfeier in Gemeinschaft entsprechend der Infektionsschutz-Vorgaben gelingen könne (Albrecht-Z-10-12-20, 72). Ebenfalls in derselben Ausgabe sucht der Artikel *Was uns dieses Fest bedeutet* Argumente zu liefern, die gegen eine Absage Weihnachtens sprechen. Begründet wird dies mit den Funktionen, die das Fest erfüllen könne. So könne man die Stille als adventliches Ritual verwerten, die Entlastung von der Hektik zur Besinnung nutzen oder Musik als Bestandteil der Botschaft erleben (Finger-Z-10-12-20, 74). In selbiger Rubrik und Ausgabe meldet sich Kulturstaatsministerin Monika Grütters in einem Interview zu Wort und spricht sich dafür aus, dass Weihnachten im Kreise Familienangehöriger zu feiern erlaubt sein sollte. Die Sehnsucht nach »Trost und Hoffnung« sei dieses Weihnachten groß, ebenso das Bedürfnis nach Ritualen zum Innehalten und Hoffen (Finger-Z-10-12-20, 73). Diese Praxisthemen drehen sich aber in erster Linie darum, wie Fest-Feiern trotz Krise ermöglicht werden könnte, nicht darum, wie das Fest durch die Krise zu verhelfen möge.

Jenseits des Weihnachtsfestes finden Religiosität und gelebte Praxis in Berichten und Zitaten Erwähnung. In dem Artikel *Hat diese Krise einen Sinn?* werden prominente Christinnen und Christen zitiert. Margot Käßmann sieht die Aufgabe, mit Ängsten besonnen umzugehen und Zuversicht durch inneren Frieden zu finden. Sie schreibt, »wir können mit Gottvertrauen sagen: Wenn wir erkranken, hoffen wir, dass wir genesen. Und wenn wir nicht genesen, glauben wir, dass Gott uns hält - in diesem Leben und darüber hinaus.« Pater George Augustin rät, die Krise als »Weckruf« zu nehmen, die »Diesseitsfixierung um die jenseitige Perspektive des Himmels zu erweitern«. Andere Personen fokussieren auf Hoffnung, Besinnung und eine Neuausrichtung des Lebens (Z-20-08-20, 48).

Deutlich wird insgesamt, dass Feiertage, gerade Ostern, in den christlichen, insbesondere katholischen Artikeln eine wichtige Stellung einnehmen, da mit ihnen Chancen und Möglichkeiten einhergehen, Religion neu zu erleben, Stärkung zu erfahren und sich auf die eigentliche Botschaft zu besinnen. Bei den säkularen Publikationsorganen liegt der Fokus vor allem auf dem Weihnachtsfest. Die Praxisfragen betreffen hier eher, *ob* und *wie* ein Weihnachten unter Kontaktbeschränkungen praktikabel respektive lebbar sein könnte. Der Bedeutung der Religiosität und ihrer Praxis kommt in den säkular geprägten Medien kaum eine zentrale Rolle zu. Abgebildet wird sie vorwiegend im Rahmen der Wiedergabe prominenter Stimmen.

2. Die institutionelle Praxis als Kernelement

Die bisherige Betrachtung hat gezeigt, dass insbesondere die evangelisch-landeskirchlichen Artikel und Zeitschriften die Praxis als mittelbare Krisenbewältigung im Privatbereich weniger bis kaum thematisieren. Dass es in diesen Zeitschriften vordergründig die institutionelle Praxis ist, die thematisiert wird, lassen schon die Topic-Wörter erkennen. Hier zeichnet sich ab, dass es neben den Fragen zur theologischen Deutung der Pandemie und zu den Gottesdiensten vor allem institutionell-praktische Bereiche sind, die Erwähnung finden.[29] Zentral thematisiert wird dabei neben der Abendmahlspraxis auch die Seelsorge.

2.1 Das Ringen um Seelsorge- und Abendmahls-Praxis: Zwischen Institutionsfokus und Angst vor Vereinzelung

Die Tatsache, dass das Gebet als Form mittelbarer Krisenbewältigung im betrachteten Zeitraum keine Rolle in den evangelisch-landeskirchlichen Publikationsorganen spielte, wirft im gleichen Moment die Frage auf, inwiefern Praxis in diesen Formaten überhaupt in den Fokus gestellt wird. Auch im Bereich privater Praxis hielten sich diese Zeitschriften ja auffällig zurück. Während den Topics und ihren Begriffen nach zu urteilen bei *Chrismon* zu einem erheblichen Teil – wenn auch oftmals mit institutionellem Fokus oder Ausgangspunkt – Fragen nach Sinn und theologischer Deutung der Pandemie sowie gesellschaftliche und zwischenmenschliche Herausforderungen thematisiert werden, werden in den Artikeln der *Zeitzeichen* institutionelle Praxisfragen explizit verhandelt.

Die *Zeitzeichen* sind eine Zeitschrift, deren inhaltlicher Fokus weniger auf individueller Religiosität als auf Religion und Gemeinschaft sowie auf akademischen, theologischen und institutionell-kirchlichen Themenbereichen liegt. Bei den untersuchten Artikeln der Zeitschriften *Zeitzeichen Online* und *Print* zeigen schon die in der Analyse generierten Topic-Wörter, dass der Fokus auf den institutionellen Praktiken zu liegen scheint. Dies lässt sich mitunter daran erkennen, dass auffällig viele der generierten Topic-Wörter einen Bezug zu kirchlichen Institutionen haben (»Kirche«, »EKD«, »Gottesdienst«, »Pfarramt«, »Gemeinde«) oder auf diese Bezug nehmen (»Ekklesiologie«, »Theologie«)[30].

---

[29] Bei der Thematisierung der institutionellen Praxis werden die Bereiche Gottesdienst und Messe *nicht* eingeschlossen. Aufgrund der Relevanz und des Umfangs dieser Thematik (Onlineformate, Verbote, Kirchenschließungen etc.) wurde vom Herausgeber hierfür ein eigenes Kapitel angedacht.

[30] »Ekklesiologie« taucht nur bei den *Zeitzeichen* als Topic-Wort auf. Der Begriff »Theologie«, der sich in den Topics der *Zeitzeichen* mehrfach finden lässt, taucht jenseits dieser Zeitschriften nur ein weiteres Mal auf – unter den Topic-Wörtern der *FAZ*.

Bezeichnend ist dabei nicht nur die Quantität dieser Begriffe, sondern auch der Fakt, dass nahezu kein Topic generiert wurde, in welchem sich nicht mindestens ein Begriff mit institutionellem Fokus wiederfinden lässt.[31] Das deutet darauf hin, dass die evaluierten Artikel der *Zeitzeichen* alle einen ähnlichen Fokus zu haben scheinen. Zudem tauchen in einigen Topics Begriffe auf, die ganz explizit auf die praktischen Themenfelder »Seelsorge« und »Abendmahl« rekurrieren. Dieser erste Eindruck bestätigt sich beim Blick in die relevanten Texte, in denen die Bereiche Seelsorge, Abendmahl und kirchliche Praxis intensiv besprochen werden.

2.1.1 »Kein privates Haus-Abendmahl – oder doch?«[32] Debatten um die Abendmahls-Praxis

Das in den unterschiedlichen Publikationsorganen sehr divers gelagerte Interesse an der Abendmahlspraxis in Zeiten der Pandemie lässt sich schon anhand der Topic-Wörter mehr als eindeutig ablesen. In den Topics der *Zeitzeichen* findet sich der Begriff »Abendmahl« insgesamt viermal. Jenseits dessen wurde dieser Begriff nur ein weiteres Mal generiert.[33] Der erkennbare Sinnzusammenhang einiger Topics deutet zudem darauf hin, dass Debatten um das Online-Abendmahl dokumentiert werden (»online«, »digital«, »digitale«, »Gemeinschaft«). Zeitlich setzt die Beschäftigung mit der Abendmahlsthematik in der Onlineausgabe der *Zeitzeichen* bereits im April 2020 ein. Der Artikel *In, mit und unter* verneint das Online-Abendmahl auf Grundlage des lutherischen Verständnisses (Leppin-ZZ_online, 08-04-20). Im gleichen Monat befasst sich selbiger Autor in einem weiteren Artikel mit durchgeführten Online- und Hausabendmahlen. Dabei taucht er in kirchenrechtliche Fragestellungen ein, die beispielsweise das Notrecht betreffen, und postuliert »Der theologische und kirchenrechtliche Auftrag für die Zukunft heißt, klarer zu definieren, was im Falle des Abendmahls eigentlich als Notlage gelten« könne. Da der empfundene Mangel insbesondere geistige Verbundenheit und Gemeinschaftserfahrung betreffe, verweist er auf die »Agapefeier« als gemeinschaftlichen Ritus (Leppin-ZZ_online-23-04-20). Im Juni erscheint zudem ein *Pro und Contra: Ist digitales Abendmahl sinnvoll?* Im Rahmen dieses Für-und-Widers äußert sich Ralf Peter Reimann im Gegenüber zu Volker Leppin positiv in Bezug auf die ins Digitale verlagerte Eucharistie (Reimann-ZZ_print-06-20, 44f.). Der »Kampf ums Abendmahl und die theologische Deutung der Coronakrise« werden auch im *Corona-Panorama III* thematisiert. Der Autor spricht von

---

31 Von 25 Topics, die zu den Texten der Online- und Printausgabe der *Zeitzeichen* generiert wurden, sind es nur vier, in denen keiner der oben erwähnten Begriffe auftaucht, die in Zusammenhang mit Institutionen stehen.

32 Titel eines Artikels in *Christ in der Gegenwart* im Mai 2020 (CIG-17-05-20, 214).

33 In einem Topic der *CIG*. In diesem Topic der *CIG* findet sich zudem das Wort »Wein«; »Brot« und »Wein« in Kombination wurden für ein *Zeitzeichen*-Topic generiert.

»überraschenden Vorstößen«, wenn er schreibt: »Wer hätte gedacht, dass Landeskirchen in Analogie zur Nottaufe die Einsetzung des Abendmahls durch nicht von der Kirche ordnungsgemäß zur Abendmahlsausteilung berufene Christenmenschen befürworten!« Die Erwägung der Selbstausteilung bezeichnet er als »sakrales Münchhausenprinzip«. Nach der Pandemiezeit gelte es zu prüfen, welche Abweichungen von ursprünglichen Vorgaben beibehalten und welche »ad acta gelegt werden sollten« (Schaede-ZZ_online-10-04-20).

Insgesamt wird erkennbar, dass die Abendmahlsfrage früh ein Streitthema in EKD und Landeskirchen war, das zwischen »Abendmahlfasten« und Lockerungen der Austeilung oszillierte. Auch im August oder Oktober 2020 wird die Debatte um Eucharistie in der Printausgabe der *Zeitzeichen* fortgeführt. Autor Ralf Meister statuiert im Herbst 2020: »Das Ringen um gewohnte Elemente kirchlichen Lebens aber auch um ihre theologischen Grundlegungen wird sich aus dieser Krise heraus nicht mehr beruhigen. Bis in die Sakramentspraxis werden diese Diskussionen weitergeführt [...].« Er motiviert dazu – ganz im Sinne des reformatorischen Impulses – den »Sprung ins Neue« nicht zu verweigern (Meister-ZZ_print_10-20, 23). Die Mangelerfahrung und das Bedürfnis der Menschen nach religiöser Praxis wird also wahrgenommen; ob aber das (Haus-)Abendmahl die Lösung sein sollte, bleibt umstritten.

In den analysierten Artikeln der *Chrismon* spielt eine derartige Frage kirchenpolitischer Praxis der thematischen Ausrichtung der Zeitschrift entsprechend keine Rolle, was der Blick in die Topics ebenso wie jener in die Texte bestätigt.

Neben den *Zeitzeichen* findet sich der Begriff »Abendmahl« nur unter den für die katholische Zeitschrift *Christ in der Gegenwart* generierten Topic-Wörtern. In diesem Zusammenhang ist relevant, dass einige der generierten Begriffe in den Topics auf Gemeinschaft rekurrieren,[34] die institutionell gelesen werden kann, aber nicht muss. Weiteres lässt sich mit Blick auf die Texte ergründen.

Eucharistie respektive Kommunion werden in *CIG* früh thematisiert, wobei der Fokus der Diskussionen ein anderer ist als in den landeskirchlich-evangelischen Publikationskörpern, was zu anderweitig ausgerichteten Fragen und Schlussfolgerungen führt. So beschäftigt sich Pfarrer Wolfgang Severin bereits im März 2020 mit der Frage, ob Eucharistie ohne Gemeinschaft funktionieren könne. Er schildert sein eigenes Hadern in Bezug auf die von Gemeindemitgliedern vorgebrachte Anfrage, die Kommunion »still und in Stellvertretung« allein zu vollziehen. Problematisch sieht er die Kommunion ohne Gemeinschaft, weil »Kommunion doch Gemeinschaft bedeute[]«. Er führt aus: »Wenn die Menschen bei der Messe fehlen, fehlt die horizontale Gemeinschaft der Gläubigen, die die vertikale Gemeinschaft von Gott und Mensch vervollständigt.« Die

---

34 Beispielsweise »miteinander«, »Teilnahme«, »Mitbrüder«, »Gemeinde« oder »Gemeinschaft«.

Frage sei daher, wie man Gemeinschaft in diesen Zeiten jenseits von Messe aufrechterhalten könne. Hier rekurriert er auf zwischenmenschliche Fürsorge und Vertrauen. Wichtig sei die Verbindung der Gemeinschaft im Geist: »Und unsere Sonntagspflicht besteht darin, dieses Band aufrechtzuerhalten, anderen erfahrbar zu machen [...]. Ruft dort an, schreibt eine Email, läutet die Türglocke! [...] Sie läuten zum anderen, zum inneren Gottesdienst.« (Severin-CIG-29-03-20, 139) In Leserbriefen äußern einige Lesende ähnliche Aversionen gegen Solomessen und sprechen sich dafür aus, die Eucharistie in diesen Zeiten aus Solidarität ganz auszusetzen, anstatt diese durch Priester vollziehen zu lassen, die »stellvertretend für die ausgeschlossene Mahlgemeinschaft« agieren. (Welz-Hildebrand-CIG-12-04-20, 168; auch Wessel-CIG-12-04-20, 168; Pichler-CIG-12-04-20, 168; CIG-10-05-20, 205) Ähnlich wird die Theologin Julia Knop in einem Artikel zitiert, die festhält: »Ob ein täglicher Blasiussegen, Einzelkommunionen außerhalb der privatim zelebrierten Messe [...] im Jahr 2020 angemessene und tragfähige kirchliche Reaktionen auf die Corona-Krise sind, kann zumindest gefragt werden.« (CIG-05-04-20, 142)

Immer wieder finden sich auch kurze Meldungen oder Berichte über eucharistische Praktiken, die gerade vor und während der Ostertage eine wichtige Rolle spielen. So wird beispielsweise von einer Gemeinde in Neapel berichtet, die Eucharistie-Feiern auf dem Kirchendach und über die Balkone abgehalten habe (CIG-29-03-20, 140). Der Verfasser des Artikels *Ostern im Zeichen von Corona* schildert Alternativen zur klassisch-gemeinschaftlichen Kommunion wie eine »Kommunion zum Mitnehmen«, Einzel-Ausgaben oder oben erwähnte Solo-Messen (I-29-03-20, 134).

Der hier erkennbare und im Vergleich zu den *Zeitzeichen* anders gelagerte Fokus hat neben der hohen Wertung der Gemeinschaft in den katholischen Artikeln auch den Grund, dass Hausabendmahle nicht wirklich zur Debatte stehen. Hausgemeinschaft respektive Hausgottesdienste mit Abendmahl bespricht beispielsweise auch der Klinikseelsorger Karl-Heinz Feldmann in seinem Artikel *Ein neues Kapitel Christsein*. Er bezieht sich auf eine evangelische Publikation zu österlichen Hausgottesdiensten mit Abendmahl und schreibt: »Es muss wohl noch sehr viel Wasser den Rhein hinunterfließen, bis sich die katholische Kirche einem solchen Votum wird anschließen können.« Der Verfasser schildert seine eigenen Erfahrungen in einer Hausgemeinschaft und hält fest: »[...] in solchen Hausgemeinschaften können Suchende einander ohne hierarchisches Gefälle begegnen, können sie die Zusage Jesu, dass er mitten unter uns ist, im Miteinander erleben.« (Feldmann-CIG-03-05-20, 201 f.) In einem Leserbrief nimmt ein Ehepaar auf das Verbot Bezug und schreibt: »Wir haben es als Familie in dieser

Ausnahmesituation einfach getan« (Weininger-CIG-31-05-20, 236).[35] Eine gewisse Nähe zu den *Zeitzeichen*-Debatten weist der Artikel *Liturgie aus der Ferne – so nah* auf, in welchem die Option der digitalen Abendmahlspraxis thematisiert wird. Als erste Option werden die Agapefeiern genannt, während als zweite Option – auch mit Blick auf Kirchenrecht und die Praxis evangelischer Kirchen – die räumliche Ausweitung der Eucharistiefeier im Rahmen der Online-Kommunion erwogen wird (Kohlschein/Scholl-CIG-31-05-20, 233 f.). Im August nehmen Leser hierauf Bezug. Einer stimmt zu, dass Eucharistie nicht auf den Kirchraum begrenzt sei und »es dem mündigen Christsein« entspreche, »in den eigenen vier Wänden das Wort Gottes zu feiern und auch die Gaben von Brot und Wein [...]« (Burghardt-CIG-09-08-20, 360; Schneller-CIG-09-08-20, 360).

Jenseits der Debatte um die konkret-praktische Umsetzung wird die positive Wirkung der Eucharistie zudem beispielsweise zum Jahresende im Kommentar *Impfstoffe* thematisiert. In diesem Artikel werden die Impfstoffe gegen das Virus als Anstoß genommen, um über die positive Wirkung der »geistig-geistliche[n] Impfstoffe«, die Sakramente, nachzudenken (CIG-29-11-20, 525).[36]

Deutlich wird, dass die Frage nach dem Vollzug der Eucharistie weniger im Kontext der Institution als in dem der Gemeinschaft gestellt wird. Im Zentrum der Artikel steht nicht primär die Frage nach Kirchenrecht und institutionellen Voraussetzungen, sondern jene nach der Gemeinschaft. Gerade in Leserbriefen zeichnet sich eine sehr kritische Haltung gegenüber Solo-Messen ab sowie ein Interesse an Eucharistiefeiern daheim. In der *Katholischen Sonntagszeitung* wird das Thema nicht umfassender thematisiert.

Die Herausforderungen des Abendmahls in Pandemiezeiten bildet auch die *FAZ* ab, was – obgleich kein derartiger Begriff unter den Topic-Wörtern auftaucht – im Zuge der durch die *FAZ* geschehenden umfangreichen Abbildung institutioneller Praxis nicht verwundert. So wird im März im Rahmen eines Artikels, in dem insbesondere die untersagten Präsenz-Gottesdienste thematisiert werden, berichtet, dass einige Bistümer ihre Priester zur Durchführung von Stellvertretungsmessen respektive Solo-Eucharistiefeiern angehalten hätten. Auch der diesbezüglich aufgekommene Widerspruch wird abgebildet (Deckers/Jansen-FAZ-21-03-20, 4). Mitte des Jahres erscheint der Artikel *Die Pandemie birgt für Kirchen auch Chancen*, in welchem eine erste Studie der EKD zur Digitalisierung von Gottesdiensten vorgestellt wird. In Bezug auf das Abendmahl hätten zwölf Prozent der Befragten angegeben, ein Online-Abendmahl angeboten zu haben. Auffällig war den Studienautoren zufolge aber, »dass die ent-

---

35 Im Mai 2020 wendet sich ein Artikel konkret der Fragestellung zu, ob ein privates Haus-Abendmahl möglich sei. In diesem Artikel wird allerdings eine evangelisch-landeskirchliche Debatte aus dem Raum Mitteldeutschland abgebildet (CIG-17-05-20, 214).

36 Auf die Bedeutung des »Heil(s)mittel Sakrament« rekurriert auch Röser im November (Röser-CIG-22-11-20, 519 f.).

sprechende Frage auf einem Viertel der Bogen unbeantwortet blieb. Möglicherweise wurden also deutlich öfter solche Abendmahlsfeiern angeboten.« Inwiefern dies zulässig ist, sei »sowohl in der römisch-katholischen wie auch in der protestantischen Theologie umstritten.« (Bingener-FAZ-29-06-20, 10) Ähnliches schreibt derselbe Verfasser bereits im April 2020 bei Betrachtung der durch den »Katapultstart der Kirchen in die Digitalisierung« aufgetretenen theologischen Probleme. Obgleich in Kirchenleitung und Theologie noch Uneinigkeit über die Zulässigkeit herrsche, würden in der evangelischen Kirche vielerorts »Abendmahlsgottesdienste per Videoschaltung oder Livestream« gefeiert. Auch Hausabendmahle wurden in einigen Landeskirchen genehmigt, was kirchenrechtlich mitunter kritisch bewertet würde. Auf katholischer Seite sehe es etwas anders aus; zitiert wird Benjamin Dahlke, der von einem ungelösten Problem spricht: »In der römisch-katholischen Kirche ist die Eucharistie untrennbar an das priesterliche Amt gebunden. Das Problem, inwieweit die Gläubigen über Videostream am Sakrament teilhaben können, sei ›völlig ungelöst‹« (Bingener-FAZ-11-04-20, 2).

In beiden Artikeln schildert der Autor die gegenwärtigen Herausforderungen. Die Verhandlung der dahinterstehenden auch kirchenrechtlichen Fragen nimmt bei der *FAZ* keine zentrale Stellung ein, ebenso wenig wie die Eucharistie als Bewältigungspraxis. In der *ZEIT* werden Abendmahl und Eucharistie als Formen religiöser Praxis in der Pandemie nicht zentral verhandelt.

Obwohl die freikirchlich-geprägte Zeitschrift *idea* wie oben gesehen in hohem Maße Auseinandersetzungen mit privater und gemeinschaftlicher Praxis jenseits der Institution thematisiert, wird Letztere keineswegs ausgeblendet. Die Topic-Wörter der *idea* enthalten – neben jenen, die die individuelle respektive religiöse Praxis berühren – viele institutionelle Termini (»Kirche«, »Gottesdienst« oder »Gemeinde«). »Abendmahl« oder »Sakrament« sind dagegen nicht unter den generierten Topic-Wörtern zu finden, was schon erkennen lässt, dass der Verhandlung dieser Praxis keine hohe Relevanz beigemessen wird. Der Blick in die Texte bestätigt dies: Zwar wird bereits im März 2020 die Frage nach dem Abendmahl angeführt, allerdings rekurrieren die entsprechenden Artikel auf Äußerungen landeskirchlicher Geistlicher respektive auf landeskirchliche Bestimmungen. So werden beispielsweise im Artikel *Coronavirus: Kirchen geben Tipps für das Abendmahl* Ratschläge für eine Abendmahlspraxis im Aufkommen der Pandemie angeführt (Einzelkelche, Eintauchen der Oblate), die von Vertreterinnen und Vertretern der EKD oder evangelischer Landeskirchen stammen (I-04-03-20, 9). Auch die Stimmen der *Pro & Kontra*-Debatte *Abendmahl über das Internet feiern?* stammen aus dem evangelisch-landeskirchlichen Kontext (Kern/Gohl-I-16-04-20, 15). Selbiges gilt für *Mediale Abendmahlsfeiern untersagt* (I-16-04-20, 33) oder *Debatte um digitale Abendmahlsfeiern* (I-08-07-20, 32), die aus der württembergischen Landeskirche berichten. Jenseits dessen spielt die Praxis des Abendmahls und ihre Diskussion in beiden freichristlichen

Publikationsorganen keine tragende Rolle. Dass das Abendmahl »nach Möglichkeit« in der Gemeinschaft zu feiern sei, wird beispielsweise am Rande eines Artikels mit Verweis auf 1Kor bekräftigt, nicht aber mit Verweis auf kirchenpolitische Vorschriften (Derksen-I-19-08-20, 20).

Für das *Medienmagazin Pro* lässt sich schon anhand der Topic-Wörter unschwer erkennen, dass institutionelle Praxis keinen Themenschwerpunkt der Betrachtung bildet. Debatten um Abendmahl und Sakrament werden hier nicht abgebildet.

Es sind also hauptsächlich die akademisch ausgerichtete Zeitschrift *Zeitzeichen* sowie *CIG*, die sich mit den Herausforderungen der Pandemie für die Abendmahlspraxis befassen. Dabei beschäftigen die evangelische Seite vor allem das Online- und Haus-Abendmahl, während es auf katholischer Seite die Solo-Messen sind, die aus verschiedenen Gründen für Schwierigkeiten sorgen. Während die *FAZ* die Herausforderungen der Kirchen abbildet, ist die Thematik in den Artikeln der *ZEIT* nicht präsent. Bei *idea* taucht die Thematik meist im Rahmen geschilderter evangelisch-landeskirchlicher Praktiken und Bestimmungen auf.

2.1.2 »Lasst die Seelsorger rein!«[37] Seelsorge zwischen diakonischer Kernaufgabe und dem kirchlichen Ringen um Systemrelevanz

Im Rahmen der Betrachtung religiöser Praxis in der Krise und zur Krisenbewältigung tritt die Seelsorge bei keiner anderen Zeitschrift so prominent in den Fokus wie in den *Zeitzeichen* Publikationen. Schon die Ergebnisse der Topic-Analysen lassen hieran keinen Zweifel: Der Begriff »Seelsorge« wurde sowohl für die Online- als auch die Printausgabe als Topicwort generiert. Mit Ausnahme der zur Zeitschrift *idea* generierten Topics ist das bei keiner anderen Zeitschrift der Fall. Dabei lässt der Kontext des entsprechenden Topics der Onlineausgabe erkennen, dass dieses sich auf einen Artikel bezieht, im Rahmen dessen die seelsorgliche Arbeit in einer Pflege-Einrichtung thematisiert wird (»Pandemie«, »Bewohner«, »sterben«). Klar wird durch die Sinnzusammenhänge in diesem Topic zudem, dass die Akteurinnen und Akteure der seelsorglichen Praxis aus dem kirchlich-institutionalisierten Raum stammen (»Kirche«, »Gemeinden«, »Pfarrer«). Dies gilt auch für das entsprechende Topic der Printausgabe. Neben jenen Termini, die auf kirchliche Institutionen als Akteurinnen hindeuten (»Kirche«, »EKD«), wird zudem erkennbar, dass Seelsorge mit der Frage nach der Systemrelevanz von Kirche in Verbindung zu stehen scheint (»Krise«, »Relevanz«, »Systemrelevanz«, »systemrelevant«). Diese Eindrücke sollen sich beim Blick in die entsprechenden Texte bestätigen.

Seit Beginn der Auseinandersetzung mit Praxisfragen in der Corona-Pandemie im März 2020 wird das Thema Seelsorge in den *Zeitzeichen* sehr regel-

---

[37] Titel eines Artikels der *ZEIT* im April 2020 (Finger-Z-16-04-20, 48).

mäßig – nahezu monatlich – thematisiert. Ausgangspunkt ist dabei meist die seelsorgliche Betreuung im kirchlichen Kontext. Der bereits im März publizierte Text *Ruft! Sie! An!* stellt die Seelsorge der Pfarrpersonen in den Fokus und berichtet in diesem Kontext von Anruf-Aktionen bei Kirchenmitgliedern und dem diesen Aktionen innewohnenden Potential gegenüber regulären Sprechstunden. Der Autor wünscht sich, dass die Kirche den »Kampf um Hausbesuche« wieder aufnehme und Besuche als Teil der Praxis von Pfarrpersonen re-etablieren würde (Thielmann-ZZ_online-28-03-20). Ähnlich kritisiert eine Autorin im September die »Komm-Struktur« der Seelsorge und ihre sich in der Pandemie zeigenden Grenzen. Auch im Rahmen dieses Artikels wird bei der Verhandlung der Seelsorgethematik der Fokus auf kirchliche Diensttragende deutlich – allerdings weist die Autorin auch darauf hin, dass pandemiebedingt große Bereiche ehrenamtlicher Seelsorge weggefallen und Seelsorge »– ungewollt – wieder pfarrzentrierter« geworden wäre (Rinn-ZZ_print-09-20, 34 f.).[38]

Daneben finden Pflegeheime und Krankenhäuser als zentrale Orte der Kirche und der Diakonie Erwähnung. Auch hier wird – wenn auch in unterschiedlichem Ton – ›Kirche‹ als Akteurin mitsamt ihrer Aufgaben bedacht und die Seelsorge als Arbeitsbereich in den Blick genommen.[39]

Eng verknüpft mit der Seelsorge begegnet den Lesenden in diesen Zusammenhängen mehrfach die Frage nach der Systemrelevanz von Kirche (z. B. Rinn-ZZ_print-09-20, 36), wobei der Gedanke einer ›systemrelevanten Kirche‹ auch offen abgelehnt wird. So befasst sich Stefan Kosch im September 2020 sehr kritisch mit der Systemrelevanz-Frage und räumt zunächst ein, dass wenn Kirche Diakonie einschließe, diese Relevanz auf der Hand liege – trenne man dagegen beides, sei die Antwort nicht derart eindeutig (Kosch-ZZ_print-09-20, 31).[40]

In den *Chrismon*-Ausgaben wird Seelsorge weder in den Topics abgebildet noch innerhalb der Texte thematisiert.

---

[38] Auch der oben bereits erwähnte Artikel Ralf Meisters äußert Erstaunen darüber, wie »in der Corona-Zeit an vielen Stellen Ehren- und Hauptamt wieder auseinandergefallen« seien. Dies wird vor dem Hintergrund des lutherischen Gedankens eines »Priestertums aller Getauften« hinterfragt (Meister-ZZ_print-10-20, 22).

[39] Z.B. Henze-ZZ_online-28-04-20; Claussen-ZZ_online-02-05-20, Scholl-ZZ_online-20-11-20 oder Kosch-ZZ_print-09-20, 41 ff.

[40] Auch andere Stimmen lehnen die Idee einer Kirche, die sich derart »funktionalisieren lasse«, ab. Vielmehr liege ihre »tragende Logik außerhalb des Systems« (Springhart-ZZ_print-08-20, 10 f.). Ulrich Körtner resümiert in seinem Artikel, der Verlust an Systemrelevanz sei für Kirche und Theologie auch Freiraum stiftend, schließlich gehe »das Reich Gottes nicht in bestehenden Gesellschaftssystemen« auf (Körtner-ZZ_online-16-05-20). Vgl. auch Melzer-ZZ_online-01-07-20. Zur Systemrelevanz-Frage vergleiche im Detail auch das Kapitel in diesem Band (U. Jurkschat/S. Leiser).

Der Fokus der *ZEIT* ähnelt beim Thema Seelsorge jenem der evangelisch-landeskirchlichen Zeitschriften, ohne dass der Begriff selbst in der Analyse auftaucht.[41] Bereits erwähnt wurde die auffällig hohe Anzahl an Topic-Wörtern, die auf Institutionen verweisen. Hierunter befinden sich neben Begriffen kirchlicher Institutionalität auch Worte wie »Pflegeheime«, »Kliniken« oder »Krankenhaus«. Bis auf »Krankenhaus« wurde keines dieser Topic-Wörter für eine andere Zeitschrift generiert.[42] Die Sinnzusammenhänge machen deutlich, in welchem Kontext das Thema Religion in der Krise Relevanz gewinnt. Ein Topic lässt in seiner Zusammenstellung sogar erkennen, dass »Verantwortung« und »Schweigen« der »Kirchen« im Zusammenhang mit »Einschränkung« und »Opfern« thematisiert werden.

Wie schon zuvor festgestellt, wird oftmals die Praxis von Seelsorgenden in der Pandemie dokumentiert oder es sind prominente Stimmen aus der Kirche, die sich zur Seelsorgepraxis äußern.[43] Schon im März sprechen in *Darf die Kirche ihre Türen schließen?* prominente Repräsentantinnen und Repräsentanten mitunter über die Aufgaben der Nächstenliebe in der Pandemie oder das Unterbinden aller Sozialkontakte (Finger/Thielmann-Z-19-03-20, 56). In einer »Stimmensammlung« wird der in Italien am Coronavirus verstorbenen Priester gedacht, von denen viele als Seelsorger aktiv waren. Berichtet wird von ihrer Praxis und der Bewunderung, die in Italien für sie gehegt wird (Finger/Ladurner-Z-26-03-20, 58). Im April begehren im Artikel *Lasst die Seelsorger rein!* Seelsorgerinnen und Seelsorger, Pfarrpersonen sowie Ärztinnen und Ärzte auf, um sich gegen die Abschottung auszusprechen und von ihren persönlichen Tätigkeiten und Erfahrungen zu berichten (Z-16-04-20, 48).

Was die *ZEIT* durchaus abbildet ist die Kritik am vermeintlichen ›Schweigen der Kirchen‹ im Verlaufe des Jahres 2020. In diesem Zusammenhang werden kirchliche Seelsorge und Systemrelevanz der Kirche mehrfach in direkten Bezug gesetzt, wie es schon in Artikeln der *Zeitzeichen* zu beobachten war. So erklärt Stadtdekan Johannes zu Eltz im März »spirituelle Daseinsvorsorge« für »systemrelevant« (Finger/Thielmann-Z-19-03-20, 56). Im Mai schreibt Evelyn Finger über *Frommes Schweigen* der Kirchen und das ihnen vorgeworfene Versagen »beim Schutz der Alten und Kranken«. Es seien einzelne Pfarrpersonen gewesen, die gegen die Isolation der Heimbewohner und Abschottung Sterbender aufbegehrt hätten, nicht aber die Amtskirchen, und sie spricht von dem existenten Gefühl, Kirchen seien nicht systemrelevant (vgl. Finger-Z-28-05-20, 1). Explizit wird von Finger unter anderem auf Margot Käßmann verwiesen, die sich bereits im März im Rahmen des oben erwähnten Artikels gegen das Unterbinden aller

---

41 Wie die Betrachtung zeigt, sind es auch mehrfach dieselben Personen wie in den *Zeitzeichen*, die in der *ZEIT* zu Wort kommen.

42 »Krankenhaus« findet sich auch unter den Topic-Wörtern der *FAZ*.

43 Vgl. z.B. Allmaier-Z-26-03-20, 59 ff. oder Finger-Z-14-05-20, 50.

Sozialkontakte aussprach (Finger-Z-19-03-20, 56; Finger/Thielmann-Z-19-03-20, 56). In einem zwei Monate später folgenden Aufruf spricht sie sich insbesondere gegen die Isolation am Lebensende aus und betont in diesem Zusammenhang, dass Seelsorge nicht nur als Arbeitsbereich von Pfarrpersonen zu verstehen sei: »Für die Seelen sorgen, das soll jeder Christ.« (Käßmann-Z-07-05-20, 52) Mit Rückbezug auf den Artikel von Evelyn Finger wird die seelsorgliche Praxis der Kirchen auch im Juli prominent behandelt. Zum einen geschieht dies im Rahmen des *Streit*-Artikels *War die Kirche für die Alten da?* (Lilie/Lieberknecht-Z-02-07-20, 54). Zum anderen werden weitere Meinungen (prominenter) Persönlichkeiten zu Fingers Beitrag unter der Überschrift *»Der ZEIT war dies unwürdig«* gesammelt und wiedergegeben – auch hier wird mitunter die Frage nach der Systemrelevanz von Kirche und (kirchlicher) Seelsorge thematisiert. Dabei sind die meisten Schreibenden sehr kritisch gegenüber der These der Ressort-Leiterin eingestellt und verteidigen die Praxis der Kirchen (Z-02-07-20, 54).[44]

Kritik wird in den Leserbriefen zur Sprache gebracht, wobei in diesen Briefen auch vermehrt Unterstützung für die Position Fingers laut wird (z. B. Pietsch-Z-10-06-20, 14; Felbel-Z-10-06-20, 14). Interessant ist die beispielsweise von einer Leserin bei der Kritik geforderte Unterscheidung zwischen »amtskirchlichen Verlautbarungen und dem, was an der Basis getan« würde (Düringer-10-06-20, 14). Diese im Rahmen der Kritik geschehende Unterscheidung zwischen Basis und Amtsinhabern taucht nicht nur bei der *ZEIT* immer wieder auf.[45]

Die Seelsorge wird in der *ZEIT* also als relevantes Praxisfeld beleuchtet und ihren Akteurinnen und Akteuren wird immer wieder eine Stimme gegeben. Der Fokus liegt auf der kirchlich-institutionellen Seelsorge und hängt vermehrt direkt mit der Frage nach der Systemrelevanz von Kirche zusammen.

In der Zeitschrift *idea* wird die Praxis der Seelsorge über den Betrachtungszeitraum an mehreren Stellen zum Thema gemacht. Neben den *Zeitzeichen* ist sie als Topic-Wort nur hier gelistet. Interessant ist, dass »Seelsorge« im Rahmen eines Topics aufgeführt wird, das »Kirchen« als Akteure sowie staatliche Maßnahmen (»Staat«, »Abstand«) thematisiert. Es ist anzunehmen, dass Seelsorge insbesondere im Zusammenhang landeskirchlicher Arbeit und Diakonie besprochen wird, was der Blick in die Texte unterstreicht. Schon zu Beginn der Auseinandersetzung geht es im März in einem *Pro & Kontra* um die Frage *Persönliche Seelsorge aussetzen?* Während ein Facharzt für Psychotherapie für eine

44 Unter anderem werden Statements von Margot Käßmann, Johann Hinrich Claussen oder Heike Springhart abgedruckt.

45 Heike Springhart greift dies auf, wenn sie bemerkt, dass es zum »Narrativ der Kritik« am Verhalten der Kirchen gehöre, oftmals zwischen der positiv konnotierten Arbeit der Basis und dem Versagen der Amtsinhaber zu unterscheiden (Springhart-ZZ_print-08-20, 10 f.).

Umstellung auf digitale Seelsorge plädiert, betont als sein Gegenüber ein evangelisch-landeskirchlicher Pfarrer die Relevanz kirchlicher Seelsorge gerade in Pandemiezeiten, wobei er hierunter auch Abwendung von Verschwörungs- und Endzeittheorien sowie eine gewisse Besonnenheit fasst (Pfeifer/Reiche-I-25-03-20, 15). Auch bei der *Pro & Kontra*-Debatte um die Frage, ob die Kirche in der Corona-Krise versagt hätte, beziehen sich die Sprecherinnen insbesondere auf kirchliche Akteure oder Institutionen und fokussieren – insbesondere beim *Wider* – die Rolle der Seelsorge (Lieberknecht/Marwede-I-27-05-20, 15).

Auch wird über Seelsorge-Formate berichtet, beispielsweise (landeskirchliche) Telefonseelsorge-Angebote (I-25-03-20, 30) oder die *Seelsorge im Internet.* Online-Angebote wie Chat und Email werden dabei als neue Praxis der Seelsorge vorgestellt (Zimmerling-I-08-04-20, 29). An anderer Stelle werden neue Praktiken der Seelsorge und ihre Relevanz im Austausch mit Akteurinnen und Akteuren besprochen, zum Beispiel im Gespräch mit zwei evangelisch-landeskirchlichen Pfarrern (Bernhard-I-22-04-20, 13), mit einer Krankenschwester und Gemeindediakonin, die von ihrer seelsorglichen Arbeit im Altenheim berichtet (Bergner-I-06-05-20, 19), in einem Artikel über einen Krankenhausseelsorger (I-09-09-20, 27) oder einem Beitrag über die Arbeit eines Militärdekans und Krankenhausseelsorgers am Bundeswehrkrankenhaus (Rohde-I-27-01-21, 30). Ulrich Lilie, Präsident der Diakonie Deutschland, spricht in einem Kommentar im August 2020 mitunter über die Sicherstellung der Seelsorge (Lilie-I-26-08-20, 10).[46] Seelsorgliche Angebote und Herausforderungen sowie Schilderungen aus der Praxis finden also Raum, insbesondere als Bestandteil der Rubriken *Nachrichten* und *Aus den Landeskirchen,*[47] allerdings wird das Thema nicht als Hauptbestandteil religiöser oder kirchlicher Praxis inszeniert. Oft werden landeskirchliche Debatten abgebildet oder es wird über den Status quo informiert.[48] In den herangezogenen Artikeln des freikirchlichen *Medienmagazins Pro* findet dieses Thema keine besondere Erwähnung.

In den katholischen Publikationsorganen tritt auch dieses institutionell-praktische Thema im direkten Vergleich mit den evangelisch-landeskirchlich geprägten *Zeitzeichen* klar zurück. Sowohl bei *Christ in der Gegenwart* als auch bei der *Katholischen Sonntagszeitung* geben die Topic-Wörter keinerlei Information darüber, ob das Thema besprochen wird. Es lässt sich vermuten, dass (institutionalisierte) Seelsorge keine zentrale Rolle einnimmt. Der Interview-Artikel *Mit Abstand – aber verbunden*, der im März 2020 die erschwerten Bedingungen der Pfarrseelsorge thematisiert, ist der einzige, der Seelsorge als Oberthema

---

46 Eine Notiz im Januar 2021 vermerkt zudem die fast verdoppelten Anruferzahlen bei der Kirchlichen Telefonseelsorge Berlin (I-20-01-21, 32).

47 Auch *Für eine Seelsorgerische Kirche* (I-02-12-20, 29) oder kritisch rückblickend *Corona: Kirche hat Menschen aus dem Blick verloren* (I-07-10-20, 35).

48 Z.B. I-04-06-20, 30.

aufgreift. Es sei erwähnt, dass es sich hierbei um ein Interview mit einer evangelischen Pfarrerin handelt (Langer-CIG-29-03-20, 138). In derselben Ausgabe wird in einer Notiz über die Situation der Priester und Krankenhausseelsorger in Bergamo berichtet (CIG-29-03-20, 134). Die meisten Artikel, die seelsorgliche Praxis berühren, behandeln primär den Vorwurf des vermeintlichen Schweigens der Kirchen. So bespricht der Kommentar *Wie verwaist* das Fehlen des »geistig-geistliche[n] Beistands« und kritisiert, dass Seelsorge schon vor Corona zu kurz gekommen sei. Die Notwendigkeit der Etablierung von Haus-Seelsorge wird dabei hervorgehoben (CIG-17-05-20, 213). Ähnlich mutet das Plädoyer *Kirche, werde wesentlich!* an, in welchem Johannes Röser mitunter in der Seelsorge einen Weg sieht, das »Religiöse zu verlebendigen«. Corona hätte auch die Chance geboten, »das Urgründige des Religiösen [...] zeitaktuell ins Gespräch zu bringen« (Röser-CIG-31-05-20, 231). Im August beklagt selbiger Autor das viele Menschen betreffende Gefühl religiöser Verwaisung, welches mitunter damit in Verbindung gebracht wird, dass Seelsorge »über das je Individuelle hinaus als öffentliche, gesellschaftliche Präsenz in den bedeutendsten letzten Fragen auf Leben und Tod« nicht stattgefunden habe, weil »der Mut fehlte, die Corona-Seuche mit all ihrem Leid und Tod zu deuten« und zwar im Sinne der Hoffnung auf Auferstehung (Röser-CIG-09-08-20, 356). Eine pauschalere Kritik dokumentiert ein Kurzbeitrag zum Vorwurf Christine Lieberknechts, die Amtskirchen hätten in der Krise insbesondere im Bereich Seelsorge versagt (CIG-24-05-20, 222). Leserbriefe lassen aber auch andere Sichtweisen zutage treten (z. B. Mandel-CIG-31-05-20, 236; Saurler-CIG-31-05-20, 236). Die Frage nach der Systemrelevanz klingt auch hier in verschiedenen Artikeln und Leserbriefen an, ebenso wie die schon in den *Zeitzeichen* vorgebrachte Kritik an einer sich funktionalistisch verstehenden Kirche.[49] Mehrfach wird im Zusammenhang mit Seelsorge-Belangen der Wert der Gemeinschaft betont. Allerdings ist (priesterliche) Seelsorge kein prominentes Thema. In der *Katholischen Sonntagszeitung* werden seelsorgliche Praktiken erwähnt, aber nicht zentral oder institutionell thematisiert.[50]

---

49 Ende des Jahres rekurriert Johannes Röser im Rahmen des Artikels *Religion Medizin – oder Arzt Christus* auf Äußerungen des Theologen Jan-Heiner Tück, der von einer Versuchung der Kirchen spricht, angesichts der »nicht nur gefühlten offiziellen Bedeutungslosigkeit« die eigene Wichtigkeit mit »diakonischer Bereitstellung für den Staat« verdeutlichen zu wollen. Er spricht von einer »funktionalistische[n] Falle«, da das Christentum nur noch an seinem »gesellschaftlichen Nutzen« gemessen würde. Aufgabe der Kirche sei aber nicht die Erfüllung von Bedürfnissen, vielmehr läge sie in anderen Dimensionen (Röser-CIG-22-11-20, 520).

50 In einem Leserbrief wird beispielsweise die Sorge für ältere Menschen in Pflegeheimen als Aufgabe der Kirchen in Corona-Zeiten angesprochen (Meißner-KS-12/13-12-20, 9),

Obgleich nicht in den Topic-Wörtern abgebildet, kommt auch in der *FAZ* der Seelsorge eine gewisse Stellung zu. Diese geschieht weniger im Zusammenhang mit Relevanz-Verhandlungen als vielmehr im Rahmen von Berichten Geistlicher. Die meisten dieser Beiträge entstammen dem Politikteil. Im März 2020 wird beispielsweise über einen Krankenhauskaplan in Mailand und die Herausforderungen seiner Arbeit berichtet (Rüb-FAZ-23-03-20, 4). Der oben bereits angeführte Artikel *Heilige Messe im Autokino* thematisiert im Rahmen der Probleme, vor denen die Kirche in der Pandemie steht, auch die Herausforderungen für die Seelsorge und erwähnt neu etablierte Formate wie die Seelsorge-Hotline des Arbeitskreises Evangelischer Unternehmer (Bingener-11-04-20, 2). Im Mai wird in einem Leserbrief Seelsorge als »das kirchliche ›Kerngeschäft‹« bezeichnet und ihre notwendige Erfahrbarkeit in der Lebenswirklichkeit angemahnt (Schwarzmeier-FAZ-19-05-20, 6; ähnlich Tann-29-05-20, 29). Ein großer Leitartikel stellt die von Christine Lieberknecht vorgebrachte Kritik spät im Jahr noch einmal ins Zentrum und überprüft diese mit Blick auf die evangelischen und katholischen Einrichtungen (Bingener/Deckers/Jansen-FAZ-31-10-20, 3). Die Relevanz der seelsorglichen Tätigkeit als Bestandteil religiöser Praxis und ihr Mehrwert in der Krisenbewältigung wird von dem evangelischen Theologen Traugott Roser im Januar 2021 erneut hervorgehoben und analysiert. In diesem Zusammenhang nennt er Religion eine Resilienzquelle in der Krise (Roser-FAZ-26-01-21, 12).[51]

Insgesamt lässt sich erkennen, dass der Fokus auf die institutionelle Praxis besonders in den evangelisch-landeskirchlich geprägten *Zeitzeichen* erkennbar ist. Die Verbindung mit der Frage nach Systemrelevanz zeigt sich hier ebenso wie in *ZEIT* oder *CIG*.

2.2 »Eine schöne Gelegenheit, neue Wege zu finden«[52] – Neue Formate kirchlicher Praxis

Neue Formate kirchlich-institutioneller Praxis werden in den verschiedenen Publikationsorganen umfangreich besprochen, besonders häufig in der *FAZ*. Für die Artikel der *FAZ* wurden – wie oben erwähnt – »Papst« oder den Papst und seine Tätigkeit unmittelbar betreffende Topic-Wörter auffallend häufig generiert. Das gilt auch für andere Begriffe, die mit kirchlich-institutioneller Praxis zusammenhängen. Dadurch, dass die *FAZ* so umfassend über die Praxis kirchli-

---

oder es wird von einem Aufruf der Kirchenvertreter zu Nächstenliebe und Solidarität auf persönlicher und international-politischer Ebene berichtet (KNA-KS-21/22-03-20, 4).

51 Auch er reagiert auf die Kritik, die Kirche habe sich in der Pandemie überflüssig gemacht.

52 Titel eines Artikels der *FAZ* im März 2020 (Rüb-Z-17-03-20, 5).

cher Akteure und Institutionen berichtet, werden vielfach neue Praktiken dokumentiert.

Ab März 2020 erscheinen in nahezu jedem Monat Beiträge, die sich mit der katholischen Glaubenspraxis beschäftigen – der besondere Fokus liegt auf Papst Franziskus. Im März 2020 erscheint bereits ein Artikel, der mit einem Zitat Franziskus' betitelt ist: *»Eine schöne Gelegenheit, neue Wege zu finden«*. Der Artikel berichtet von den Gebeten des Papstes für ein Ende der Pandemie, unter anderem vor dem Pestkreuz, sowie von dessen Empfehlungen, die gemeinsame Zeit in den Familien positiv zu nutzen (Rüb-FAZ-17-03-20, 5). Ende des Monats berichtet der Artikel *Menschenleerer Petersplatz* von einem ›außerplanmäßigen‹ Urbi et Orbi-Segen des Papstes. Daneben werden der Gottesdienst des Papstes auf dem Petersplatz abgebildet sowie der Aufruf an die Gläubigen, aus dem Glauben Kraft zu schöpfen. Der Verfasser berichtet von Praxisformaten, mit Hilfe derer der Papst italienischen Gläubigen nahezubleiben suche. So würden die Morgenmesse der Kapelle im TV und sämtliche seiner Andachten und Gebete über die Medienseite *Vatican News* übertragen (Rüb-FAZ-28-03-20, 5). Im April berichtet Matthias Rüb von den Messen des Papstes an Palmsonntag, die ohne Publikum stattfanden, sowie von den landesweit abgesagten Prozessionen in der Karwoche. An »Elemente[n] der Volksfrömmigkeit« plane er festzuhalten; so werden Ikonen erwähnt, die Franziskus zuvor in den Petersdom hatte bringen lassen, um Liturgiefeiern abzuhalten (Rüb-FAZ-09-04-20, 3). Eine ähnliche Mitteilung gibt es in der Weihnachtszeit, wo unter der Überschrift *Franziskus betet fast allein* von der Absage der Andacht des Papstes zum »Hochfest der Unbefleckten Empfängnis Marien« berichtet wird. Ebenso findet das ersatzweise stattfindende Gebet des Papstes Erwähnung (Rüb-FAZ-09-12-20, 7). Im August berichtet die *FAZ* in *Papstaudienz per Videostream* von den wiederaufgenommenen Generalaudienzen des Papstes, die als Video-Ansprachen stattfinden (KNA-FAZ-05-08-20, 13). Zwei Beiträge Rübs in September und Oktober 2020 thematisieren die neue Enzyklika des Papstes *Fratelli tutti* und ihre Botschaft, »dass die Menschheit die Krise der Pandemie nur gemeinsam und solidarisch sowie im Geiste sozialer Gerechtigkeit und ökologischer Umkehr überwinden könne«. Antwort auf die Corona-Krise müsse hiernach eine gerechte Weltordnung sein (Rüb-FAZ-07-09-20, 5; Rüb-FAZ-05-10-20, 2).

Darüber hinaus wird auch kirchliche Praxis geschildert, die nicht den Papst betrifft. So beschreiben Daniel Deckers und Thomas Jansen im März neue Formate von Kirche in der Coronazeit, darunter Online- und Facebook-Gottesdienste sowie Telefonandachten, aber auch Nachbarschaftshilfen wie Einkaufsdienste (Deckers/Jansen-FAZ-21-03-20, 4).[53] In der Rubrik *Jugend schreibt* findet sich im Juni ein Bericht aus dem Kirchenkreis Aachen, der die neuen Herausforderungen und Formate ebenfalls dokumentiert (Schopen-FAZ-22-06-20, 26).

---

53 Gottesdienste als kirchliche Praxis werden in diesem Kapitel nicht thematisiert.

Derartige Konzepte mitunter digitaler und telefonischer Kirchlichkeit werden auch in Leserbriefen thematisiert, beispielsweise in *Neue Formen der Verbreitung von Religion* (Ost-FAZ-16-04-20, 18; Berczely-FAZ-11-04-20, 36; Stiglmayr-FAZ-18-05-20, 18). Sehr konkret wird die Schilderung neuer Praxisformen in einem Bericht über einen hygienischen Weihwasserspender, der mit Pedaltritt bedient wird (Brühl-FAZ-20-06-20, 8). Im Dezember berichtet der Artikel *Ganz so viel Ruhe müsste nicht sein* von den Herausforderungen und Änderungen der Ordenspraktiken im Kloster (Zimmermann-FAZ-23-12-20, 4).

Bei den Artikeln der *FAZ* handelt es sich nicht um Anweisungen oder Vorschläge, aber um Berichte von neuen, konkreten Praktiken der Kirchen und kirchlicher Repräsentantinnen und Repräsentanten, die die Praxis in der Krisenzeit weiterhin gewähren oder Letzterer entgegenwirken sollen. Auch in der *ZEIT* finden sich Berichte über neue Praxisformen. So wird beispielsweise im Dezember 2020 berichtet, wie evangelische Geistliche neue Formate schaffen, um Weihnachten zu ermöglichen (Finger-Z-03-12-20, 68). Der Weihnachts-Fokus der *ZEIT* wurde zuvor bereits festgestellt. Neben den dort erwähnten Erwägungen zur Feier im Privaten wird hier auch die kirchliche Weihnachtspraxis thematisiert.

In den katholischen Zeitschriften werden neue Formen institutioneller Praxis ebenfalls besprochen. Die *Katholische Sonntagszeitung* berichtet von innovativen Formaten wie digitalen Gottesdiensten, Podcasts, Online- und Telefonseelsorge (Goetz-KS-28/29-03-20, 13) oder auch von Neuerungen der Praxis in einem Kloster (Zopora-KS-04/05-04-20, 18 f.).

In der *CIG* wird deutliche Kritik am Ausbleiben von Reaktionen und Handlungsempfehlungen seitens der Kirche geübt. So wird in der Meldung *Medial eher bedeutungslos* der Medienethiker Alexander Filipovic wiedergegeben, der kritisiert, dass es an konkreten Akten des Mut-Zuspruchs sowie Hilfestellungen durch Kirchen gemangelt habe (CIG-28-06-20, 287). Auch in einer Leserzuschrift wird kritisiert, dass es seitens der Kirche zu einem »theologischen Schweigen« gekommen sei. Der Leser prangert das Ausbleiben eines Hirtenbriefes an, der womöglich geholfen hätte, die »Sprachlosigkeit« mittels existentiell tragender Theologie zu durchbrechen (Westphalen-CIG-30-08-20, 381). Angelehnt an die durch Franziskus geprägte Bezeichnung der Kirche als »Feldlazarett« plädiert Theo Paul für das Einlassen auf die »Verletzungen« der gegenwärtigen Geschehnisse. Er sieht im Ausnahmezustand auch eine Chance, »neue Formen der Kirche zu gestalten« (CIG-20-09-20. 417 f.). Daneben wird von neuen Formaten wie Online-Wallfahrten berichtet (CIG-25-10-12, 471), oder von einem *Segen per Luftprozession,* bei dem in Weißrussland Weihwasser zum Schutz vor der Pandemie von einem Hubschrauber versprüht und in der Slowakei eine Reliquie über das Land geflogen wurde (CIG-29-03-20, 134). Auch das Zurücklassen bestimmter Traditionen wird abgebildet. So wird berichtet, wie im Rahmen der Pandemie orthodoxe Traditionen – zumeist in den

USA – kritisch hinterfragt und auch zurückgelassen würden, beispielsweise die »Darreichung der Kommunion mit ein und demselben Löffel« (CIG-31-05-20, 232).

In den *idea*-Publikationen scheinen insbesondere neue Formate digitaler Praxis von Interesse zu sein. Nur hier finden sich Begriffe wie »Internet«, »visuell« oder »online« schon unter den Topic-Wörtern.[54] In einem Artikel im März werden Radioandachten in der Coronazeit analysiert und bewertet. Der Verfasser kritisiert, dass bei vielen digitalen Andachten der Bezug zur realen Krise der Menschen fehlen würde und lobt daher jene, die die Epidemie und die damit verbundene Angst in den Blick nähmen. Die Kirchen sollten die Chance nutzen und die für diese Zeiten relevante, hilfreiche biblische Botschaft thematisieren (Wengenroth-I-25-03-20, 34). Digitale Kirche bekommt im Folgemonat im Rahmen des Interview-Artikels *»Wir erleben das digitale Priestertum aller Gläubigen«* besondere Aufmerksamkeit. Die Interviewten berichten mitunter von digitalen Angeboten gelebter christlicher Gemeinschaft wie Live-Streams, WhatsApp-Gebetsgruppen und dem Zusammenwachsen von Online und Offline. Sie loben das »digitale Priestertum aller Gläubigen«, im Rahmen dessen jeder als »Influencer« agieren könne (Huhn-I-01-04-20, 16 ff.). Weitere Beispiele sind Berichte evangelikaler respektive freikirchlicher Verbände. Mitunter wird von wachsendem Interesse an Online-Formaten wie Glaubenskursen oder Gebetsstationen berichtet (I-17-06-20, 9) oder es werden Konzepte einer Hybrid-Gemeinde aufgeführt (Derksen-I-19-08-20, 20 f.). In der Weihnachtszeit wird das Filmprojekt des Vereins »Weihnachten neu erleben« vorgestellt, mit Hilfe dessen Weihnachtsgefühl und die Frohe Botschaft in die Haushalte getragen werden sollen (Scholaster-I-16-12-20, 22 f.).

Jenseits von neuer digitaler Praxis berichtet *idea* auch von der Arbeit von Hilfswerken, der Schaustellerseelsorge der EKD (I-22-07-20, 10) oder der Seemannsmission und der von ihr gebotenen Unterstützung, wie Andachten, Gesprächen oder bereitgestellten Aufenthaltsräumen. Die Arbeit der Seemannsmission helfe zudem praktisch sowie seelsorglich dabei, im Glauben aufzutanken (I-19-08-20, 28). Über das Hilfs- und Missionswerk DMG wird zudem berichtet, dass es durch das Projekt »Coronahilfe« möglich sei, betroffene Menschen unter anderem auf den Philippinen zu unterstützen (I-23-09-20, 32).

Im Fokus der meisten Texte steht allerdings die Frage, wie das Evangelium in dieser Zeit am besten verbreitet werden könne. Ein konkreter Bericht über die durch ein Missionswerk verzeichnete höhere Nachfrage in der Pandemie steht beispielsweise unter dem Titel *Corona-Krise ist eine Chance für die Mission* (I-17-06-20, 34). Andere Artikel berichten von den Chancen der Digitalisierung für die Ausbildung von Missionaren (I-23-12-20, 41) oder ganz konkret von der

---

54 Von den dreien findet sich nur »online« auch in den Topics anderer Zeitschriften, so bei *Zeitzeichen* und der *Katholischen Sonntagszeitung*.

Missionspraxis einzelner Akteure in der Pandemiezeit, beispielsweise einem Musiker, der mit seiner Musik Trost zu spenden und das Evangelium zu verkünden sucht (Rösler-I-16-04-20, 29).[55]

Neben Abendmahl und Seelsorge werden auch in den evangelisch-landeskirchlichen Zeitschriften weitere Formate neuer, kirchlicher Praxis immer wieder thematisiert respektive kritisiert. Insbesondere in der Onlineausgabe der *Zeitzeichen* geschieht dies ab März 2020 nahezu monatlich; im zweiten Halbjahr auch in der Printausgabe. Zwar zeichnet sich dieses Praxisfeld nicht eindeutig in den Topics ab, es lassen sich aber zwei Dinge erkennen: Topic-Wörter, die sich auf digitale Praxis beziehen, wurden im Vergleich zu den anderen untersuchten Publikationsformen überdurchschnittlich häufig generiert.[56] Zweitens rekurrieren mehrere Topics der *Zeitzeichen* eindeutig auf Artikel, im Rahmen derer kirchliche »Zukunft« thematisiert wird. Wurde dieser Begriff für *Chrismon* und die *ZEIT* jeweils einmal generiert, belegen fünf entsprechende Topic-Wörter bei den *Zeitzeichen* (»Zukunft«, »zukunftsfähig«, »Zukunftsforum«), dass die Beschäftigung mit der Pandemie zu einer Auseinandersetzung mit Zukunftsfragen führt, die sich weder für die freichristlichen noch für die katholischen Zeitschriften so nachzeichnen lässt. Dass es sich um institutionelle Fragen handelt, belegen andere Begriffe im jeweiligen Topic (»EKD«, »Kirche« und sehr spezifisch »Kirchenmitgliedschaft« oder die »elf« »Leitsätze«). Der Blick in die entsprechenden Texte bezeugt dies. So plädiert Uwe Habenicht im Mai 2020 dafür, die Krise als Ausgangspunkt »für Expeditionen ins Neue« zu nutzen und über neue Formate nachzudenken. Wie schon in seinem Ostern erschienenen Artikel *Zeit für Freestyle*[57] postuliert er, die Spiritualität nehme eine zentrale Rolle ein, weswegen nun die Aufgabe der Kirchen darin liege, den Erfahrungsraum »einer solchen Spiritualität zu schaffen«. Hierfür brauche es neue adäquate Formate (Habenicht-ZZ_online-06-05-20). Im Folgemonat verhandelt ein weiterer Artikel die Frage nach digitalen Formaten der Kirche, ihren Vorteilen und danach, wie es nach der Krise um diese bestimmt sein könnte. Dabei hebt der Verfasser die Vorteile der neuen digitalen Praxisformate für Haupt-, Ehrenamt und Diakonie hervor (Greifenstein-ZZ_online-12-06-20). Selbiger Autor nimmt das Thema digitaler Praxis zu Beginn 2021 noch einmal auf, wenn er die Neuausrichtung digitaler und analoger kirchlicher Formate für neue Zielgruppen thematisiert und dabei auch mehr theologischen Content fordert (Greifenstein-ZZ_online-19-02-2021). Neue Formate, online wie offline, die in den Gemeinden

---

55 Dieser Musiker handelt zwar nicht als Akteur einer Institution, aber mit missionarischer Intention, weswegen der Beitrag hier erwähnt wird.

56 Der Begriff »online« taucht jenseits der Topic-Wörter der *Zeitzeichen* nur jeweils einmal in einem Topic bei der *KS* und bei *idea* auf. Das für die *Zeitzeichen* mehrfach generierte Wort »digital« wurde für keine andere Publikation generiert.

57 Siehe 1.2, 88.

entwickelt wurden, finden auch im Rahmen eines Artikels im August Erwähnung (Springhart-ZZ_print-08-20, 8ff.). Bei *Chrismon* befasst sich Herausgeberin Irmgard Schwaetzer im Mai mit den neuen digitalen Angeboten der Kirche und ihrem auch post-pandemischen Wert (Schwaetzer-CP-05-20, 10). Insgesamt tritt aber auch dieses Feld institutionalisierter Praxis bei *Chrismon* nicht weiter in den Vordergrund.

Oftmals werden insbesondere im Rahmen der *Zeitzeichen*-Artikel grundlegende Veränderungen beschrieben, vor welchen und in denen sich die Kirche befinde und welche durch die Pandemie in besonderer Weise zutage getreten seien (Gundlach-ZZ_print-02-21, 21f.). Deutlich wird dies insbesondere in den bereits vorher einsetzenden Debatten um die ›Elf Leitsätze‹ der EKD. Im September kritisieren Isolde Karle und Maren Lehmann den »Krisenaktionismus« der ›Elf Leitsätze‹, im Rahmen derer die Krise als »›Metapher‹ für eigene Strukturfragen« bezeichnet und die Fragestellungen rund um die Zukunft der Kirche in Lockdown und Kontaktverbot angesetzt würden (Karle/Lehmann-ZZ_print-09-20, 18ff.).[58] In der Septemberausgabe sind die Leitsätze auch Thema im Gespräch mit dem EKD-Ratsvorsitzenden Bedford-Strohm, der sich in dem Artikel *»Alles ist auf dem Prüfstand«* mit den Lehren der Pandemie für die Kirchen befasst und dabei auch auf die Leitsätze rekurriert. Dabei hebt er den tragenden Wert der biblischen Botschaft für das Leben hervor, indem er Ansätze moderner Glücksforschung als Vergleich heranzieht und dabei insbesondere Dankbarkeit, das Ablassen von Zukunftssorgen sowie soziale Nächstenliebe als Beiträge zur »modernen Suche nach dem Glück« hervorhebt. Darüber hinaus betont er in Anlehnung an die Leitsätze die bestehende Notwendigkeit, auch Funktionen der Kirche zu überprüfen (Kosch-ZZ_print-09-20, 41ff.).

Immer wieder werden in diesen Texten die Bedürfnisse der Menschen – insbesondere in der Krise – thematisiert. Es sind aber allem voran Berichte von der Suche nach Struktur und institutioneller Ausrichtung, weswegen jenseits der Schaffung neuer Strukturen keine mittelbare Bewältigungspraxis vorgestellt wird. Zudem wird im Verlauf des Untersuchungszeitraums immer wieder Kritik an der Praxis kirchlicher Entscheidungsträger laut. Schon im März 2020 spricht der Verfasser eines *Zeitzeichen*-Artikels von dem Versagen der evangelischen Kirchenleitung zum Beginn der Pandemie. Gefehlt habe es an Vorgaben sowie an der Übernahme von Verantwortung durch klare Entscheidungen. Überlegungen sollten zudem »nicht davon geleitet sein, wie man das Antlitz der Kirchen« erhalten könne, sondern von der Intention, den Bedürfnissen der Schwachen in diesen Zeiten gerecht zu werden (Greifenstein-ZZ_online-19-03-20). Auch im April geschieht dies im Rahmen des Artikels *Unverantwortlicher Widerstandkitsch*, in welchem der Autor jegliches Lamentieren kirchlicher Kreise

---

[58] Arnulf von Scheliha bewertet den Ansatz der Leitsätze im Oktober positiv (Scheliha-ZZ_print-10-20, 16ff.).

über die Einstellung von Gottesdiensten zu Zeiten steigender Infektionszahlen als »selbstsüchtig« bezeichnet. Die kirchliche Gemeinschaft ließe sich in dieser Zeit anders ausdrücken, beispielsweise durch Telefonkontakte oder Bringdienste der Gemeinden. Wesentlich am christlichen Glauben seien nicht die »institutionelle Selbstbeschäftigung« oder die »Gemeinschaftserfahrung als Selbstzweck«, sondern das Heilsversprechen, das trage und tröste (Heinig-ZZ_online-04-04-20).

Neben den Zukunftsfragen wird die Frage nach Theologie und kirchlicher Praxis an verschiedener Stelle verhandelt. So wird beispielsweise im Artikel *Mehr Theologie wagen* die Fastenzeit als Impuls für die Überlegung genutzt, Menschen auf neuen Wegen respektive in intensivierter Form theologische Inhalte nahezubringen (Greifenstein-ZZ_online-10-02-21). Günter Thomas sieht in der Krise eine Herausforderung für die gesamte Theologie und betont, dass die Kirche Christinnen und Christen auch Orientierungsvorschläge schulde (Thomas-ZZ_online-27-03-20). Da in diesem Zusammenhang insbesondere die Felder Deutung und Ethik thematisiert werden,[59] soll das Thema hier nicht größer abgebildet werden. Angedeutet sei aber, dass Theologie neben der bereits erwähnten institutionalisierten Praxis mehrfach als Handlungsfeld thematisiert wird, im Rahmen dessen und mit dem auf die Krise geantwortet werden müsse. Theologie-Betreiben ist Teil der mittelbaren Bewältigungspraxis – ihren Wirkbereich gilt es aber im Rahmen ihrer Inhalte und damit in anderen Kapiteln zu untersuchen.

Die neuen Praxisformate, die insbesondere in den *Zeitzeichen* besprochen werden, sind weniger Antwort auf die Pandemie denn ein Versuch, die Pandemie als Anstoß zu nutzen, um Antworten auf kircheneigene Krisen zu finden. Die mittelbare Krisenbewältigung bezieht sich hier auf die schon vorherrschende Krise der evangelischen Kirche: die Sorge vor institutioneller Irrelevanz, Chancen der neuen Formate angesichts bleibender Herausforderungen sowie die notwendige Neugestaltung der Praxis.

3. Fazit

Was im Verlauf der vorangegangenen Auswertung deutlich wurde ist, dass sich die thematische und inhaltliche Ausrichtung der Zeitschriften im Untersuchungszeitraum erkennbar unterscheidet. Während die katholischen und freichristlichen Zeitschriften insbesondere die individuelle Praxis wie das Gebet und Praxisformen im Privatbereich fokussieren, messen die evangelisch-landeskirchlichen Zeitschriften diesem Bereich kaum Bedeutung zu. Die institutionelle Praxis, die Letztere schwerpunktmäßig in den Blick nehmen, tritt dagegen sowohl bei den katholischen als auch bei den freikirchlichen Zeitschriften

59 Beiden Themenfeldern wurden in diesem Buch eigene Kapitel gewidmet.

deutlich zurück. Die nicht aus dem religiösen Kontext stammenden Zeitungen *ZEIT* und *FAZ* interessieren sich ähnlich wie die landeskirchlich-evangelischen Publikationen ebenfalls vordergründig für die institutionelle Praxis respektive Praxisformen kirchlicher Akteurinnen und Akteure.

Die freikirchlichen Zeitschriften, insbesondere *idea*, legen ihren Fokus erkennbar auf die nicht-institutionalisierte Praxis, obgleich auch viele landeskirchliche Aktionen in Berichten Erwähnung finden. Dabei hat die Praxis, insbesondere das Gebet, erkennbar den Charakter einer Maßnahme (*idea*). Praxisanweisungen für den Privatbereich haben kaum eine kontemplative, rituelle Funktion, sondern dienen beispielsweise dazu, dem Auseinanderbrechen von Ehen, Familien oder der christlichen Gemeinschaft entgegenzuwirken. Wird die persönliche Haltung oder Einstellung thematisiert, ist teilweise ein missionarischer Einschlag sowie Rekurs auf die Endzeitthematik erkennbar. Ähnliches zeigt sich auch mit Blick auf die neuen Formen kirchlicher oder institutioneller Praxis, deren Bedeutung und Mehrwert mitunter in den ihnen innewohnenden Optionen zur Verbreitung des Evangeliums gemessen wird. Als ›Ersatzformate‹ werden sie kaum dargestellt. Werden institutionelle Praxis und Herausforderungen geschildert, bildet *idea* die landeskirchlichen Debatten ab; allerdings werden die Themen nicht zentral verhandelt und stehen erkennbar nicht im Mittelpunkt eigens generierter religiöser Debatten. In den freikirchlichen Zeitschriften wird kaum erörtert, wie Glaube und Ritual außerhalb der institutionalisierten Kirche funktionieren könnten, da beide auch außerhalb eines institutionalisierten Rahmens und im Privaten gut etabliert sind. Dagegen hat die Praxis eine sehr hohe und unmittelbare Bedeutung, auch in der aktiven Krisenbewältigung. Christliche Praxis ist nicht in erster Linie Sakrament und Seelsorge, sondern Gebet und Lebensausrichtung. Im Fokus steht auch in der Krise an verschiedener Stelle die Verbreitung des Evangeliums.

Die katholischen Zeitschriften haben ebenfalls einen klaren Fokus auf die gelebte Religiosität und Spiritualität und messen institutionellen Formaten weniger Bedeutung zu. Dabei spielt das Gebet eine wichtige Rolle, allerdings nicht als Corona-Maßnahme, sondern als Möglichkeit, den eigenen Umgang mit Unsicherheiten und persönlichem Befinden zu erleichtern. Immer wieder wird dabei auf die Praxis von Ordenschristen wie beispielsweise Mönchen verwiesen, deren Handlungen für das Verständnis gelebter Religiosität gerade in der Pandemie eine wichtige Blaupause darzustellen scheinen. Der Fokus auf die Suche nach Möglichkeiten, institutionalisierte Praxis im Privaten zu ersetzen und Formate zu finden, die das spirituelle, authentische Erleben von Religion und Innerlichkeit ermöglichen, ist erkennbar (v.a. *KS*). Zudem spielen gerade in der *KS* Kinder und Familie bei den konkreten Praxisformen im eigenen Zuhause eine Rolle. Treten die institutionellen Fragen auch zurück, wird die Frage nach der Eucharistie in der Corona-Zeit dennoch auch in der *CIG* verhandelt. Dabei ist jedoch insbesondere die Frage relevant, wie Abendmahl ohne Gemeinschaft praktiziert werden könnte. Die teils sehr deutlich werdenden Leserbriefe lassen ebenfalls erkennen, welch hohe Relevanz der Gemeinschaft beigemessen wird und welch eine Aversion gegen Solo-Messen vorherrscht. An der Seelsorge wird die Frage nach der religiösen Praxis in der Coronazeit nicht aufgebrochen. Insbesondere in der *KS* spielen diese beiden Themenfelder keine Rolle, während neue Formen institutioneller Praxis hingegen durchaus thematisiert werden. Neben der Abbildung neuer Formate wird in diesem Zusammenhang an verschiedener Stelle das Fehlen konkreter theologischer und religiöser Reaktion der Kirche thematisiert (v. a. *KS*). Es wird deutlich, dass der Religiosität eine wichtigere Rolle beigemessen wird als der institutionalisierten Religion. Der Fokus liegt erkennbar auf der gelebten Religiosität und der privaten Praxis sowie auf dem Kollektiv und der Gemeinschaft.

Bei den evangelisch-landeskirchlichen Zeitschriften scheint der Schwerpunkt völlig anders gelagert. Die private Praxis wird insbesondere zu den Festzeiten Ostern und Weihnachten thematisiert, wobei dem Gebet keine zentrale Rolle zuzukommen scheint – der Haltung hingegen schon. Ein Großteil der Artikel befasst sich aber mit Fragen nach institutioneller Praxis, wie schon die generierten Topics es aufzeigen. Die auch das Kirchenrecht berührenden Debatten um das Online-Abendmahl werden in *Zeitzeichen* zentral abgebildet. Bei der ebenfalls hoch frequentierten Thematik ›Seelsorge‹ liegt der Fokus eindeutig auf den kirchlich-institutionalisierten Formaten. Dieser Themenkomplex ist auffällig oft mit der Frage nach Systemrelevanz verbunden (*ZZ*). Geht es um neue kirchliche Praxis wird deutlich, dass bei der Auseinandersetzung mit neuen Formaten vermehrt nicht die Suche nach Antworten auf die Herausforderungen der Corona-Krise im Mittelpunkt steht, sondern jene nach Antworten auf innerkirchliche Herausforderungen, zu deren Bewältigung die Krise gar beitragen sollte (v. a. *ZZ*). Es ist erkennbar, dass die evangelisch-landeskirchlichen Zeitschriften der individuell-privaten Praxis und dem Erleben von Religion und Innerlichkeit in der Krise keine hohe Bedeutung beimessen. Der Fokus liegt klar auf Institution und institutionellen Fragen, was angesichts des wissenschaftlich-akademischen Fokus der *Zeitzeichen* nicht sehr verblüfft. Der geringe Output der *Chrismon*-Publikationen zu diesen Themen überrascht dagegen. Während *idea* Religiosität kaum institutionalisiert denkt, scheint sie insbesondere bei den *Zeitzeichen* jenseits der Institution kaum gedacht zu werden.

Die Zeitungen *ZEIT* und *FAZ* ähneln in ihrer inhaltlichen Ausrichtung den evangelisch-landeskirchlichen Zeitschriften. Individuelle religiöse Praxis wird eher rudimentär beleuchtet. So wird das Gebet als Bestandteil religiöser Praxis in Berichten, insbesondere aus dem Ausland, thematisiert (*FAZ*) oder findet in Äußerungen prominenter Personen Erwähnung (*Z*). Private Praxis wird vor allem zu den Festzeiten um Ostern und Weihnachten thematisiert, wobei es in diesem Kontext nicht um Religion als Ressource der Krisenbewältigung geht. Aussagen zur inneren Haltung und Ausrichtung sind ebenfalls nur in Äußerungen bekannter Persönlichkeiten zu finden und werden nicht diskutiert (*Z*). Der Fokus liegt klar auf der institutionellen Praxis, so bildet die *FAZ* die Debatten rund ums Abendmahl ab. Deutlich relevanter ist allerdings die Seelsorge. Insbesondere in der *ZEIT* wird diese sehr zentral thematisiert, wobei erkennbar die Rolle der Kirchen und der Diakonie fokussiert werden, nicht die der Individuen. In diesem Zusammenhang wird auch hier die Systemrelevanz der Kirchen verhandelt. Die Lesermeinungen sind dabei zumeist kritischer als die zu Wort kommenden Repräsentantinnen und Repräsentanten aus dem kirchlichen Raum. Die *FAZ* konzentriert sich in ihren Schilderungen demgegenüber zumeist auf religiöse Praktiken institutioneller Akteurinnen und Akteure, welche weniger die Bereiche Seelsorge und Abendmahl als Religiosität und religiöses Ritual umfassen. So wird oft und wiederholt von neuen institutionellen Praxisformen berichtet – insbesondere von Praktiken des Papstes, aber auch von neuen Formaten der Liturgiefeiern, Prozessionen oder Riten. Ähnlich wie in den evangelisch-landeskirchlichen Organen wird religiöse Praxis vornehmlich im institutionellen Kontext thematisiert.

Literaturverzeichnis

Quellen: Artikel

chrismon / chrismon Plus

Bedford-Strohm, Heinrich: Ja, das ist Ostern. In: Chrismon 07.04.2020, URL: https://chrismon.de/artikel/2020/49208/heinrich-bedford-strohm-ueber-gottvertrauen-zu-ostern-corona-zeiten [letzter Zugriff 10.11.2023].

Birnstein, Uwe: Zu Hause im Exil [Leserbericht]. In: Chrismon Plus 05 (2020), 77.

Brummer, Arnd: Menschsein in Grenzen. In: Chrismon Plus 05 (2020), 40.

–. Plötzlich wertvoll. Werden wir bald »O du fröhliche« singen können? Und mit wem? In: Chrismon Plus 12 (2020), 40.

Husmann, Nils: Die Jungen so: »Wir haben euch geschützt!« In: Chrismon Plus 11 (2020), 21.

Schwaetzer, Irmgard: Wie gut, dass wir Nachbarn haben! In: Chrismon Plus 5 (2020), 10.

Weitz, Burkhard: Gegen das Dunkel [Leserbericht]. In: Chrismon Plus 1 (2021), 69.

Christ in der Gegenwart

Britz, Gunther: Glaubenskrise Corona [Leserbrief]. In: Christ in der Gegenwart 72 (2020), Nr. 20, 218.

Buchner, Herbert: Frohe Botschaft [Leserbrief]. In: Christ in der Gegenwart 72 (2020), Nr. 30, 332.

Burghardt, Martin: Eucharistie zuhause [Leserbrief]. In: Christ in der Gegenwart 72 (2020), Nr. 32, 360.

Doll, Helmar: Gebet – und Blitzableiter [Leserbrief]. In: Christ in der Gegenwart 72 (2020), Nr. 29, 324.

Epping, Joseph: Tun, was Gott tut. In: Christ in der Gegenwart 72 (2020), Nr. 29, 317.

Feldmann, Karl-Heinz: Ein neues Kapitel Christsein. In: Christ in der Gegenwart 72 (2020), Nr. 17, 184.
Flerus, Manfred: Magisches Beten? [Leserbrief]. In: Christ in der Gegenwart 72 (2020), Nr. 20, 218.
Gutgesell, Ernst: Gebet – und Blitzableiter [Leserbrief]. In: Christ in der Gegenwart 72 (2020), Nr. 29, 324.
Helmchen-Menke, Heike: Daheim, in der Familie. In: Christ in der Gegenwart 72 (2020), Nr. 17, 184.
–. Gedanken putzen. In: Christ in der Gegenwart 72 (2020), Nr. 29, 324.
–. Ohne Erstkommunion. In: Christ in der Gegenwart 72 (2020), Nr. 16, 176.
–. Ostern zuhause. In: Christ in der Gegenwart 72 (2020), Nr. 15, 168.
–. Vertrauen wie die Kleinsten. In: Christ in der Gegenwart 72 (2020), Nr. 43, 476.
Herting Droste, Hedwig: Eucharistie zuhause [Leserbrief]. In: Christ in der Gegenwart 72 (2020), Nr. 32, 360.
Jachke, Helmut: Einzeln vor Gott. In: Christ in der Gegenwart 72 (2020), Nr. 18, 203.
Kohlschein, Franz/Scholl, Norbert: Liturgie aus der Ferne – so nah. In: Christ in der Gegenwart 72 (2020), Nr. 22, 233–234.
Langer, Stephan: Beten ist möglich. In: Christ in der Gegenwart 72 (2020), Nr. 23, 239–240.
–. Mit Abstand – aber verbunden. In: Christ in der Gegenwart 72 (2020), Nr. 13, 138.
Mieves, Jonas: Mit Gelübden durch die Krise. In: Christ in der Gegenwart 73 (2021), Nr. 8, 3.
o.V.: Ein tragisches und ein einzigartiges Osterfest. In: Christ in der Gegenwart 72 (2020), Nr. 15, 162.
–. Einsames Ostern, wahres Ostern. In: Christ in der Gegenwart 72 (2020), Nr. 16, 1.
–. Eucharistie auf dem Dach. In: Christ in der Gegenwart 72 (2020), Nr. 13, 140.
–. Haben die Kirchen in der Krise versagt? In: Christ in der Gegenwart 72 (2020), Nr. 21, 222.
–. Impfstoffe. In: Christ in der Gegenwart 72 (2020), Nr. 48, 525.
–. Kein privates Hausabendmahl – oder doch? In: Christ in der Gegenwart 72 (2020), Nr. 20, 214.
–. Medial eher bedeutungslos. In: Christ in der Gegenwart 72 (2020), Nr. 26, 287.
–. Nur die Ausnahme. In: Christ in der Gegenwart 72 (2020), Nr. 19, 205.
–.Orthodoxe Reformen. In: Christ in der Gegenwart 72 (2020), Nr. 22, 232.
–. Ostern im Zeichen von Corona: Kommunion zum Mitnehmen. In: Christ in der Gegenwart 72 (2020), Nr. 13, 134.
–. Priester, die sich opferten – und einsames Sterben. In: Christ in der Gegenwart 72 (2020), Nr. 13, 134.
–. »Retrokatholizismus« mit Neomagie. In: Christ in der Gegenwart 72 (2020), Nr. 14, 142.
–. Segen per Luftprozession. In: Christ in der Gegenwart 72 (2020), Nr. 13, 134.
–. Wallfahrt virtuell. In: Christ in der Gegenwart 72 (2020), Nr. 42, 471.
–. Wenn Glauben zum Aberglauben wird. In: Christ in der Gegenwart 72 (2020), Nr. 19, 206.
–. Wie verwaist. In: Christ in der Gegenwart 72 (2020), Nr. 20, 213.

Paul, Theo: Eine Kirche der Fragen. In: Christ in der Gegenwart 72 (2020), Nr. 38, 417–418.
Pichler, Albert: Glaube und Gottesdienst in Zeiten von Corona [Leserbrief]. In: Christ in der Gegenwart 72 (2020), Nr. 15, 168.
Pichlmeier, Andrea: Der dritte Tag. In: Christ in der Gegenwart 72 (2020), Nr. 15, 161–162.
Rosen, Judith: Beten in der Angst. In: Christ in der Gegenwart 72 (2020), Nr. 48, 543.
Röser, Johannes: Auferstehung! In: Christ in der Gegenwart 72 (2020), Nr. 32, 355–356.
–. Christ sein vor dem Corona-Virus. In: Christ in der Gegenwart 72 (2020), Nr. 12, 127–128.
–. Ist Gott »systemrelevant«? In: Christ in der Gegenwart 72 (2020), Nr. 19, 207–208.
–. Kirche, werde wesentlich! In: Christ in der Gegenwart 72 (2020), Nr. 22, 231.
–. Religion Medizin – oder der Arzt Christus. In: Christ in der Gegenwart 72 (2020), Nr. 47, 519 f.
–. Wir Säulensteher. In: Christ in der Gegenwart 72 (2020), Nr. 15, 163–164.
–. Weihnachten ohne Weihnachten. In: Christ in der Gegenwart 72 (2020), Nr. 51, 563–564.
Scheuer, Manfred: Warteräume. In: Christ in der Gegenwart 72 (2020), Nr. 48, 525–526.
Schneller, Wolfgang M.: Eucharistie zuhause [Leserbrief]. In: Christ in der Gegenwart 72 (2020), Nr. 32, 360.
Severin, Wolfgang: Kommunion unter Corona. In: Christ in der Gegenwart 72 (2020), Nr. 13, 139.
Waltersdorfer, Helmut: Gebet – und Blitzableiter [Leserbrief]. In: Christ in der Gegenwart 72 (2020), Nr. 29, 324.
Weininger, Paul/Weininger, Gabriele: Glaubenskrise Corona [Leserbrief]. In: Christ in der Gegenwart 72 (2020), Nr. 20, 218.
Welz-Hildebrand, Siegfried: [Leserbrief]. In: Christ in der Gegenwart 72 (2020), Nr. 15, 168.
Wessel, Wolfgang: [Leserbrief]. In: Christ in der Gegenwart 72 (2020), Nr. 15, 168.
Westphalen, Heinrich: Glaubenskrise Corona [Leserbrief]. In: Christ in der Gegenwart 72 (2020), Nr. 35, 381.
Wilfing, Joseph: Magisches Beten? [Leserbrief]. In: Christ in der Gegenwart 72 (2020), Nr. 20, 218.
Ziegler, Daniela M.: Facetten des Friedens. In: Christ in der Gegenwart 72 (2020), Nr. 26, 281.

Christliches Medienmagazin Pro

Blöcher-Weil, Johannes: Mit PS ins Himmelreich. In: Pro (2020), Nr. 3, 24–25.
Böcking, Daniel: Kinderlachen im Lockdown. In: Pro (2020), Nr. 6, 51.
–. Kirche ist wie Vereinsheim – und sie fehlt uns! In: Pro (2020), Nr. 3, 39.
Schumacher, Jörn: »Ich bin begeisterter Beter«. In: Pro (2020), Nr. 3, 40–43.
Werth, Jürgen: Weihnachten ist Gottes Anti-Lockdown. In: Pro (2020), Nr. 6, 32–33.

DIE ZEIT

Albrecht, Harro: So kommen wir sicher zusammen. In: Die Zeit 75 (2020), Nr. 52, 72.
Allmaier, Michael et al.: Eine Woche im März. In: Die Zeit 75 (2020), Nr. 14, 59–62.
Düringer, Katrin: Wo waren die Bischöfe? [Leserbrief]. In: Die Zeit 75 (2020), Nr. 25, 14.
Felbel, Helmut-Martin: Wo waren die Bischöfe? [Leserbrief]. In: Die Zeit 75 (2020), Nr. 25, 14.
Finger, Evelyn: »Das wäre die feige Variante«. In: Die Zeit 75 (2020), Nr. 21, 50.
–. Frommes Schweigen. In: Die Zeit 75 (2020), Nr. 23, 1.
–. Lasst die Seelsorger rein! In: Die Zeit 75 (2020), Nr. 17, 48.
–. »Wir bedürfen Gottes wärmender Botschaft«. In: Die Zeit 75 (2020), Nr. 52, 73.
–. Wir können auch anders! In: Die Zeit 75 (2020), Nr. 50, 68.
Finger, Evelyn/Ladurner, Ulrich: Diese Priester starben am Coronavirus. Viele von ihnen, weil sie bei den Infizierten blieben. In: Die Zeit 75 (2020), Nr. 14, 58.
Finger, Evelyn/ Thielmann, Wolfgang: Darf die Kirche ihre Türen schließen? In: Die Zeit 75 (2020), Nr. 13, 56.
–. Was uns dieses Fest bedeutet. In: Die Zeit 75 (2020), Nr. 52, 74.
Kässmann, Margot: Sorgt für die Seelen! In: Die Zeit 75 (2020), Nr. 20, 52.
Lieberknecht, Christine: War die Kirche für die Alten da? Nein! In: Die Zeit 75 (2020), Nr. 28, 54.
Lilie, Ulrich: War die Kirche für die Alten da? Ja! In: Die Zeit 75 (2020), Nr. 28, 54.
Löwisch, Georg: Es kommt auf uns an. In: Die Zeit 75 (2020), Nr. 52, 72.
o.V.: Hat diese Krise einen Sinn? In: Die Zeit 75 (2020), Nr. 35, 48.
–. »Der Zeit war dies unwürdig«. In: Die Zeit 75 (2020), Nr. 28, 54.
–. Hilft beten? In: Die Zeit 75 (2020), Nr. 16, 12.
Pietsch, Ulrich: Wo waren die Bischöfe? [Leserbrief]. In: Die Zeit 75 (2020), Nr. 25, 14.
Schnabel, Ulrich: Jein und Amen. In: Die Zeit 75 (2020), Nr. 16, 13.

FAZ

Bedford-Strohm, Heinrich: Das Virus als Wegmarke. In: F.A.Z. 25.05.2020, 6.
Berczely, Isabellą: Feiern fallen aus [Leserbrief]. In: F.A.Z. 11.04.2020, 36.
Bingener, Reinhard: Die Pandemie birgt für Kirchen auch Chancen. In: F.A.Z. 29.06.2020, 10.
–. Heilige Messe im Autokino. In: F.A.Z. 11.04.2020, 2.
Bingener, Reinhard et al.: Seelsorge in Zeiten von Corona. In: F.A.Z. 31.10.2020, 3.
Bingener, Reinhard/Soldt, Rüdiger: Reiter der Apokalypse. In: F.A.Z. 02.01.2021, 4.
Brühl, Madeleine: Keimfreies Weihwasser. In: F.A.Z. 20.06.2020, 8.
Deckers, Daniel/Jansen, Thomas: Sorgen und das Licht der Hoffnung. In: F.A.Z. 21.03.2020, 4.
Heil, Christiane: Sie fürchten nur Gott. In: F.A.Z. 29.04.2020, 7.
Holm, Kerstin: Gott als Chefarzt? In: F.A.Z. 12.05.2020, 9.
–. Kussverbot. In: F.A.Z. 23.03.2020, 6.
Kaube, Jürgen: Die eigentlich Beschenkten. In: F.A.Z. 24.12.2020, 11.
Kaufmann, Thomas: Das Singen ist uns allen vergangen. In: F.A.Z. 24.12.2020, 7.
Kleine, Friedrich: Ein Bild für pandemische Zeiten [Leserbrief]. In: F.A.Z. 20.05.2020, 12.
KNA: Eduardo Verástegui ruft. In: F.A.Z. 27.05.2020, 7.

KNA/FAZ: Papstaudienz per Videostream. In: F.A.Z. 05.08.2020, 13.
Ost, Martin: Neue Formen der Verbreitung von Religion [Leserbrief]. In: F.A.Z. 16.04.2020, 18.
Roser, Traugott: Den Dienst am Privaten leisten. In: F.A.Z. 26.01.2021, 12.
Rüb, Matthias: Beten gegen das Virus. In: F.A.Z. 14.03.2020, 2.
–. »Eine schöne Gelegenheit, neue Wege zu finden«. In: F.A.Z. 17.03.2020, 5.
–. Ein leerer Petersplatz. In: F.A.Z. 09.04.2020, 3.
–. Eine Welt, in der alle Brüder sind. In: F.A.Z. 05.10.2020, 2.
–. Franziskus betet fast allein. In: F.A.Z. 09.12.2020, 7.
–. Menschenleerer Petersplatz. In: F.A.Z. 28.03.2020, 5.
–. Papst stellt Enzyklika vor. In: F.A.Z. 07.09.2020, 5.
–. Zeugnis ablegen von der Gegenwart Gottes. In: F.A.Z. 23.03.2020, 4.
Schopen, Lina: Beten vor leeren Bänken. In: F.A.Z. 22.06.2020, 26.
Schwarzmeier, Friedemann: Seelsorge wieder erfahrbar machen. In: F.A.Z. 19.05.2020, 6.
Stiglmayr, Cristina: Balsam für die Seele [Leserbrief]. In: F.A.Z. 18.05.2020, 18.
Tann, Christiane Freifrau von der: Keine theologischen Antworten [Leserbrief]. In: F.A.Z. 29.05.2020, 29.
Veser, Reinhard: Den Löffel aufgeben? In: F.A.Z. 07.04.2020, 8.
Wolffsohn, Michael: Die Stunde der Orthodoxen. In: F.A.Z. 20.04.2020, 11.
Zimmermann, Niklas: Ganz so viel Ruhe müsste nicht sein. In: F.A.Z. 23.12.2020, 4.

idea Spektrum

Alsleben, Thorsten: Wir brauchen ein Wunder. In: idea Spectrum (2020), Nr. 16, 3.
Ammer, Peter/Maibaum, Uwe: Auf das Singen im Gottesdienst verzichten? In: idea Spectrum (2020), Nr. 20, 15.
Baschang, Klaus: Bloß nicht religiös herumexperimentieren! [Leserbrief]. In: idea Spectrum (2020), Nr. 23, 43.
Bergner, Astrid: Als Christ kommt man besser durch die Krise. In: idea Spectrum (2020), Nr. 42, 24–25.
–. »Ich will nicht mehr«. In: idea Spectrum (2020), Nr. 19, 18.
Bernhard, Julia: Es gibt deutlich mehr Tränen. In: idea Spectrum (2020), Nr. 17, 13.
–. »Lieber Gott, bitte mach, dass Corona bald vorbei ist«. In: idea Spectrum (2021), Nr. 2, 24.
–. Wie helfe ich meinem Kind durch die Corona-Krise? In: idea Spectrum (2020), Nr. 20, 13.
Bilz, Tobias: Willkommene Gelegenheit. In: idea Spectrum (2020), Nr. 47, 14.
Birnbacher, Jörg: Corona: So klappt's mit dem Lernen zu Hause. In: idea Spectrum (2020), Nr. 13, 11.
Derksen, Heinrich: Wie könnte eine Hybridgemeinde aussehen? In: idea Spectrum (2020), Nr. 34, 20–21.
Hadem, Astrid: Die Kraft des Gebets entdecken. In: idea Spectrum (2020), Nr. 28, 38.
Herbst, Michael: Wie Corona dazu beiträgt, den Glauben an Jesus besser zu verstehen. In: idea Spectrum (2020), Nr. 20, 16–19.
Huhn, Karsten: »Wir erleben das digitale Priestertum aller Gläubigen«. In: idea Spectrum (2020), Nr. 14, 16–19.
–. Wie ein Ehepaar das Coronavirus überstand. In: idea Spectrum (2020), Nr. 19, 16–18.

Kern, Steffen/Gohl, Ernst-Wilhelm: Abendmahl über das Internet feiern. In: idea Spectrum (2020), Nr. 16, 15.
Kotsch, Michael: Christen sollten Corona nicht zum Hauptthema machen. In: idea Spectrum (2020), Nr. 50, 24–25.
Kraus, Josef/Krauß, Alexander: Droht eine verlorene Generation? In: idea Spectrum (2021), Nr. 2, 15.
Lieberknecht, Christine/Marwede, Beate: Hat die Kirche in der Corona-Krise versagt? In: idea Spectrum (2020), Nr. 22, 15.
Lilie, Ulrich: Stille Katastrophe. In: idea Spectrum (2020), Nr. 35, 10.
Mandel, Regina: Was Corona offenbart [Leserbrief]. In: idea Spectrum (2020), Nr. 22, 236.
Mascher, Konstantin: Elixier aus der christlichen Hausapotheke. In:idea Spectrum (2020), Nr. 23, 14.
Matthies, Helmut: Gott kann auch anders. In: idea Spectrum (2020), Nr. 51, 16–20.
–. Kirche ohne Jesus? In: idea Spectrum (2020), Nr. 21, 7.
Mockler, Susanne: Machen Sie das Beste aus dem Lockdown. In: idea Spectrum (2020), Nr. 52/53, 14.
–. Stresstest für Ehepaare. In: idea Spectrum (2020), Nr. 14, 36.
–. Vergessen Sie den Urlaub. In: idea Spectrum (2020), Nr. 30/31, 14.
o.V.: Anrufe bei Kirchlicher Telefonseelsorge nehmen zu. In: idea Spectrum (2021), Nr. 3, 32.
–. Aufruf zur Buße und Umkehr. In: idea Spectrum (2020), Nr. 17, 26.
–. Berlin: Ökumenisches Corona-Seelsorgetelefon gestartet. In: idea Spectrum (2020), Nr. 13, 30.
–. Bayerischer Ministerpräsident ruft zum Gebet auf. In: idea Spectrum (2020), Nr. 13, 6.
–. Corona: Interesse an neuen evangelistischen Formaten. In: idea Spectrum (2020), Nr. 25, 9.
–. Corona: Kirche hat Menschen aus dem Blick verloren. In: idea Spectrum (2020), Nr. 41, 35.
–. Corona-Krise ist eine Chance für die Mission. In: idea Spectrum (2020), Nr. 25, 34.
–. Corona-Krise: Nordkirche startet kostenloses Seelsorge-Telefon. In: idea Spectrum (2020), Nr. 13, 29.
–. Corona-Ticker: Aktuelle Entwicklungen im Überblick. In: idea Spectrum (2020), Nr. 15, 9.
–. Corona: Viele Briten beten. In: idea Spectrum (2020), Nr. 20, 12.
–. Coronavirus: Kirchen geben Tipps für das Abendmahl. In: idea Spectrum (2020), Nr. 10, 9.
–. Damit Corona Euch nicht scheidet. In: idea Spectrum (2020), Nr. 32/33, 22.
–. Das »Prinzip Hoffnung« verkörpert. In: idea Spectrum (2020), Nr. 37, 27.
–. Debatte um digitale Abendmahlsfeiern. In: idea Spectrum (2020), Nr. 28, 32.
–. Die Corona-Krise als Chance nutzen. In: idea Spectrum (2020), Nr. 52/53, 41.
–. FDP-Generalsekretärin sieht Kirchen als »existenzrelevant«. In: idea Spectrum (2020), Nr. 23, 30.
–. Für eine seelsorgerische Kirche. In: idea Spectrum (2020), Nr. 49, 29.
–. Hirte: Zusammenhalt als Aufgabe von Politik und Kirche. In: idea Spectrum (2020), Nr. 34, 30.
–. In der Corona-Krise besonnen bleiben. In: idea Spectrum (2020), Nr. 15, 41.

–. Kaum jemand interessiert sich für die Lage der Seeleute. In: idea Spectrum (2020), Nr. 34, 28.
–. Keine Lockerung der Schulpflicht in Sicht. In: idea Spectrum (2020), Nr. 13, 27.
–. Kirche spendet Trost in Zeiten von Corona. In: idea Spectrum (2020), Nr. 16, 27.
–. Mediale Abendmahlsfeiern untersagt. In: idea Spectrum (2020), Nr. 16, 33.
–. Missions- und Hilfswerk DMG interpersonal ruft Projekt »Coronahilfe« ins Leben. In: idea Spectrum (2020), Nr. 39, 32.
–. Mit Hilfe von Kursen Bibeltexte auswendig lernen. In: idea Spectrum (2020), Nr. 14, 32.
–. Mit starkem Glauben besser durch die Corona-Krise. In: idea Spectrum (2020), Nr. 51, 11.
–. »Nichts braucht die Kirche so dringend wie den heiligen Geist«. In: idea Spectrum (2020), Nr. 22, 8.
–. Pietisten: Gebet hat in Krisenzeiten höchste Priorität. In: idea Spectrum (2020), Nr. 13, 34.
–. Schausteller: Wie Corona den Alltag erschwert. In: idea Spectrum (2020), Nr. 30/31, 10.
–. Über 150.000 Beter bei der Aktion »Gemeinsam vor Pfingsten«. In: idea Spectrum (2020), Nr. 23, 9.
Parzany, Ulrich: Ostern: Hoffnung auch in Seuchenzeiten. In: idea Spectrum (2020), Nr. 15, 3.
Pfeifer, Samuel/Reiche, Steffen: Persönliche Seelsorge aussetzen? In: idea Spectrum (2020), Nr. 13, 15.
Pfeifer, Dennis et al.: Christen des Jahres 2020. In: idea Spectrum (2020), Nr. 52/53, 16–17.
Rohde, Michael: Seelsorger: Mein Glaube trägt mich. In: idea Spectrum (2021), Nr. 4, 30.
Rominger, Walter: Allein den Betern kann es noch gelingen ... [Leserbrief]. In: idea Spectrum (2020), Nr. 15, 50.
Rösler, Klaus: Trost durch Musik und Bibel. In: idea Spectrum (2020), Nr. 16, 29.
Runne, Ulf: Religion und Wirklichkeit [Leserbrief]. In: idea Spectrum (2020), Nr. 23, 43.
Saurler, Michael: Was Corona offenbart [Leserbrief]. In: idea Spectrum (2020), Nr. 22, 236.
Schink, Reinhardt: Vor allem anderen: Gebet. In: idea Spectrum (2021), Nr. 2, 3.
Scholaster, Daniel: Fürchtet euch nicht! In: idea Spectrum (2020), Nr. 51, 22–23.
Schunter, Christa: Der Obrigkeit nicht widersetzen, solange sie nicht gegen Gottes Gebote verstößt [Leserbrief]. In: idea Spectrum (2020), Nr. 52/53, 51.
Städter, Daniela: Wie Corona die Christen spaltet. In: idea Spectrum (2020), Nr. 50, 20–23.
Till, Markus: Das Corona Trainingslager. In: idea Spectrum (2020), Nr. 45, 3.
Weimer, Wolfram: Das Heimweh nach Gott wächst. In: idea Spectrum (2020), Nr. 3, 19.
Wendschlag, Walter: Mir hilft es, Bibeltexte auswendig zu können [Leserbrief]. In: idea Spectrum (2020), Nr. 15, 50.
Wengenroth, David: Wie nutzt die Kirche ihre Chance? In: idea Spectrum (2020), Nr. 13, 34.
Zimmerling, Peter: Seelsorge im Internet. In: idea Spectrum (2020), Nr. 15, 29.

Katholische Sonntagszeitung

von Ammon, Cordula: Im Spannungsfeld der Pandemie. In: Katholische Sonntagszeitung 127 (2020), Nr. 49, 23.

–. Wenn es daheim eng wird. In: Katholische Sonntagszeitung 127 (2020), Nr. 23, 25.

Fromme, Agnes: [Leserbrief]. In: Katholische Sonntagszeitung 127 (2020), Nr. 19, 9.

Goetz, Sandra: Religion geht jetzt auch digital. In: Katholische Sonntagszeitung 127 (2020), Nr. 13, 13.

Häusler, Veronika: Ich habe den Herrn gesehen. In: Katholische Sonntagszeitung 127 (2020), Nr. 15, 10.

Imkamp, Wilhelm: Selbstbewusst aus Demut. In: Katholische Sonntagszeitung 128 (2021), Nr. 6, 10.

Kleibold, Patrick: »Ein besseres Heute«. In: Katholische Sonntagszeitung 127 (2020), Nr. 45, 3.

KNA: Keine Strafe Gottes. In: Katholische Sonntagszeitung 127 (2020), Nr. 12, 4.

–. Neuer Lockdown als Alptraum. In: Katholische Sonntagszeitung 127 (2020), Nr. 27, 3.

–. »Ostern bleibt Ostern«. In: Katholische Sonntagszeitung 127 (2020), Nr. 15, 4.

Krumpholz, Gregor/Wilke, Birgit: Mehr Hilfen notwendig. In: Katholische Sonntagszeitung 127 (2020), Nr. 27, 2–3.

Löffler, Hans-Georg: Leben als »Kinder des Lichts« – jetzt. In: Katholische Sonntagszeitung 127 (2020), Nr. 46, 10.

Magg, Andreas: Die Quelle der christlichen Liebe. In: Katholische Sonntagszeitung 127 (2020), Nr. 49, 31.

–. Mit dem Vaterunser durch Corona. In: Katholische Sonntagszeitung 127 (2020), Nr. 24, 31.

Meißner, Florian: Ältere Mitmenschen nicht vergessen [Leserbrief]. In: Katholische Sonntagszeitung 127 (2020), Nr. 50, 9.

Schäfer, Klaus: Der gute Hirte. In: Katholische Sonntagszeitung 127 (2020), Nr. 18, 10.

Seibold, Nicole: Pfingstlektion: Erst mal beten. In: Katholische Sonntagszeitung 127 (2020), Nr. 22, 31.

Stummer, Thomas: Warum ist diese Zeit so anders? In: Katholische Sonntagszeitung 127 (2020), Nr. 48, 31.

Then, Reinhold: Steiniger Weg der Hoffnung. In: Katholische Sonntagszeitung 127 (2020), Nr. 26, 31.

Vogl, Thomas: Leisten wir Gott Gesellschaft! In: Katholische Sonntagszeitung 127 (2020), Nr. 23, 31.

Zopora, Wolfgang: »Den Glauben nicht erschüttern«. In: Katholische Sonntagszeitung 127 (2020), Nr. 14, 18–19.

Zeitzeichen / Zeitzeichen Online

Charbonnier, Ralph: Corona als vierte Kränkung. In: Zeitzeichen 22 (2021), Nr. 1, 46–47.

Claussen, Johann Hinrich: Mit Maß ins Risiko. In: Zeitzeichen Online 02.05.2020, URL: https://zeitzeichen.net/node/8301 [letzter Zugriff 14.04.24].

Gessler, Philipp: Am Boden bleiben. In: Zeitzeichen 21 (2020), Nr. 1, 55–59.

Greifenstein, Philipp: Auf Wiedervorlage. In: Zeitzeichen Online 19.03.20, URL: https://zeitzeichen.net/index.php/node/8164 [letzter Zugriff 14.04.24].

–. Mehr Theologie wagen. In: Zeitzeichen Online 19.02.21, URL: https://zeitzeichen.net/node/8848 [letzter Zugriff 15.06.24].

–. Nach der Krise ist vor der Krise. In: Zeitzeichen Online 12.06.20, URL: https://zeitzeichen.net/node/8364 [letzter Zugriff 14.04.24].

Gundlach, Thies: »Weiße Elefanten« und Kirchenreform. In: Zeitzeichen 22 (2021), Nr. 2, 21–23.

–. Zwischen »lost« und »Wir schaffen das!«. In: Zeitzeichen Online 16.10.2020, URL: https://zeitzeichen.net/node/8599 [letzter Zugriff 14.04.24].

Habenicht, Uwe: Nie mehr normal sein. In: Zeitzeichen Online 06.05.2020, URL: https://zeitzeichen.net/node/8306 [letzter Zugriff 14.04.24].

–. Zeit für Freestyle. In: Zeitzeichen Online 09.04.2020, URL: https://zeitzeichen.net/node/8227 [letzter Zugriff 14.04.24].

Heinig, Hans Michael: Unverantwortlicher Widerstandkitsch. In: Zeitzeichen Online 04.04.20, URL: https://zeitzeichen.net/node/8217 [letzter Zugriff 14.04.24].

Henze, Arnd: Einsames Sterben – vollmundiges Schweigen. In: Zeitzeichen Online 28.04.2020, URL: https://zeitzeichen.net/node/8295 [letzter Zugriff 14.04.24].

Karle, Isolde/Lehmann, Maren: Dem Evangelium vertrauen. In: Zeitzeichen 21 (2020), Nr. 9, 18–20.

Kosch, Stephan: »Alles ist auf dem Prüfstand«. In: Zeitzeichen 21 (2020), Nr. 9, 41–45.

–. Relevanz, Resonanz, Regentanz. In: Zeitzeichen 21 (2020), Nr. 9, 31–33.

Körtner, Ulrich H. J.: Nicht mehr systemrelevant. In: Zeitzeichen Online 06.05.20, URL: https://zeitzeichen.net/node/8315 [letzter Zugriff 14.04.24].

Leppin, Volker: Abendmahl und Agape. In: Zeitzeichen Online 23.04.2020, URL: https://zeitzeichen.net/node/8291 [letzter Zugriff 14.04.24].

–. In, mit und unter. In: Zeitzeichen Online 30.04.2020, URL: https://zeitzeichen.net/node/8223 [letzter Zugriff 14.04.24].

Leppin, Volker/Reimann, Ralf Peter: pro und contra: Ist digitales Abendmahl sinnvoll? In: Zeitzeichen 21 (2020), Nr. 6, 44–45.

Markschies, Christoph: Vom Glück eines »Heiligen Nachmittags«. In: Zeitzeichen Online 24.12.2020, URL: https://zeitzeichen.net/node/8760 [letzter Zugriff 14.04.24].

Meister, Ralf: Gegen die Krise. In: Zeitzeichen 21 (2020), Nr. 10, 20–23.

Melzer, Karl-Heinrich: Wenn nicht Kanzel, dann eben Welt. In: Zeitzeichen Online 01.07.2020, URL: https://zeitzeichen.net/node/8415 [letzter Zugriff 14.04.24].

Morgenroth, Matthias: Still werden statt stillhalten. In: Zeitzeichen 21 (2020), Nr. 12, 23–25.

Rinn, Angela: Krise als Katalysator. In: Zeitzeichen 21 (2020), Nr. 9, 34–37.

Schaede, Stephan: Corona-Panorama III. In: Zeitzeichen Online 10.04.2020, URL: https://zeitzeichen.net/node/8230 [letzter Zugriff 14.04.24].

von Scheliha, Arnulf: Die Wagenburg geöffnet. In: Zeitzeichen 21 (2020), Nr. 10, 16–19.

Scholl, Katharina: Vom Talar in den Pflegekittel. In: Zeitzeichen Online 20.11.2020, URL: https://zeitzeichen.net/node/8670 [letzter Zugriff 14.04.24].

Springhart, Heike: Wer redet, wenn »die Kirche« redet? In: Zeitzeichen 21 (2020), Nr. 8, 8–11.

Süselbeck, Heiner: Lob der Nüchternheit. In: Zeitzeichen 21 (2020), Nr. 8, 19.

Thielmann, Wolfgang: Ruft! Sie! An! In: Zeitzeichen Online 28.03.2020, URL: https://zeitzeichen.net/node/8208 [letzter Zugriff 14.04.24].
Thomas, Günter: Gott ist zielstrebig (I–V). In: Zeitzeichen Online 27.03.2020, URL: https://zeitzeichen.net/node/8207 [letzter Zugriff 12.08.24].

Solidarität, Gerechtigkeit und Freiheit

Christliche Beiträge zu ethischen Debatten im Rahmen der Corona-Maßnahmen

Dominic Häde

1. Einleitung

Ethische Schlagwörter wurden während der Corona-Pandemie eingefordert, praktiziert und als Begründung für das individuelle, kirchliche und staatliche Verhalten genutzt. Die Begriffe Solidarität, Gerechtigkeit und Freiheit wurden in der Debatte um ethisches Verhalten besonders exponiert, wie die Analyse des Materials zu erkennen gab. Ihre Bedeutung für das Agieren in der Krise steht nicht von vornherein fest, sondern wird erst durch die vorangestellten Motive, die beigefügten Handlungsmöglichkeiten und die spezifischen Appelle kontextualisiert. Entsprechend diente das Argument der Solidarität zum einen für die Einhaltung der Eindämmungsmaßnahmen, zum anderen für deren Entschärfung. Ebenso gibt der Kontext zu erkennen, ob die geforderte Solidarität sich auf interpersonelle, interinstitutionelle oder internationale (globale) Beziehungen bezieht. Vor diesem Hintergrund ist es sinnvoll, die Kontexte der Forderungen und Exempel ethischen Verhaltens zu Beginn zu thematisieren. Bevor der Text in die thematische Arbeit einsteigt, wird die Auswahl und Kategorisierung des Quellenmaterials erläutert. Nachdem der Textkorpus vorliegt, besteht der erste Schritt darin, im Motivhaushalt des Materials grundlegende, d. h. relevante und wiederkehrende Motive zu identifizieren. Danach wird deren Bedeutung für das Verhalten in der Krise am Beispiel des Motivs »Angst« geschildert. Abschließend wird ein Muster vorgestellt, das den analysierten Quelltexten zugrunde liegt und den Weg vom Motiv zum Appell darlegt. Die thematische Kategorisierung des Quellenmaterials legt Schnittstellen und Schwerpunktthemen offen. Zu ihnen gehören die Themen Solidarität, Gerechtigkeit und Freiheit, welche als ethische Leitbegriffe betitelt werden können. Als erster Leitbegriff wird die Solidarität thematisiert. Die bereits erwähnte Einteilung der Solidarität auf die drei Beziehungsebenen, die auch als Mikro-, Meso- und Makroebene bestimmt werden können, wird in Kapitel vier erklärt und an markanten Beispielen, wie der intergenerationellen Solidarität und der Solidarität mit der Umwelt, illustriert. Dabei stellt die Mesoebene einen Sonderfall dar und muss sich zunächst grundsätzlichen Fragen bzgl. einer staatlichen Solidarität stellen. Am Ende des Kapitels wird die Verwendung des Gerechtigkeitsbegriffs im Material betrachtet. Das fünfte Kapitel widmet sich dem Freiheitsdiskurs. Hierbei wird insbesondere auf die Bewertung der Freiheitseinschränkungen, die Bedeutung der Selbstbestimmung und die Verwendung der »Religionsfreiheit« eingegangen. Am Ende des Kapitels werden die – teils zugeschriebenen, teils selbst bezogenen – Positionen der Kirchen diskutiert. Der vorliegende Text schließt mit der Zusammenfassung gewonnener Erkenntnisse.

2. Textkorpus und Methodik

Wie das Kapitel »Einleitung« bereits dargelegt hat, wurde die Topic-Modell-Analyse einerseits zur Bestimmung der wesentlichen Diskursthemen, welche letztendlich die Kernstruktur dieses Buches bilden, und andererseits für die Selektion der relevanten Textkorpora angewandt. Im Topic-Modell-Verfahren werden die Kategorien mittels Algorithmen bestimmt, wobei der Zusammenhang von Begriffen eines Textes, aber auch der Textquellen, eine wesentliche Rolle spielt. Dadurch entstehen Hypothesen über das Verhältnis der Begriffe. Im interpretativen Schritt werden diese geprüft und vertieft. Für dieses Kapitel sind insbesondere solche Begriffe interessant, die sich im ethisch-politischen Spektrum befinden, wie Ethik, Verantwortung, Solidarität, Schuld, Freiheit, gut, böse, aber auch Krise, Politik und Gerechtigkeit. Die Kontrolle des Materials zeigt, dass solche Begriffe relativ selten in den Kategoriesystemen enthalten sind. Jedoch zeigte eine weitere Auseinandersetzung mit der Topic-Modell-Analyse, dass dort andere Wörter vorkommen, von denen auf eine ethische Relevanz geschlossen werden konnte. Zum Beispiel steht das Wort »offen« im Kategoriesystem und verweist z. T. auf Textpassagen der Verhältnismäßigkeit zwischen offenen Geschäften und geschlossenen Kirchen oder offenen Kirchen und geschlossenen Gastronomiebetrieben. Trotzdem blieben einige Hürden für die Erstellung eines Quellenpools bestehen, so dass dieser schließlich in zwei Schritten zustande kommen sollte. Erstens wurden die o. g. ethisch und politisch relevanten Wörter in den Kategorien markiert. Tauchten mindestens zwei dieser Wörter in einer Kategorie auf, wurden die dahinterliegenden Quelltexte nach dem Wert des Koeffizienten sortiert. Lag der Wert des Textes über 0.2, wurde er für die nähere Analyse selektiert. Jedoch führte auch dieser Selektionsschritt noch nicht bei jeder Zeitung zu einem angemessenen Korpus. Deshalb limitierte ich die Gesamtzahl der Texte pro Zeitung auf maximal 30, wobei maximal zehn aus einer Kategorie stammen sollten. Ausgenommen hiervon ist die *FAZ*, wovon bereits zuvor 58 Texte in die Analyse aufgenommen wurden. Für dieses Kapitel wurde der umfangreiche Textkorpus auf 211 Artefakte beschränkt. In einem zweiten Schritt wurde ein Kategoriensystem entworfen, worauf ein Kodiervorgang aufbaut. Bedeutende Texteinheiten wurden den Kategorien zugeordnet. Die dieser Untersuchung zugrunde gelegten Kategorien wurden nicht aus dem Textmaterial gebildet (induktiv), sondern im Vorhinein geformt und am Text angewandt (deduktiv). Als Grundlage der Kategorien dienten die praktischen Anwendungsfelder der Ethik. Da die Corona-Pandemie nicht nur einzelne, sondern alle Sektoren der Gesellschaft betraf und die christlichen Akteure nicht nur im religiös-spirituellen, sondern in vielen Systemen agierten, erschien es sinnvoll, die Texte entsprechend zu lesen und Texteinheiten demgemäß einzuteilen. Entsprechend wurden 13 Kategorien nach den praktischen Anwendungsfeldern gebildet. Darunter fallen Medizinethik, Sozialethik, Wirtschaftsethik, Umweltethik, politische Ethik, u. a. Die einzelnen Texteinheiten wurden ihrem Inhalt nach den Kategorien zugeordnet. Problematisierten sie z. B. die Verteilung knapper medizinischer Ressourcen, die psychische Gesundheit und soziale Isolation oder die Triage, so wurden sie der Hauptkategorie »Medizinethik« zugeordnet. Unter dem Stichwort Sozialethik wurden solche Einheiten gesammelt, die die Ressourcenallokation nichtmedizinischer Art, den Schutz vulnerabler Gruppen, Solidarität und Zusammenhalt diskutierten. Auf diese Weise füllten sich auch die anderen elf Kategorien. Das Ziel dieses Methodenschritts war es, wichtige Passagen zu markieren und Zusammenhänge zu identifizieren. Die Einsortierung der Textpassagen in die Kategorien zeigte eine ausgeprägte Debatte um sozialethische Themen, aber auch um Friedensethik und Wirtschaftsethik. Der so sortierte Textkorpus gab Anlass für erste Vermutungen und weitere Analyseschritte. Anstatt dieses Kapitel nach den ethischen Anwendungsfeldern zu gliedern, wurde nach Schnittstellen und übergreifenden Schwerpunktthemen gesucht. Auf diese Weise konnten Solidarität, Gerechtigkeit und Freiheit als ethische Leitbegriffe in den einzelnen ethischen Debatten identifiziert werden. Sie dienten als Grundgerüst für die Darstellung der Analyseergebnisse.

3. Motive christlich-ethischen Verhaltens in der Corona-Pandemie

3.1 Der Motivhaushalt

Das untersuchte Material enthält Beispiele von und Forderungen nach ethischen Verhaltensweisen während der Corona-Pandemie. Ihnen liegen bestimmte Motive zugrunde. Diese offenzulegen und die Verbindung zu den Forderungen nachzuzeichnen, ist Ziel dieses Unterkapitels. Durch die Textanalyse konnten vier bzw. fünf Motive als äußerst relevant herausgearbeitet werden, dazu gehören Liebe, Hoffnung, Verantwortung und Angst. An einigen Stellen wird das Motiv der Angst aufgeteilt in das der existenziellen Angst und das der objektivierten Angst bzw. Furcht. Ersteres bezeichnet die Urangst, die die eigene Verletzlichkeit offenbart, Letzteres bezieht sich auf ein bestimmtes Objekt, wie die Angst vor einer Ansteckung. Aufgrund der im Text gefundenen engen Beziehung zwischen Angst und Furcht, wird Furcht nicht als eigenes Motiv gelistet, sondern unter dem Motiv der Angst thematisiert. Letzterem kommt dabei eine gewisse Sonderrolle zu und wird darum später zur exemplarischen Veranschaulichung dienen. Zunächst ist aber zu fragen, wie dieser Motivhaushalt eigentlich zustande kommt.

Als Motive können zunächst solche Begriffe verstanden werden, mithilfe derer gezielte Reaktionen auf die Krise mobilisiert werden sollen. Diese Bestimmung erweist sich aber noch als zu unspezifisch, da es eine zu große Menge an Motiven zuließe. Deswegen werden die entsprechenden Textpassagen daraufhin analysiert, welche Motive sich aus anderen ableiten und welche die grundlegendsten sind. Die Textanalyse ergibt, dass zum Beispiel das Motiv des Helfens in der Regel nicht der primäre Beweggrund ist, sondern sich aus einem oder mehreren der o. g. Grundmotive ableitet. Dies ist ein wesentlicher Grund dafür, Letztere analytisch als die fundierenden Motive zu identifizieren. Zur Erschließung der Motive ist es zudem notwendig, ihren Kontext zu betrachten, dazu gehören auch Titel, Untertitel, Bild und Bildunterschrift. Hier ein kurzes Beispiel aus einem Artikel der *Katholischen Sonntagszeitung*, der internationale Stimmen zusammenfasst, die von Menschlichkeit während der Corona-Pandemie berichten:

> »Reichere Länder sollten ärmere nun gezielter unterstützen, fordert Liby. ›Sind wir nicht alle voneinander abhängig?‹ Am Anfang der Krise hätte in der westafrikanischen Metropole keiner Rücksicht auf den anderen genommen. Es ging nur darum, soviel wie möglich an Lebensmitteln aufzustocken. ›Doch jetzt gibt es immer mehr junge Leute, die den Armen helfen und zum Beispiel kostenlos Masken und Handschuhe verteilen‹« (Heymann-KS-23/24-05-2020).

Im Textbeispiel fordert die Person, dass finanziell leistungsfähige Staaten andere »unterstützen« sollten. Auf diese Forderung folgt ein wörtliches Zitat, das die gegenseitige Abhängigkeit zum Kernthema hat. Die Abfolge dieser Sätze legt nahe, dass die erwähnte Unterstützung wegen der bestehenden Wechselbeziehung erfolgen soll. Dieses Verständnis wird verstärkt durch das darauffolgende Beispiel. Darin wird die gegenwärtige Hilfe an die Armen durch die Schilderung des egoistischen Handelns der Vergangenheit kontrastiert und als Expression gelebter Solidarität verdeutlicht. Außerdem wird der gesamte Artikel mit dem Titel »Gemeinsam Corona bezwingen – Wachsende Solidarität und Nächstenliebe: Ansätze, die in der Krise Mut machen« überschrieben. Dementsprechend wird Liebe, die hier Solidarität und gegenseitige Verbundenheit einschließt, als Motiv erkennbar.

Andere Motive wiederum, wie Barmherzigkeit oder Geschwisterlichkeit, kamen nur sehr selten vor. Eine einfache Wortsuche[1] reicht hier schon aus, um den Unterschied aufzuzeigen: Während die Wörter »Angst«, »Liebe« und »Hoffnung« an die 100mal und »Verantwortung« fast 50mal vorkommen, zählt die Wortsuche bei Barmherzigkeit nur neun und Geschwisterlichkeit nur acht Treffer. Mitleid, Empathie, Mitgefühl und Sympathie werden noch seltener genannt. Zusätzlich werden sie in Verbindung mit den Grundmotiven genannt. Einen Sonderfall stellen Solidarität, Gerechtigkeit und Freiheit dar. Im untersuchten Material kommen sie ebenso häufig oder sogar häufiger vor (Freiheit 150mal, Solidarität 74mal, un-gerecht und Un-Gerechtigkeit 41mal) als die Grundmotive. Jedoch ist zu hinterfragen, ob diese Begriffe als Grundmotive geeignet sind. Dagegen spricht zum einen, dass sie für komplexe Wertesysteme stehen. Diese erste Auseinandersetzung zeigt, dass Grundmotive in den Texten nicht als solche eindeutig benannt sind und sie erst durch die Analyse erschlossen werden müssen. Es ist deshalb notwendig, die bereits gefundenen Grundmotive mittels der Texte zu definieren.

Liebe

Das erste Grundmotiv ist die Liebe, manchmal auch als Nächstenliebe bezeichnet. In den Beiträgen motiviert sie zu einem nachhaltigen, solidarischen und gerechten Verhalten, indem sie den Blick vom Individuum hin zum Nächsten lenkt und bereit ist, die eigenen Bedürfnisse z.B. nach Freiheit oder Sicherheit zurückzustellen. Wenn im Material eine Begründung für eine solche Liebe genannt wird, steht sie häufig in Verbindung zur Liebe Gottes, der nach christlichem Glauben den Mensch zuerst geliebt und sich selbst für ihn hingegeben hat. Entsprechend wird Jesus Christus als Vorbild dieser Liebe genannt. Die Liebe taucht auf als Beweggrund, das persönliche Bedürfnis nach Sicherheit zurückzustellen und den Kranken Beistand zu leisten. Jedoch argumentieren andere Beiträge, die Eindämmungsmaßnahmen aus Liebe zu befolgen, um andere zu schützen. Die Liebe ist wohl das Motiv, das am meisten und für das breiteste Spektrum an Forderungen verwendet wurde.

Verantwortung

Das Motiv »Verantwortung« motiviert im Material einerseits ein Agieren, das sich der Folgen des eigenen Handelns bewusst ist und sich für diese rechenschaftspflichtig weiß.

---

[1] Die Wortsuche konnte aus technischen Gründen nur an 170 der 211 selektierten Artikel durchgeführt werden.

> »Was über derartige gesellschaftliche Kontexte hinaus freilich alle Gläubigen zur Verantwortung ruft, Ausbeutung, Unterdrückung, Gewalt und Elend entgegenzutreten, die befreiende therapeutische Praxis Jesu zu üben gemäß der vernunftgeleiteten Argumentationskraft, orientiert an den jeweiligen Bedingungen und der Autonomie der irdischen Wirklichkeiten« (Röser-CIG-09-08-2020).

Andererseits nimmt es eine Gegenposition zum Motiv der Angst da ein, wo sie panische und unüberlegte Reaktionen hervorruft. Im Material stehen der Verantwortung die Begriffe Verstand, Individuum, Gesellschaft, Freiheit, Nachhaltigkeit und Kirche nahe. Der Befund spiegelt die theoretische Diskussion um den Begriff der Verantwortung wider, die in Deutschland und speziell in der evangelischen Theologie durch Max Weber und Dietrich Bonhoeffer geprägt ist.

Hoffnung

Im Material taucht das Motiv der Hoffnung mit Kontrastbegriffen auf, am häufigsten werden hier der Tod, die Angst, aber auch emotionale Bedrückung erwähnt. Die Bedeutung der Hoffnung in den Texten ist dabei von der Osterhoffnung bzw. der Auferstehungshoffnung geprägt. Besonders deutlich tritt dies in einem Gastbeitrag von Bedford-Strohm in der *FAZ* (Bedford-Strohm-FAZ-25-05-2020) hervor. Er widmet dem Thema Angst einen längeren Abschnitt, der durch den darauffolgenden Paragraphen über die Hoffnung kontrastiert wird. Obwohl die Angst verständlich sei, ist sie kein Zustand, in dem man verweilen müsse, weil »der Tod [...] nicht das letzte Wort« hat. Das Thema Leid bleibt in der Gegenüberstellung nicht unerwähnt, sondern ist zentraler Bestandteil. Mit der Nachricht der Hoffnung versuchen die Texte, das Leid zu adressieren und den Betroffenen neue Kraft zuzusprechen. Dabei werden Trostworte aus der Bibel oder auch von bekannten Theologen verwendet. Zu den Theologen gehört vor allem Dietrich Bonhoeffer, der hier primär als leidender, aber hoffnungsvoller Gefangener des NS-Regimes dargestellt wird (vgl. Illies-Z-10-12-2020; Schmid-KS-04/05-04-2020). Die Texte laden zu einem Handeln an sich selbst ein. Die Hoffnung kann die eigene Einstellung verändern und so neue Perspektiven eröffnen. Sie machen aber auch Mut, getragen durch die Hoffnung, anderen Menschen zu helfen.

Angst

Das Motiv der Angst wird im untersuchten Material sehr vielseitig diskutiert. Es taucht zum einen als Beweggrund für bestimmte Handlungen auf, z. B. aus der Angst vor der Überlastung des Gesundheitssystems einen Lockdown zu verordnen. Zum anderen wird Angst rein deskriptiv beobachtet, um damit – auch problematisches – Verhalten zu erklären, wie z. B. Hamsterkäufe. Des Weiteren differenziert das Material zwischen einer objektivierten und einer existenziellen Angst. Dieser Unterschied wird im Abschnitt 3.2 näher erläutert. Einige Texte differenzieren mittels des christlichen Glaubens im Allgemeinen, seltener spezifischer Philosophen, wie Kierkegaard und Heidegger, in Furcht und Angst. Die existenzielle Angst wird dabei als Motiv für irrationales, panisches und unverantwortliches Handeln verwendet, während die objektivierte Angst bzw. Furcht Zuspruch erfährt, weil sie zum überlegten und verantwortlichen Handeln antreibt. Hin und wieder verwenden Texte die Begriffe synonym. Ein Beispiel für eine deutliche Differenzierung der Motive bietet dieser Ausschnitt eines *Zeitzeichen*-Leserbriefs von Gertraud Wragge:

> »Und es ist nicht die Angst, sondern die Furcht, die uns treibt, uns und Andere zu schützen und Corona zu bekämpfen. Die Furcht vor Angriffen auf Leib und Leben wohnt dem Menschen in seiner Geschöpflichkeit inne. Sie ist notwendig zum (Über-)Leben. Berechtigte Furcht führt zu Vorsicht und zu vernunftgemäßem, dem Leben dienenden Handeln. Der Begriff ›Angst‹ hingegen ist im christlichen Sprachgebrauch schon immer negativ besetzt« (Wragge-ZZ_print-08-2020).

3.2 Die Bedeutung der Motive für das Verhalten in der Pandemie am Beispiel der Angst

Der Zusammenhang von Handlungsmotiven und Verhalten soll im Folgenden am Beispiel des Motivs Angst verdeutlicht werden. Angst hat in der Corona-Pandemie eine nicht zu unterschätzende Rolle eingenommen. Die analysierten Artefakte meinen, sie habe verschiedene Handlungen im privaten und im politischen Bereich motiviert. In den Beiträgen aus den ersten Monaten der Corona-Pandemie liest man immer wieder von der Sorge, dass sich die Bilder aus Bergamo und New York auch in Deutschland ereignen könnten (vgl. Balzer-ZZ_print-07-2020). Jedoch, so argumentieren einige Beiträge, ist das eigentliche Problem nicht der Zusammenbruch des Gesundheitssystems, sondern die Konfrontation mit der eigenen Fragilität und Machtlosigkeit. Walter Kasper meint mit Verweis auf Heidegger, dass es eben die Angst ist, die den Menschen dazu antreibt, »die Natur zu beherrschen und sich gegen ihren Unwillen abzusichern« (Kasper-Z-20-08-2020). Eine solche Absicherung geschieht, indem Menschen Vorräte anhäufen. Laut Angstforscher Bandelow ist die Vorratshaltung in Europa schon tausende Jahre alt und diente der Überlebenssicherung. Jetzt in der Krise, löst die »Urangst« bei den Menschen Hamstereinkäufe aus (Bandelow-KS-02/03-05-2020). Wolfgang Palaver versteht Angst in engerer Verbindung mit panischem und undurchdachtem Handeln. Deshalb fordert er »einen aufgeklärten Katastrophismus, das heißt eine Furcht, die zum Handeln aus Verantwortung motiviert« (Assheuer/Palaver-Z-23-12-2020). Diese Differenzierung von Angst und Furcht nehmen auch andere Artikel implizit oder explizit vor, so dass mit ihrer Hilfe das Material strukturiert werden kann. Zunächst werden die Beiträge zur Angst diskutiert.

Die ehemalige Landesbischöfin, Ilse Junkermann, beschreibt in der Mai-Ausgabe von *Zeitzeichen* unter dem Titel »Das Leben ist verletzlich« verschiedene Begegnungen mit der existentiellen Angst (Junkermann-ZZ_print-05-2020). Dort stehen einerseits diejenigen, die um ihr wirtschaftliches Bestehen bangen. Plötzlich bricht eine Welt für sie zusammen, weil eingeplante Einkünfte auf unbestimmte Zeit ausfallen (vgl. Stollhoff-KS-28/29-03-2020). Auf der zweiten Stufe sehen sich Menschen mit ihrem körperlichen und gesundheitlichen Dasein im Angesicht von »Beatmungspatienten«, »Militärlastern mit Särgen« und Massensterben konfrontiert (vgl. Balzer-ZZ_print-07-2020; Steinert-MP-04-2020; Betancur/Finger/Ladurner-Z-02-04-2020). Zuletzt rückt die Existenzfrage und damit auch die Angst an alle heran, nachdem sie in den letzten Dekaden gekonnt in das Abseits der Geschichtsbücher und der WEL[2] geschoben wurde (vgl. Steinert-MP-04-2020). In ähnlichen Worten fasst die *Katholische Sonntagszeitung* zusammen: »Krisen machen Angst. Und sie machen zu Recht Angst. Jede Bedrohung der Normalität zeigt ihre Brüchigkeit« (Stollhoff- KS-28/29-03-2020).

Neben der Angst können weitere Texteinheiten unter dem Begriff der Furcht subsumiert werden, weil in ihnen ein deutlicher empirischer Bezugspunkt vorhanden ist und weniger die existentielle Angst im Fokus steht, obwohl diese Texte auch den Begriff ›Angst‹ verwenden. So bezeichnet Michael Rohde die Angst vor einem überlasteten Gesundheitssystem als Grundlage für politische Entscheidungen in Deutschland (vgl. Betancur/Finger/Ladurner-Z-02-04-2020). Darunter fallen zum Beispiel Kitaschließungen, wie ein weiterer *Zeit*-Artikel meint (Otto/Schoener-Z-02-04-2020). Auf privater Ebene ist es primär die Angst vor der Einsamkeit, die angesprochen wird. So meint der Jesuit und ehemalige Direktor des Kollegs St. Blasien Klaus Mertes: »Eine Frau rief mich an und klagte, ihre Mutter müsse dringend ins Krankenhaus für eine Operation- doch jetzt weigere sie sich, weil sie Angst hat, dass sie nach der OP nicht mehr besucht werden kann. Auch wenn das Einzelfälle sind: Sie zeigen, von welch dramatisch wichtiger Bedeutung soziale Kontakte sind« (Finger/Parnack-Z-02-04-2020).[3]

Abschließend ist hervorzuheben, dass die Aussage von Bandelow, dass Krisen immer Angst auslösen, diese sich aber allmählich legt, wohl auch für die Corona-Pandemie zutreffend ist (vgl. Bandelow-KS-02/03-05-2020). Die analysierten Texte diskutieren das Thema Angst stärker zu Beginn der Pandemie, mit dem weiteren Verlauf nimmt diese Intensität ab.

---

2 WEL ist ein von den Vereinten Nationen definierter sozialökonomischer Status und bezeichnet die am wenigsten entwickelten Länder.

3 Ähnliches auch in folgenden Artikeln: Mönius-Z-07-05-2020; Kässmann-Z-07-05-2020; Finger-Z-28-05-2020.

3.3 Vom Motiv zur Handlungsaufforderung – ein viergliedriges Muster

Das untersuchte Material diskutiert ethische Verhaltensmöglichkeiten für das Individuum und die Gesellschaft. Dafür benutzen zahlreiche Artikel ein ähnliches Muster, welches wie folgt verallgemeinert werden kann. Zunächst stellt der Autor oder die Autorin eine Forderung auf das Fundament eines Handlungsmotivs. Besonders häufig tauchen die Motive Liebe, Verantwortung, Hoffnung, aber auch Angst auf. Davon leiten sie ethisch vertretbare und situativ geforderte Handlungsmöglichkeiten ab. Schließlich enden sie in einem direkten oder indirekten Appell. Die Handlungsmotive sind in diesem Kapitel deshalb von Interesse, weil sie als »transmoralische Orientierung«[4] den konkreten Verhaltensaufforderungen vorausgehen. Auf Basis dieser transmoralischen Orientierungen werden ethische Handlungsmöglichkeiten entwickelt, die deshalb als situativ-gefordert beschrieben werden können, weil ihre Plausibilität an der Wirklichkeit der Situation hängt. Folglich nimmt die Deutung der Wirklichkeit Einfluss auf die konkreten Handlungsmöglichkeiten und die normativen Appelle. Letztere fordern beispielsweise einen Sinneswandel (Franz-MP-04-2020; Röser-CIG-22-03-2020), mehr Verantwortungsbewusstsein (Bedford-Strohm-CP-07/08-2020) und Umweltschutz (Galgano-KS-10/11-10-2020), Solidarität (Berg-ZZ_print-07-2020), weniger Vertrauen in den Markt (Röser-CIG-29-03-2020), mehr internationale Zusammenarbeit (Bedford-Strohm-FAZ-25-05-2020) und eine Weltansicht, die das Leid einschließt und nicht auszuklammern versucht, wie es in sozialen Netzwerken geschieht (Röser-CIG-28-02-2021). Obwohl sich die Appelle im Wortlaut unterscheiden, kann eine Grundaussage auf die Forderung zur *Veränderung und Verbesserung der Lebenswirklichkeit* abstrahiert werden. Im folgenden Abschnitt soll dieses Muster (Deutung – Handlungsmotiv – Handlungsmöglichkeit – Appell) exemplarisch an zwei Artikeln demonstriert werden. Die Auswahl der Texte soll den verschiedenen Autorengruppen einer Zeitschrift/Zeitung, den vielfältigen Textgattungen und den unterschiedlichen Verlagsgesellschaften Rechnung tragen. Außerdem wird an den Beispielen sichtbar, dass das Muster bei Texten unterschiedlicher Längen angewendet werden kann. So wurden ein Gastbeitrag aus der *FAZ* und ein Leserbrief aus der *Katholischen Sonntagszeitung* ausgewählt.

Am 25. Mai erscheint der Gastbeitrag »Das Virus als Wegmarke« von Heinrich Bedford-Strohm in der *FAZ*. Drei Wochen nach Ende des ersten Lockdowns widmet sich der ehemalige Ratsvorsitzende der EKD den Herausforderungen und Fragen, die in den Wochen zuvor von Kirchenmitgliedern und -kritikern zu hören waren, wie etwa: Wie ist die Krise zu deuten? Wie soll man sich in dieser Krise verhalten? Wieso hat die Kirche nichts gegen die Freiheits-

---

4 Körtner, Liebe, 45.

einschränkungen getan? Wegen seines Freiheitsverständnisses wird der Beitrag auch im letzten Unterkapitel wieder aufgegriffen, während er hier zur Darstellung des Musters dient.

Der Autor beginnt damit, den Freiheitsbegriff zu definieren, um dann dazu überzugehen, dass er im christlichen Verständnis mit Liebe und Verantwortung verschränkt ist. Die Erklärung liegt in der Offenbarung Gottes in Form des gütigen, liebenden und helfenden Jesus Christus. Demgemäß ist Gott »kein Rachedämon, er schickt kein Virus, um Menschen zu bestrafen« (Bedford-Strohm-FAZ-25-05-2020; vgl. Wandel-ZZ_print-07-2020). Aus dieser Deutung der Krise ergibt sich für Bedford-Strohm ein »zivilgesellschaftliches Engagement« (ebd.), das er auch bei Luthers Verhalten während der Pest 1527 antrifft. Dieses beschreibt er als verständig und verantwortungsbewusst. Während der o. g. Pest meinte der Reformator, dass dort, wo es keine institutionelle Hilfe gäbe, der Christ in der Verantwortung sei, den Menschen zu helfen und die Ansteckungsgefahr zu minimieren. In der Corona-Pandemie ist ein ähnliches Handeln gefragt, so Bedford-Strohm. Dieses Handeln solle nicht aus Angst, sondern aus Liebe, Verantwortung und Hoffnung motiviert sein. Jedoch ist es kein konfliktfreies Verhalten, wie der Autor an dem Dilemma in der Seelsorge hervorhebt. Einerseits benötigen speziell Bewohner von Pflegeheimen physischen Kontakt, andererseits geht von der körperlichen Nähe eine Infektionsgefahr aus. Hierfür gibt es keine zufriedenstellende Lösung, meint er. Er ermutigt zur Befolgung der Eindämmungsverordnungen, zum Vertrauen in die Regierung und die Wissenschaft, und zum Zweifel an Verschwörungstheorien. Anschließend zieht Bedford-Strohm drei Lehren für die »Tiefenstruktur unserer Gesellschaft« (ebd.) aus der Pandemie: Erstens, der Mensch ist verletzlich und kennt seine Gefährdungen. Womit er neu nach Gott fragen und seine Zukunft hoffnungsvoll gestalten kann. Zweitens lehrt die Krise, dass der Mensch ein soziales Wesen ist und nicht im Alleingang überlebt, sondern durch eine gesunde Streitkultur und Solidarität. Und drittens bewirkt eine solche Erfahrung die Bereitwilligkeit, auf privater wie gesellschaftlicher Ebene das Leben zum Besseren hin zu verändern. Am Ende subsumiert er zentrale globale Schwerpunktthemen wie Klimaschutz, nachhaltiges Wirtschaften und internationale Zusammenarbeit unter dem Begriff »globale Verantwortung«. Diese Korrekturen werden, seiner Ansicht nach, durch den christlichen Glauben begünstigt, sind aber nicht von ihm abhängig, denn in der Geschichte haben Krisen immer schon »die Bereitschaft zur Transformation« gefördert (ebd.). Zur besseren Veranschaulichung des Musters wurde die folgende Darstellung angefertigt.

Kategorie	Textauszüge
Deutung der Wirklichkeit	– <u>religiöse Deutung:</u> »Die Antwort auf diese beiden Fragen ist eng verbunden mit der theologischen Interpretation der Krise. Wo ist Gott in dieser Krise? Ist das Auftreten dieses gefährlichen Virus ein Indiz dafür, dass es keinen Gott gibt? [...] Oder ist es genau umgekehrt: Ist genau in diesem Virus Gottes Handeln zu sehen, mit dem er die Menschen zur Umkehr bringen will? Oder gibt es einen Gott, aber er kann schlicht nichts machen? [...] [W]ir Christen glauben an einen Gott, der sich in Jesus Christus gezeigt hat. Und Jesus hat nicht getötet. Jesus hat geheilt. Jesus hat Leben gerettet und nicht vernichtet. Gott [...] ist kein Rachedämon, er schickt kein Virus, um die Menschen zu bestrafen, und dazu noch so, dass damit zuallererst die Schwachen und Verletzlichen getroffen werden. [...]« – <u>naturwissenschaftliche Deutung:</u> »Der Raubbau an der Natur und das immer weitere Vordringen in die Lebensräume der Tiere befördert nicht nur den Klimawandel, sondern hat vermutlich auch sehr viel mit der Übertragung von tödlichen Krankheiten wie dem Coronavirus zu tun.«
Handlungsmotivation	– »Dass meine Antwort auf diese Frage [, ob die Kirche aus der Opposition heraus die staatlichen Regelungen hätte kritisieren sollen] ein Nein ist, hat zu tun mit einem Verständnis von Freiheit, in dem Freiheit immer auch Dienst am Nächsten heißt. Es geht nicht um die Verfolgung der eigenen persönlichen oder wirtschaftlichen oder religiösen Interessen, sondern es geht um die je unterschiedliche Form der Antwort auf Jesu Doppelgebot der Liebe. Freiheit geht im christlichen Verständnis immer einher mit Liebe und Verantwortung. [...] Ausdrücklich lobt er [gemeint ist Martin Luther] in seiner Schrift ›Ob man vor dem Sterben fliehen möge‹ von 1527 den Segen eines gut ausgestatteten öffentlichen Gesundheitswesens. Da wo es durch zivilgesellschaftliches Engagement ersetzt werden muss, hebt er das ausdrücklich als Dienst hervor, der sich aus Liebesgebot und Goldener Regel ergibt.«
Handlungsmöglichkeiten	– <u>medizinische Pflege und Achtsamkeit:</u> »Es braucht, damals wie heute, kompetente ärztliche Hilfe und Vorsicht im Umgang der Menschen miteinander, um Ansteckungen so weit wie möglich zu vermeiden. [...]« – <u>Eigene Grenzen kennen:</u> »Zuerst wird es die Erkenntnis [die wir aus der Corona-Pandemie für unsere Gesellschaft ziehen] sein, wie verletzlich wir trotz der ungeheuren materiellen und technologischen Möglichkeiten der heutigen Zivilisation

(Fortsetzung)

Kategorie	Textauszüge
	nach wie vor sind. [...] In christlicher Perspektive kommen hier geistliche Dimensionen wie Demut und Akzeptanz, Ergebung und Annahme ins Spiel – ambivalente Begriffe, weil sie auch missbraucht werden können. Aber sie haben von Haus aus gar nichts mit Schicksalsergebenheit oder unkritischem Verhalten zu tun, sondern mit dem Mut, seine Grenzen zu erkennen, um seine Gefährdungen zu wissen und dennoch aus Zuversicht und Hoffnung zu leben. [...] Die Grenzen menschlicher Möglichkeiten zu sehen und die Frage nach Gott und damit nach dem Sinn menschlichen Lebens neu zu stellen, dazu ermutigen ist eine wichtige Aufgabe der Kirchen auch nach der Krise.« – <u>Zusammengehörigkeit, Vertrauen in die Demokratie, Achtung vor Verschwörungstheorien, den Schwachen helfen:</u> »Zweites, was wir – wenn es gut läuft – für die Seele unserer auseinanderstrebenden Gesellschaft aus den Erfahrungen der Corona-Pandemie mitnehmen können: Zuversicht und Gemeinsinn. Beides erwächst sowohl aus dem Glauben als auch aus der Vernunft. Beides haben wir in den zurückliegenden Wochen gesehen. [...] Kurzfristig zum Lebensschutz notwendige Freiheitsbeschränkungen sind nicht auf Dauer gestellt worden. Der demokratische Diskurs findet statt. Er stößt indes dort an seine Grenzen, wo er für Verschwörungstheorien oder für sachfremde politische Interessen instrumentalisiert wird. Umso wichtiger ist es, in den aktuellen Meinungskämpfen diejenigen nicht aus den Augen zu verlieren, die besonders auf unser Verantwortungsgefühl angewiesen sind: die Schwächsten und Kleinsten, die Alten und die Kinder – aber auch die Menschen, die auf viel zu engem Raum in Flüchtlingsunterkünften untergebracht sind. Wir brauchen dringend Unterstützung für die Kitas und Grundschulen.« – <u>Verantwortlichen und nachhaltigen Lebensstil fördern:</u> »[...] Das Dritte, das wir für die seelischen Tiefenstrukturen unserer Gesellschaft aus den Erfahrungen der Corona-Pandemie mitnehmen können, ist die Bereitschaft zur Transformation. [...] Heute gibt es Anlass darüber nachzudenken, wie wir unseren persönlichen, aber auch gesellschaftlichen Lebensstil den Grenzen des Planeten anpassen können. [...] Globalisierte Verantwortung bedeutet, sich nach der Corona-Krise noch entschiedener für eine gemeinsame Klimapolitik der Weltgemeinschaft stark zu machen. Es bedeutet auch,

(Fortsetzung)

Kategorie	Textauszüge
	dass wir die hoffentlich bald gefundenen Impfstoffe und andere wichtige medizinische Fortschritte weltweit teilen. Und es muss bedeuten, bei Produktionswegen und Lieferketten für Gerechtigkeit und Nachhaltigkeit zu sorgen.«
Appell	»Umso wichtiger ist es, in den aktuellen Meinungskämpfen diejenigen nicht aus den Augen zu verlieren, die besonders auf unser Verantwortungsgefühl angewiesen sind: die Schwächsten und Kleinsten, die Alten und die Kinder [...]. Auch für unsere kirchlichen Kindergärten, Schulen sowie Betreuungs- und Beratungsangebote muss der Anspruch sein: Wir lassen gerade in der Krise niemanden zurück. [...] Aus der globalen Corona-Krise kann und muss beim Neustart eine Globalisierung der Verantwortung erwachsen. Sie gründet in dem Bewusstsein dafür, wie sehr wir als Menschen in den unterschiedlichsten Teilen der Welt verbunden sind. Aus dem Glauben an den Gott, der die gesamte Welt aus Liebe geschaffen hat, hat die Kirche immer den Auftrag abgeleitet, diesen globalen Zusammenhang der Menschheit und der Natur im Blick zu behalten und zu bewahren. [...] Die Sorge um das je eigene, gar nur national gedachte Wohlergehen darf nicht dazu führen, die weltweite Verantwortung aus dem Blick zu verlieren. [...] Und vielleicht erwächst aus dieser Krise eine notwendige Energie, entschlossen daran zu arbeiten.«

Abbildung 1 : Darstellung des Musters »Vom Motiv zur Handlungsaufforderung« am Beispiel des Artikels »Das Virus als Wegmarke« von Bedford-Strohm.

Ein anderes Beispiel stammt aus dem Leserbrief der *Katholischen Sonntagszeitung* vom 2. und 3. Mai 2020.

> »Die Vorsichtsmaßnahmen sind nötig, um eine Ausbreitung zu verhindern. Zu [sic!] Frage, ob die Pandemie eine Strafe Gottes ist, mache ich mir so meine Gedanken: Sie schrieben, Gott ist gütig und will, dass es uns gut geht – nur uns? Wir haben schon seit 75 Jahren keinen Krieg mehr. Es gibt aber dauernd Kriege, und viele Menschen sind auf der Flucht, weil ihre Häuser und Arbeitsplätze durch Bomben zerstört wurden. Diese Bomben, Minen und Kriegsgeräte wurden von unseren Industriestaaten hergestellt und verkauft. Das ist unverantwortlich! Mich wundert es, dass Gott dabei zusieht, ohne kräftig dreinzuschlagen. Die Industriestaaten müssen aufhören, Kriegsgeräte aller Art herzustellen und zu verkaufen. Und sie müssen für den Schaden aufkommen,

> den sie angerichtet haben! Sie müssen alles wiederaufbauen, was sie vernichtet haben. Dann können die Flüchtlinge in ihre Heimat zurückkehren. Gott liebt alle Menschen – nicht nur uns. Diese Zeit der Not und Gefahr ist eine gute Zeit, über all dies nachzudenken und einiges zu ändern« (Müller-KS-02/03-05-2020).

Der Autor dieses Leserbriefs gibt zunächst eine Deutung der Wirklichkeit, die über die gegenwärtige Situation der Corona-Pandemie hinausgeht. Einerseits nimmt er die Fragestellung eines strafenden Gottes auf, andererseits gibt er einen einseitig negativ geprägten Ist-Zustand der globalen Gegenwart wieder. Der Autor steht somit in einer Wirklichkeit, die über seinen unmittelbaren Erfahrungshorizont weit hinausgeht. Er stellt fest, dass sich andere Menschen schon vor Ausbruch der Pandemie in existentiellen Krisen befinden. Diese Krisen haben andere Ursachen und brauchen andere Lösungen. Die Handlungsmotivation, um diese Probleme zu beheben, versteht er in der Verantwortung. Daraus leitet er konkrete politische Handlungsmöglichkeiten für Industriestaaten ab, wie den sofortigen Verkaufs- und Produktionsstopp von Waffen. Für das Individuum gilt der Appell, über die genannten globalen Zusammenhänge nachzudenken, und der Aufruf zur Transformation. Entsprechend ergibt sich folgende Darstellung:

Abschnitte	Textauszüge
Deutung der Wirklichkeit:	»Zu Frage, ob die Pandemie eine Strafe Gottes ist, mache ich mir so meine Gedanken: Sie schrieben, Gott ist gütig und will, dass es uns gut geht – nur uns? Wir haben schon seit 75 Jahren keinen Krieg mehr. Es gibt aber dauernd Kriege, und viele Menschen sind auf der Flucht, weil ihre Häuser und Arbeitsplätze durch Bomben zerstört wurden. Diese Bomben, Minen und Kriegsgeräte wurden von unseren Industriestaaten hergestellt und verkauft.«
Handlungsmotivation:	»Das ist unverantwortlich!«
Handlungsmöglichkeiten:	»Mich wundert es, dass Gott dabei zusieht, ohne kräftig dreinzuschlagen. Die Industriestaaten müssen aufhören, Kriegsgeräte aller Art herzustellen und zu verkaufen. Und sie müssen für den Schaden aufkommen, den sie angerichtet haben! Sie müssen alles wiederaufbauen, was sie vernichtet haben. Dann können die Flüchtlinge in ihre Heimat zurückkehren. [...]«
Appell:	»Diese Zeit der Not und Gefahr ist eine gute Zeit, über all dies nachzudenken und einiges zu ändern.«

Abbildung 2: Darstellung des Musters »Vom Motiv zur Handlungsaufforderung« am Beispiel eines Leserbriefes der Katholischen Sonntagszeitung.

Auch wenn die Deutungsvarianten der Krise differieren, so ist es doch erstaunlich, dass die Grundmotive und ethischen Forderungen zur Reflexion und Änderung des eigenen und gesellschaftspolitischen Handelns in den Beiträgen sehr ähnlich sind. In der Polyphonie der Forderungen tauchen Solidarität, Gerechtigkeit und Freiheit immer wieder auf, sie werden durch die Grundmotive motiviert und subsumieren andere Appelle nach Nachhaltigkeit, Frieden und einer Reformierung der Wirtschaftsweise. Die nachfolgenden Abschnitte untersuchen, wie mit diesen drei Begriffen im Quellenmaterial umgegangen wurde.

4. Solidarität und Gerechtigkeit

4.1 Solidarisches Handeln auf drei Ebenen

Solidarisches Handeln wird im untersuchten Material eingefordert, affirmiert und an alltäglichen und außergewöhnlichen Beispielen beschrieben. Dabei fällt auf, dass der Terminus nicht einheitlich, sondern für unterschiedliche Einstellungen, Forderungen und Lebensbeispiele und mit verschiedenen Bezugsgrößen verwendet wird.[5] Beispielsweise sollen die Jungen für die Alten eintreten, die Politik soll für die Kinder und ihre Familien sorgen, die Deutschen sollen sich mit den Geflüchteten, die Industriestaaten mit den weniger entwickelten Ländern und die Menschheit mit der Umwelt solidarisch verhalten. Verallgemeinernd lässt sich sagen, thematisieren die Beiträge Solidarität in zwischenmenschlichen Beziehungen, im Verhältnis zwischen Institutionen, wie dem Staat und der Kirche, zu Zivilpersonen und zu Gewerben und in der internationalen Zusammenarbeit. In diesem Kapitel werden sie als Mikro-, Meso- und Makroebene bezeichnet.[6] Dabei beschreibt die Mikroebene Solidarität in interpersonellen Beziehungen, die Mesoebene behandelt sie im Verhältnis von Staat zu Zivilbevölkerung und Gewerbe und die Makroebene in internationalen Beziehungen und globalen Herausforderungen. Auf diese Weise kann die Aussage: »Wir haben 40 Flyer gedruckt: ›Wir sind vier gesunde Fast-Dreißiger vom Eppendorfer Baum ... Wir helfen gerne und können Ihre Erledigungen wie Einkäufe und Apothekengänge übernehmen.‹ [...] Ich bin Unternehmensberaterin. Wir arbeiten momentan alle im Homeoffice, unsere Freunde Steffi und Philipp, mein Freund Max und ich. Weil wir alle gesund und zeitlich flexibel sind, hatte Philipp die Idee, dass wir nebenbei alten oder immunschwachen Menschen helfen könnten« (Allmaier-Z-26-03-2020) der Mikroebene zugeordnet werden.

---

5 Dieses Problem ist auch der Forschungsliteratur bekannt. Unter anderem versuchen den Begriff zu schärfen: Diefenbacher et al., Idee; Kieslich/Prainsack, Solidarität.

6 Diese Beobachtung korrespondiert mit der Einteilung der Solidarität in drei Ebenen, wie sie von Kieslich und Prainsack vorgeschlagen wurde.

Hingegen steht der Satz »Die christlichen Kirchen könnten zeigen, wie das geht: bedingungslos helfen. Anderen Halt und Orientierung geben, Kraft und Trost spenden« (Mönius-Z-07-05-2020) für die Mesoebene. Ein Beispiel für die Solidarität auf der Makroebene ist: »Müller [gemeint ist Entwicklungsminister Gerd Müller von der CSU] untermauerte seine Forderung nach einer Ausweitung des Corona-Sofortprogramms und von EU-Mitteln für diese Staaten [gemeint sind die außereuropäischen Mittelmeeranrainerstaaten]. Corona besiegen wir nur weltweit oder gar nicht, sagte der Minister« (Katholische Nachrichten-Agentur-KS-05).

Die Sortierung des Materials auf die unterschiedlichen Ebenen zeigt, dass die Mesoebene überproportional bespielt wird. Eine mögliche Erklärung ergibt sich daraus, dass die Corona-Pandemie in alle sozialen Systeme eingedrungen ist und folglich einer koordinierten überregionalen und staatlichen Antwort bedurfte. Ein weiterer Grund ist, dass die Mesoebene diverser thematisiert werden kann als die Mikro- und Makroebene, wodurch sie an Exklusivität verliert. Wegen dieser Merkmale ist sie jedoch auch schwieriger zu definieren, als die anderen beiden Ebenen. Während sich relativ einfach konkrete Beispiele für die Mikro- und Makroebene finden lassen, stellen sich bei der Mesoebene noch die Fragen der Authentizität, der Qualität und der Quantität.

Neben dieser Einteilung auf die verschiedenen Ebenen ist festzustellen, dass die Forderungen und Beispiele solidarischen Handelns meistens unilateral und, wie für Solidarität sonst typisch, nicht reziprok sind. Das Material stellt das solidarische Verhalten einer Person/Personengruppe/Institution/Staatengemeinschaft zu einem Gegenüber dar und berichtet nicht von (zu erwartenden) Gegenleistungen. Daraus ergibt sich, dass an den solidarischen Handlungen eine handlungstragende, aktive Partei und eine handlungsempfangende, passive Partei beteiligt sind. Die Akteure der Solidarität werden im weiteren Textverlauf als *Benefikatoren* und die Rezipienten dieser solidarischen Akte als *Benefizianten* bezeichnet.

Auf diese Weise können aus den oben genannten Beispielen folgende Benefikatoren ausfindig gemacht werden. Im Beispiel der Mikroebene fungieren die »vier gesunde[n] Fast-Dreißiger«, im Beispiel der Mesoebene die »christliche Kirchen« und im Beispiel der Makroebene die EU-Mitgliedsstaaten sowie die globale Staatengemeinschaft als Akteure der Solidarität. Ebenso werden die Rezipienten der solidarischen Handlungen genannt. Die in den Beispielen vorkommenden Benefizianten sind auf der Mikroebene die »alten oder immunschwachen Menschen«, auf der Mesoebene die »Anderen« und auf der Makroebene die »Mittelmeeranrainer« [KNA-KS-16/17-05-2020].

Das untersuchte Material nennt eine Vielzahl weiterer Benefikatoren wie zum Beispiel:

Ärzte, Bischöfe, Europa, gesunde Menschen, globaler Norden, Hilfsorganisationen, Junge Menschen, Kinder, Kirchen, Kontinente, Krankenschwester, Krankenpfleger, Länder, Musiker, Nachbarn, Papst, päpstlicher Rat für interreligiösen Dialog, Pfarrer, Politiker, Privatpersonen, Reiche, Religionsgemeinschaften, Schüler, Staat, Stiftungen, Weltkirchenrat.

Diese unterstützen zahlreiche Benefizianten, wie:

Afrika, Alte, Arbeiter, Arme, Benachteiligte, Bettler, chinesische Volk, Entwicklungsländer, Familien, Flüchtlinge, Heimatvertriebene, Jugendliche, Kinder, Klima, Klimaflüchtlinge, Kontinente, Kranke, Kulturbereich, Kulturschaffende, Kurzzeitarbeiter, Lehrer, Mittelalten, Musiker, Nachbarn, Pfandsammler, private Unternehmen, Schwache, Welt, Wirtschaft.

Die zahlreichen Benefikatoren und Benefizianten setzten sich aus Personen, Personengruppen, Institutionen und Staatengemeinschaften zusammen. Sie können den einzelnen Ebenen zugeordnet werden. Auf der Mikroebene sind einzelne Personen und Personengruppen die Akteure. Auf der Mesoebene sind es die Institutionen, wie der Staat und die Kirche. Letztlich gehören die Staatengemeinschaften, wie etwa die EU-Mitgliedsstaaten, zu der Makroebene. Anstelle der generalisierenden Begriffe können die erwähnten Benefikatoren und Benefizianten genannt werden, woraus sich folgende Sortierung ergibt: Auf der Mikroebene gehören z. B. Ärzte, gesunde Menschen, Jungen, junge Menschen, Kinder, Krankenschwestern, Krankenpfleger, Musiker, Pfarrer, Privatpersonen, Reiche, Schüler zur Gruppe der Benefikatoren. Die Rezipienten ihrer Hilfeleistungen sind z. B. Alte, Arme, Benachteiligte, Bettler, Kranke, Lehrer, Mittelalte, Pfandsammler und Schwache. Für die Mesoebene formen unter anderem Bischöfe, Kirchen, Länder, Politiker, Religionsgemeinschaften, Staaten und Stiftungen die aktive Partei, welche Unterstützung für Arbeiter, Arme, Benachteiligte, Bettler, Familien, Flüchtlinge, Heimatvertriebene, Jugendliche, Kinder, Kulturbereich, Kulturschaffende, Kurzzeitarbeiter, Mittelalte, private Unternehmen und die Wirtschaft zur Verfügung stellen. Die Benefikatoren der Makroebene sind z. B. Europa, der globale Norden, Hilfsorganisationen, Kirchen, Kontinente, Papst, päpstlicher Rat für interreligiösen Dialog, Politiker, Religionsgemeinschaften, Staat, Stiftungen, Weltkirchenrat. Sie unterstützen Benefizianten wie Afrika, das chinesische Volk, Entwicklungsländer, Klima, Klimaflüchtlinge und Kontinente. Die Abbildung 3 gibt diese Aufstellung nochmal graphisch wieder. Das Material zeigt außerdem, dass nicht alle Glieder der Benefikatoren allen Gliedern der Benefizianten helfen, sondern es gibt spezifische, aber nicht exklusive, Beziehungen. Auf der Mikroebene hilft das medizinische Personal den kranken Menschen, während die jungen Menschen eher den alten und pflegebedürftigen Menschen Unterstützung leisten. Auf diese Beziehungsgeflechte wird weiter unten genauer eingegangen.

Ebene	Benefikator	Benefiziant
Mikroebene	Junge Menschen, Kinder, medizinisches Personal, Pfarrer, Seelsorger, Musiker	Alte Menschen, kranke Menschen, Schwache, Benachteiligte
Mesoebene	Staat, Kirche	Kinder, Familie, Kulturbereich, Unternehmen, Wirtschaft
Makroebene	Staatengemeinschaft, Industrieland, Europa, Globaler Norden, Menschheit	Entwicklungsland, Afrika, Globaler Süden, Umwelt

Abbildung 3: Aufteilung der Benefikatoren und Benefizianten auf die drei Solidaritätsebenen.

Aus der Einteilung der Benefikatoren und Benefizianten auf die Mikro-, Meso- und Makroebene gehen drei Erkenntnisse hervor. Es zeigt sich, dass a) die Benefikatoren einer niedrigeren Ebene als Benefizianten einer höheren Ebene fungieren können, nicht aber andersherum, b) dass der Umfang des solidarischen Handelns von Benefikator zu Benefiziant in einem angemessenen Verhältnis steht und c) dass i. d. R. keine Gegenleistung der Benefizianten erwartet wird, es besteht also keine Reziprozität. Zur Veranschaulichung werden die eben erwähnten Beispiele analysiert. Im ersten Beispiel zählt sich die Autorin zu den jüngeren Menschen, die den schwächeren helfen sollen, folglich beschreibt es eine solidarische Beziehung auf der Mikroebene. Auch in anderen Beiträgen werden Kinder und junge Menschen als Benefikatoren für ältere Menschen erwähnt, da sie durch Einhaltung der Eindämmungsmaßnahmen, Erledigung von Einkäufen, Unterlassung von physischen Kontakten zu Alten und freiwillige Zurückhaltung beim Impfen die älteren Menschen schützen (vgl. Allmaier-Z-26-03-2020; Steinert-MP-04-2020). Das Beispiel der Mesoebene nennt die Kirche als Akteur. Sie unterstützt zum Beispiel alte und pflegebedürftige Menschen, aber auch den Kulturbereich, wie weiteres Material spezifiziert (vgl. Lilie/Lieberknecht-Z-02-07-2020; Magg-KS-13/14-06-2020). Der Staat wiederum kann auf der Makroebene zum Benefiziant werden, wenn er Hilfe von anderen Nationen und internationalen Hilfsorganisationen bekommt, wie das dritte Beispiel darstellt (KNA-KS-11/12-04-2020). Und schließlich wird die Gesamtheit der Menschen inklusive ihrer Institutionen und Unternehmen zum Benefikator für die Umwelt, bzw. wird dies gefordert (vgl. Galgano-KS-10/11-10-2020).

Die im Material genannte Solidarität wird nahezu immer als eine Form der Hilfeleistung umschrieben, welche auf den drei Ebenen unterschiedliche Expressionen findet. Diese Expressionen stehen in einem angemessenen Verhältnis zu den Kompetenzen der jeweiligen Benefikatoren. Auf der Mikroebene werden alltägliche Tätigkeiten, die von den Benefizianten nicht ausgeführt werden können/sollten, von den Benefikatoren übernommen (bsp. einkaufen). Die Benefikatoren der Mesoebene hingegen steuern, koordinieren und organisieren Hilfen, zum Teil auch die der Mikroebene. Des Weiteren tragen sie die Hilfeleistungen für andere Institutionen, gesellschaftliche Systeme (z. B. Wirtschaft) und Personengruppen (z. B. Kulturschaffende, Kurzarbeiter). Die Hilfen auf der Makroebene sehen Kreditleistungen, Großspenden und die Koordination und Unterstützung von humanitärer Hilfe für Millionen von Menschen vor. Es lässt sich also feststellen, dass mit steigender oder sinkender Kompetenz eine entsprechende Expression der Solidarität verbunden ist.

Diese solidarischen Akte werden im Material in der Regel als eingleisig beschrieben, d. h. von den Benefizianten wird keine Gegenleistung erwartet. Eine Familie oder alleinerziehende Mutter wird in keinem Artikel dazu gedrängt, der erhaltenen staatlichen Hilfe durch politisches Engagement oder pro-demokratische Äußerungen zu begegnen. Womit nicht gesagt sein soll, dass manche Hilfsaktionen gar keine eigene Agenda mitführen können, die Regel der unilateralen Hilfe gilt nur für das untersuchte Material. Die Regel ist hervorzuheben, weil sie einerseits einen Gegensatz zur Reziprozität, einem wesentlichen Merkmal der Solidarität,[7] bildet. Andererseits wird sie in wenigen Bereichen gebrochen. Am deutlichsten wird dieser Bruch, wo die Solidarität in der Corona-Krise mit den gesellschaftlichen Gegensätzen der Klimakrise verglichen wird. So gibt es die Forderung an die Alten, die an sie gerichtete Solidarität der Jungen mit Blick auf Klimafreundlichkeit, Umweltbewusstsein und Nachhaltigkeit zu erwidern. Die Thematik wird weiter unten diskutiert.

Unter Berücksichtigung der o. g. genannten Punkte a und b ergeben sich unterschiedliche Beziehungsgeflechte. Auf der Mikroebene wären das vereinfacht ausgedrückt: Jung-Alt; Medizinisches Personal-Kranke; Seelsorger-Bedürftige. Auf der Mesoebene: Staat-Familie/Wirtschaft/Kulturschaffende/Entwicklungsland; Kirche-Familie/Kulturschaffende/Entwicklungsland und auf der Makroebene: Staatengemeinschaft-Entwicklungsland; Europa-Afrika; Globaler Norden-Globaler Süden.[8] Im Folgenden soll näher auf die Beziehungsgeflechte, wie sie im Material thematisiert wurden, eingegangen werden.

---

7 DIEFENBACHER, Idee, 153.

8 Das genannte Raster und die jeweiligen Beispiele zeigen nur Beziehungsgruppen der Solidarität auf, die Diefenbacher et al. als Gruppen der Kon-Solidarität bezeichnet. Sie kommen im Material am häufigsten vor. Es finden sich aber auch Gruppen der Pro-Solidarität, zum Beispiel helfen ältere Menschen einander. Auch kann die Staatengemeinschaft der EU als Gruppe der Pro-Solidarität zählen.

4.2 Intergenerationelle Solidarität (Mikroebene)

Die intergenerationelle Solidarität[9] spielt sich im Kleinen auf der Mikroebene ab. Diese Beziehung wird im untersuchten Material von unterschiedlichen Perspektiven beleuchtet und bewirkt ein komplexes Mosaik. So wird sie durch die Eindämmungsverordnungen, die vor allem die Alten vor kritischen Krankheitsverläufen schützen sollen, auch auf die Mesoebene gehoben. Die entsprechenden Artefakte lassen sich durch das oben erstellte Raster nach der Rolle der Benefikatoren und der Rolle der Benefizianten analysieren.

Im intergenerationellen Zusammenhalt nehmen die jungen Menschen (kurz: Jungen) die Rolle der Benefikatoren ein. Bevor näher auf den Umfang ihrer Solidarität und die kritischen Stimmen eingegangen wird, soll die Gruppe kurz definiert werden. Der Sammelbegriff »junge Menschen« versteckt die eigentliche Diversität, die hier kurz hervorgehoben werden soll. Der Autor versteht unter dem Terminus die im Material vorkommenden Personengruppen: Kleinkinder, Kinder, Teenager, Jugendliche, junge Erwachsene, junge Familien und (alleinerziehende) Eltern. Diese einzelnen Teilgruppen haben die Corona-Pandemie unterschiedlich erlebt und die geforderte Solidarität auf verschiedene Art praktiziert. Dieser Abschnitt subsumiert die spezifischen Perspektiven unter der übergeordneten Rubik und kann nicht auf ihre Spezifika eingehen. Gleiches gilt auch für die Gruppe »alte Menschen« (kurz: Alte), unter der sich Personengruppen versammeln, die zunächst nur altersbedingt zur Risikogruppe gehören.

4.2.1 Die Jungen als Benefikatoren

Der Umfang des solidarischen Handelns ist einerseits durch interpersonelle Beziehungen, andererseits durch die staatlichen Verordnungen gekennzeichnet. Eine erste Durchsicht des Materials berichtet mit wenigen Ausnahmen, dass die Art der Verbundenheit und des Zusammenhalts von den Jungen eingehalten, zum Teil sogar begrüßt und gefordert wurde (Berg-ZZ_print-07-2020). Ein Beitrag der *Katholischen Sonntagszeitung* wählt den mythischen Gründer Roms, Aeneas, als Vorbild für die junge Generation. Bei der Flucht aus Troja hat dieser keine Goldschätze mitgenommen, sondern seinen alten Vater auf seinen Schultern getragen. Ebenso, so der Appell, soll man selbst handeln (Galgano-KS-05/06-09-2020). Wie die Beiträge zeigen, übersteigt das solidarische Verhalten mancherorts die staatlich angeordneten Verordnungen. Junge Menschen übernehmen ehrenamtlich die Einkäufe für Ältere, damit diese nicht eine Infektion im Supermarkt riskieren müssen. Sie helfen in Krankenhäusern aus und verzichten

[9] Im folgenden Abschnitt wird die intergenerationelle Solidarität ausschließlich in Bezug auf das untersuchte Material thematisiert. Die erwähnten Aspekte, Spannungen und Beispiele stammen aus den Beiträgen und der Arbeit mit ihnen.

in den ersten Monaten auf den Impfstoff, damit die Risikogruppe ihn zuerst bekommen kann. Es sind vielerorts, so wie es ein Leserbeitrag formuliert, »[s]chwere Zeiten, aber eine Menge Solidarität« (Dittmar-FAZ-21-03-2020).

Allerdings verlaufen die Einschränkungen nicht ohne Kritik. Einerseits wird die Unverhältnismäßigkeit für die jungen Menschen aufgezeigt, die wegen Schulausfällen, fehlenden sozialen Kontakten und Freizeitangeboten, im Bildungsvergleich zurückfallen und vereinsamen. Andererseits wird auf die kritische Situation innerhalb der Familien hingewiesen.

> »Dürfen die Kleinsten einer Gefahr ausgesetzt werden, um andere, Ältere und Risikopatienten, zu schonen? Diese Frage wurde vernachlässigt als die Kitas bundesweit schließen mussten. Es ging um den Schutzanspruch eines ganzen Landes, um die Furcht vor einem Erreger, aber vor allem auch um die Angst der Politiker, Fehler zu machen. Die Maßnahmen waren wichtig – bis ins Detail überlegt waren sie nicht« (Otto/Schoener-Z-02-04-2020).

Wie dieser Beitrag stellen auch andere die Solidarität nicht in Frage, kritisieren aber die Verhältnismäßigkeit. Homeschooling, Homeoffice und Kinderbetreuung auf engem Raum müssen geregelt werden (vgl. Franz/Schäfer/Schlorke-MP-06-2020; Krumpholz/Wilke-KS-04/05-07-2020; Beckenbach-KS-09/10-05-2020; Berg-ZZ_print-07-2020; Finger/Parnack-Z-02-04-2020; Bingener/Deckers/Jansen-FAZ-31-10-2020). Die Artikel berichten von Betroffenen und Kritikern, die sich vom Staat vernachlässigt gefühlt haben.

4.2.2 Die Alten als Benefizianten

Neben der Verhältnismäßigkeit ist die Selbstbestimmung ein Kritikpunkt an der geübten und verordneten Solidarität. Das Material vermerkt, dass Alte und Kranke selbst darüber entscheiden können, welchem gesundheitlichen Risiko sie sich aussetzen wollen und welchem nicht (vgl. Finger/Parnack-Z-02-04-2020). Jedoch standen Entscheidungsträger – teils gehören sie einer vulnerablen Gruppe an, teils auch nicht – vor der schwierigen Herausforderung, zwischen dem Infektionsschutz von Kranken und Alten in bspw. Krankenhäusern, Pflege- und Altenheimen und ihren Bedürfnissen nach körperlicher Nähe und Gemeinsamkeit abzuwägen. Die *Katholische Sonntagszeitung* benennt dieses Dilemma:

> »Einerseits gehören ältere und vorerkrankte Menschen gerade in Pflegeheimen zu denen, die vom Virus ganz besonders gefährdet sind. [...] Andererseits bedürfen gerade alte und kranke Menschen liebender Zuwendung und soweit möglich auch körperlicher Nähe« (Meißner-KS-12/13-12-2020; vgl. Stumberger-KS-07/08-11-2020).

Dieses Dilemma ist der Bundesarbeitsgemeinschaft der Seniorenorganisationen, kurz BAGSO, bekannt. Zur Arbeitsgemeinschaft gehören u.a. Vereine, wie die AWO, Malteser, parteinahe Vereinigungen aller großen Parteien und Gewerkschaften, wie die IG Metall und Verdi. Ihre Stellungnahmen erschienen seit März fast monatlich und thematisierten vorwiegend die schwierige Situation der Pflegeheimbewohner. Trotz der Diversität ihrer Mitglieder und der vielen Publikationen blieb die Berichterstattung über deren Stellungnahmen, Positionspapiere und erstellten Gutachten im untersuchten Material nahezu aus. Die BAGSO wurde so als Stimme der Alten nicht wahrgenommen. Stattdessen wurde auf die Berichterstattung von Seelsorgern, Pfarrern, Krankenpflegern und Ärzten, hin und wieder auch auf die der Diakonie- und Caritasleitung zurückgegriffen. Diese Berichte sind durch die jeweils persönlichen Erfahrungen geprägt und geben ein situatives Bild der Ereignisse. Die Stellungnahmen der BAGSO hätten m.E. diese durch eine bundesweite Perspektive erweitern und erhellen können. Dies geschah zum Teil in der *Katholischen Sonntagszeitung*, die die Forderungen und ein Gutachten zu den Freiheitseinschränkungen in Pflegeheimen in zwei Artikeln (vgl. KNA-KS-13/14-06-2020; KNA-KS-21/22-11-2020) vorstellte. Darin wird der Appell nach einem Kompromiss, der schützt und gleichzeitig Besuche in den Pflegeheimen gewährleistet, laut. Des Weiteren wird auf die unterschiedlichen Regelungen der Bundesländer und die starke Eigenverantwortung der Heimleitungen hinsichtlich dieser Einschränkungen verwiesen. Im Juni fasst die *Katholische Sonntagszeitung* den Appell wie folgt zusammen:

> »Das Kontaktverbot zwischen engsten Familienangehörigen sei der mit Abstand schwerste Eingriff in die Grundrechte während der CoronaKrise, hieß es weiter. Diese Regelung sei für einen begrenzten Zeitraum gedacht gewesen und könne ›auf keinen Fall weiter Bestand haben‹« (KNA-KS-13/14-06-2020).

Neben der *Katholischen Sonntagszeitung* informiert auch die *idea Spektrum* über die Studie der BAGSO zu Besuchs- und Ausgangsbeschränkungen in Pflegeheimen. Darin bestätigt der Verfasser, der Mainzer Verfassungsrechtler Prof. Friedhelm Hufen, die schwere Situation der Heimbewohner und ihr Recht auf Schutz und Selbstbestimmung. Des Weiteren stellt *idea Spektrum* den im Gutachten erwähnten Umgang mit der Menschenwürde in den Fokus:

> »Eine nicht zu rechtfertigende Verletzung der Menschenwürde liege vor, ›wo Menschen aufgrund von Besuchsverboten einsam sterben müssen‹. Dem Gutachten zufolge haben sich die Heimleitungen verbindlich daran zu halten, wenn die Corona-Verordnungen der Bundesländer tägliche Besuchsmöglichkeiten vorsehen. Die

BAGSO fordert Politik, Behörden und die Verantwortlichen in der stationären Pflege auf, die Grundrechte der Betroffenen zu wahren« (idea Nachrichtenagentur-I-11-11-2020).

Die Berichterstattung über die Situation der Alten wird in den Publikationsorganen ergänzt durch individuelle Erfahrungsberichte von älteren Betroffenen, welche jedoch oft von Repräsentanten geschildert werden. Die Betroffenen sind zum Teil über die Eindämmungsmaßnahmen, die sie besonders hart treffen, entrüstet und fühlen sich nicht mehr »erwünscht« (Finger-Z-16-04-2020). Eine Seelsorgerin fasst die Frage einer 95-jährigen Heimbewohnerin so zusammen: »Ich bin 95 Jahre alt, seit zehn Jahren in diesem Altenheim. Jetzt wird mir nur noch zweimal am Tag von jemandem mit Maske vor dem Gesicht ein Tablett ins Zimmer geschoben. Wovor soll ich eigentlich noch beschützt werden?« (Kässmann-Z-07-05-2020). In einem anderen Beitrag hält die Betroffene die Widersprüchlichkeit der Situation fest. Sie versteht den Nutzen der Eindämmungsmaßnahmen und zugleich wünscht sie sich den Kontakt zu ihrer Familie und ihren Enkeln (Bökemeier-CP-11-2020).

4.2.3 Wie in der Corona-Pandemie so auch beim Klimawandel

Die geforderte und gegebene intergenerationelle Solidarität führte viele Stimmen dazu, die Corona-Pandemie mit einem weiteren Thema zu verbinden, dem Klimawandel. Während das Corona-Virus besonders gefährlich für die Alten ist, bedroht der Klimawandel das Leben zukünftiger Generationen. Die Beiträge fordern keine Einbahnstraße in der Solidarität, sondern eine Reziprozität. So wie die Jungen Einschränkungen auf sich nehmen, um die Alten und Kranken zu schützen, sollen auch zukünftig die Alten gegen den Klimawandel vorgehen. In diesem Sinne schreibt Christian Berg, Professor für Nachhaltigkeit an der Universität des Saarlandes, in *Zeitzeichen*: »Es sind [in der Corona-Pandemie] vor allem die Alten, die unserer Solidarität bedürfen und es sind insbesondere die Jungen, die Solidarität üben müssen. Beim Klimawandel ist es genau umgekehrt« (Berg-ZZ_print-07-2020).[10] Die Politikwissenschaftlerin Kira Vinke geht sogar noch einen Schritt weiter und spricht von einem »Corona-Klima-Vertrag« (Husmann-CP-11-2020) zwischen den Generationen, der eine Antwort der Alten auf die Solidarität der Jungen fordert. In einem Interview mit *Chrismon Plus* sagt sie:

> »Vor einem Jahr gab es noch Streit, ob Schülerinnen und Schüler freitags für Klimaschutz demonstrieren dürfen. Von März bis zum Sommer haben wir sie für Monate aus der Schule genommen. Wenn man Kindern so ein Opfer abverlangt, stehen die Älteren beim Klimaschutz in der Pflicht« (ebd.).

---

[10] Ähnliche Äußerungen finden sich in: Fallet/Keller-CP-11-2020; Stollhoff-KS-28/29-03-2020.

Bei der Aushandlung eines solchen Generationsvertrags sieht sie auch Raum für die Kirchen als wesentlichen Mediator,

> »weil sich dort Generationen treffen. Die Kirche will neue Mitglieder gewinnen und muss die Themen der Jungen stärker in den Fokus nehmen. Dazu gehört die Erwärmung. Heute ein guter Mensch oder guter Christ zu sein, bedeutet nach meinem Verständnis, dass wir eine Art Fernstenliebe praktizieren und uns unserer Verantwortung stellen« (ebd.).

4.3 Institutionelle Solidarität (Mesoebene)

Auf der Mesoebene begegnen Institutionen anderen Institutionen, Einrichtungen, Unternehmen und Zivilpersonen. Wie bereits erwähnt werden hier primär der Staat und die Kirchen als agierende Parteien benannt, welche zahlreiche Benefizianten unterstützen, wie etwa Kinder, Obdachlose, den Kulturbereich, u. v. m. Bevor auf konkrete Beispiele eingegangen wird, sollen zuerst die Verwendungsweisen der Begriffe »Staat« und »Kirche« kurz definiert werden.

Der Staat findet eine einheitliche Verwendung im untersuchten Material. Hierunter werden staatliche Behörden und Ämter, die Regierungen und deren Mitglieder sowohl auf kommunaler als auch Landes- sowie Bundesebene subsumiert. Demgegenüber liegt den vielfältigen Beiträgen kein einheitlicher Kirchenbegriff zugrunde. Mal umschreibt der Begriff die Gesamtheit der in Deutschland vertretenen Konfessionen, mal eine Denomination und ein anderes Mal bezieht er Unternehmen und Organisationen in kirchlicher Trägerschaft ein, wie Diakonie/Caritas, Schulen, Kindergärten etc. Außerdem sprechen manche von der Institution Kirche und andere nur vom christlichen Gotteshaus. Um auf diese begriffliche sowie konfessionelle Vielfalt hinzuweisen, verwendet der folgende Abschnitt den Plural ›Kirchen‹. Außerdem stellte die Differenzierung der hauptamtlichen Mitarbeiter der Kirchen, vornehmlich der Pfarrer und Bischöfe eine Schwierigkeit dar. Eine nähere Betrachtung der Texte, in denen Pastoren/Pfarrer/Ortsgemeinden erwähnt werden, zeigt, dass diese von einem solidarischen Engagement auf der Mikroebene berichten. Ausschlaggebend für eine solche Auffassung ist die Hervorhebung ihrer Empathie gegenüber ihren unmittelbaren Mitmenschen, denen sie mit ihren lokalen Kompetenzen begegnen. Ferner wird die Solidarität der einzelnen lokalen Haupt- und Ehrenamtlichen der Kirchen gelobt, aber das fehlende Eingreifen der Bischöfe und der Kirchenleitungen kritisiert. In einigen Texten wird die Diskrepanz von Pfarrern und Bischöfen noch verstärkt, indem die Pfarrer eher als Individuen und nicht als Repräsentanten der Kirchen dargestellt werden, wie etwa im *FAZ*-Artikel von Johann Hahlen am 08. Juni:

> »Gewiss haben katholische und evangelische Gemeinden mit Einkaufshilfen, Sorge für Alte und Einsame ›Caritas‹ in bestem Sinne bewiesen und die Möglichkeit des Internets für Predigten, Worte des Trostes oder Gottesdienstübertragungen genutzt. Die ›Amtskirche‹ hat sich jedoch nach meinem Eindruck in vorauseilendem Gehorsam weggeduckt, indem sie selbst auf öffentliche Gottesdienste verzichtete und mitunter sogar ihre Kirchen schloss« (Hahlen-FAZ-08-06-2020).

Ähnliches schildert der *Zeit*-Artikel von Evelyn Finger am 28. Mai:

> »Tatsächlich blieben in den Wochen der Ungewissheit die Amtskirchen überraschend stumm. Nicht die Bischöfe, sondern einzelne Pfarrer kämpften gegen die Isolation von Heimbewohnern, gegen Behördenwillkür bei Beerdigungen und gegen die Abschottung Sterbenskranker – also gegen die Einschränkung des Selbstbestimmungsrechts am Lebensende« (Finger-Z-28-05-2020).

Zudem werden die Ortsgemeinden und ihre Bemühungen eher in Analogie zu Vereinen und lokalen Hilfsorganisationen betrachtet, während die Bischöfe/Kirchenleitungen eher als Vertreter der Kirchen dargestellt werden. Ihr solidarisches Handeln bezieht sich weniger auf ihre lokale unmittelbare Umgebung, sondern auf das Verhältnis zwischen Kirchen und Staat/andere Institutionen. Dementsprechend werden die Pfarrer eher als Benefikatoren der Mikroebene und die Bischöfe als Benefikatoren der Mesoebene gezählt. Wie zu erwarten, gibt es auch bei dieser Beobachtung Ausnahmen. Sie tauchen da auf, wo Kirchenvertreter, wie Bischöfe und Kirchenleitung, von der kirchlichen Präsenz oder persönlichen Erfahrungen während der Corona-Pandemie berichten. Das Engagement von Ortsgemeinden wird dabei in den größeren Kontext der Kirchenarbeit integriert. So zum Beispiel von Bedford-Strohm in einem Interview mit *Zeitzeichen*:

> »Ich fange mal an mit Dingen, die ich wirklich stark finde. Dazu zählt, wie schnell überall die haupt- und ehrenamtlichen Mitarbeitenden in den Gemeinden reagiert und überlegt haben, wie sie den Grundauftrag der Kirche erfüllen können, nämlich Menschen gerade in dieser Zeit nicht alleine zu lassen. Es hat sich gezeigt, welche Kraft in unserer Kirche steckt« (Kosch/Mawick-ZZ_print-09-2020).

Ebenso zählt der Präsident der Diakonie Deutschland, Ulrich Lilie, den Dienst der Mitarbeiter zur Arbeit der Kirche, wenn er sagt:

»Bei uns gilt die mobile Altenpflegerin auf dem platten Land, die seit Monaten ihre Enkelkinder in einem Akt freiwilliger Selbstverpflichtung nur noch digital trifft, weil sie ihre Patienten nicht gefährden will, genauso als Gesicht der Kirche wie der Leiter des Altenheims, der in seine Einrichtung umgezogen ist, weil er die ihm anvertrauten Menschen nicht allein lassen will« (Lilie/Lieberknecht-Z-02-07-2020).

4.3.1 Der Staat als Benefikator

Neben der Definition der Benefikatoren stellt die Klärung der Dimension des solidarischen Verhaltens eine wichtige Komponente auf der Mesoebene dar. Während auf der Mikro- und Makroebene die Wörter »helfen« und »unterstützen« und die Termini »Hilfs«- und »Förderprogramme« eindeutig solidarische Konnotationen aufweisen, gilt dies für die staatlichen Akte nicht zwingend. Es stellen sich die Fragen, ob erstens, der Sozialstaat nicht ohnehin eine intrinsische solidarische Beziehung zu seinen Bürgerinnen und Bürgern sowie Teilsystemen, wie Wirtschaft, Kultur und Pflege, hat oder zweitens, der Terminus für jene Verhältnisse schlicht impraktikabel ist. In anderen Worten: Liegt ein solidarisches Handeln oder letztendlich eine andere Beziehungsform vor, wenn der Staat seinen Einwohnern und Teilsystemen hilft? Diese Gedanken gilt es mit zu bedenken. Es ist deshalb von Interesse, ob die Beiträge staatliche Hilfen als Ausdruck von Solidarität oder als erwartbare Aufgabe der Regierungen betrachten. In der Textanalyse galt es dies zu überprüfen. Das Ergebnis zeigt, dass die Texte unterschiedlich verfahren. Manche nehmen den solidarischen Aspekt auf, andere hingegen nicht. Im Folgenden wird dies an drei Beispielen dargestellt. Weil die staatliche Hilfe sich am expressivsten im Konjunkturpaket, am Sozialschutz-Paket und an der Hilfe für den Kulturbereich zeigt, werden entsprechende Beiträge ausgewählt. Außerdem geben die Texte Aufschluss aus drei unterschiedlichen Perspektiven: der Benefikatoren, durch die ehem. Kulturstaatsministerin Monika Grütters, der Benefizianten, durch den Liedermacher Daniel Kallauch, und der Beobachter, anhand eines Beitrags vom Theologen und Ökonom Prof. Dr. Harald Jung.

Ein Beispiel für den Zusatzetat für die Kulturlandschaft liefert das Interview zwischen der *ZEIT* und der ehem. Kulturstaatsministerin vom Dezember 2020. Das Interview thematisiert Grütters' persönliche Krisenstrategie, die von ihrem christlichen Glauben und ihrer Arbeit geprägt ist. Sie schildert, wie die Bundesregierung der deutschen Kulturlandschaft im Krisenjahr 2020 durch einen Extraetat geholfen hat. Jedoch setzt der Beitrag diese Subvention nicht direkt in Relation zur Solidarität mit den Kulturschaffenden. Hingegen benutzt Frau Grütters den Begriff erst danach, nämlich im Zusammenhang von privaten Spenden an das Hilfsprogramm der Deutschen Orchester-Stiftung, den damit verbundenen geleisteten Überstunden von Mitarbeitern und der Ansprache der Bundeskanzlerin an die Kulturszene (vgl. Finger-Z-10-12-2020).

Wie schwierig sich die staatliche Unterstützung unter den Begriff der Solidarität stellen lässt, zeigt auch der Beitrag von Harald Jung zur Schuldenaufnahme für das Konjunkturpaket während der Corona-Pandemie im *Medienmagazin Pro* vom April. Hier wird deutlich auf die missliche Lage von Familien, Arbeitern und Unternehmen hingewiesen, welche durch staatliche Maßnahmen teilweise erleichtert wird. Jedoch wird das Agieren der Regierung nicht mit Solidarität zur Wirtschaft, den Beschäftigten oder der zukünftigen Generation begründet, sondern eher mit einer Kosten-Nutzen-Analyse. Die Zusatzschulden sind in Anbetracht der Abfederung fataler Folgen sinnvoll (vgl. Jung/Müller-MP-08-2020).

In dem redaktionell erstellten Bericht vom *Medienmagazin Pro* von Juni 2020 kommen verschiedene Stimmen von Kulturschaffenden zu Wort. Diese scheinen darin übereinzustimmen, dass der Staat die Kulturszene im zweiten Lockdown nicht genug gewürdigt hat. Das Wort »Solidarität« wird zwar nicht erwähnt, allerdings schildern die Schlaglichter ein Gefühl der Vernachlässigung. Dazu gehört, dass das Corona-Sofortprogramm nicht die Arbeits- und Lebensrealität der Soloselbständigen beachtete und sie nicht erreichte, wie Kallauch aus eigener Erfahrung beschreibt. Ebenso war das Kurzarbeitergesetz keine geeignete Lösung für sie. Einen stärkeren Zusammenhalt wünscht sich Jazz-Trompeter Till Brönner mit der »Allgemeinheit«, wobei offen bleibt, ob der Staat als Repräsentant dieser Allgemeinheit fungiert oder gesellschaftliche Institutionen angesprochen werden:

> »Aber wenn ein gesamter Berufszweig per Gesetz gezwungen wird, seine Arbeit zum Schutze der Allgemeinheit ruhen zu lassen, dann muss doch die Allgemeinheit dafür sorgen, dass diese Menschen nach Corona noch da sind. Oder was habe ich übersehen?« (Franz-MP-12-2020)

Ein weiterer Ruf nach Rückhalt richtet sich an die Kirchen und den Staat gerichtet. Weil Musiker als Teil von Gottesdiensten auftreten durften, sieht Thomas Nowack, Referent beim Verband für christliche Popularmusik in Bayern, hier einen Weg, wie Kirchen Musikern helfen könnten. Der Staat hingegen könne seine Wertschätzung gegenüber der Kulturlandschaft dadurch zum Ausdruck bringen, dass sie durch das Grundgesetz mit einem »Grundrecht auf Kultur« (Franz-MP-12-2020) geschützt wird.

4.3.2 Die Kirchen als Benefikatoren

Wie bereits erwähnt wird von den Kirchen Solidarität mit anderen Institutionen/Teilsystemen gefordert und bekundet. Das Material enthält sowohl Darstellungen als auch Forderungen aus den eigenen kirchlichen Reihen. Im Vergleich zu den Texten der staatlichen Solidarität fällt auf, dass die Kritik nicht an der geleisteten Hilfe geübt wird, sondern primär an deren (gefühlter) Abwesenheit. Im folgenden Abschnitt wird zunächst die Selbstdarstellung des Engagements durch die Amtskirchen dargestellt. Daran schließt sich die Kritik an.

Die Eigendarstellung des kirchlichen Engagements im Pflegebereich

Zu den kirchlichen Benefikatoren auf der Mesoebene wurden im Material Bischöfe, Kirchenleitungen, die Leitung caritativer und diakonischer Verbände, Kindergärten, Schulen und anderer sozialer Einrichtungen in kirchlicher Trägerschaft ausfindig gemacht. Sie zeigen durch ihre Unterstützung einen Zusammenhalt mit anderen Teilsystemen, Institutionen und Personen(gruppen). Die Benefizianten überschreiten dabei in der Regel nicht die nationalen Grenzen. Auf die vielfältige Verwendung des Kirchenbegriffs sowie die Differenzierung von Lokalgemeinde und der Amtskirche wurde bereits hingewiesen. Die solidarischen Handlungen der kirchlichen Benefikatoren umfassen Beratungs-, Lobby- und Advocacyarbeit sowie systemstabilisierende Unterstützung, caritative und pastorale Dienste, Schaffung von Möglichkeiten der Gemeinschaft und Teilhabe. Das politische Engagement taucht vor allem im Kontext der Diskussion um die Systemrelevanz der Kirchen bzw. der Kritik an ihrer Abwesenheit auf, deshalb wird im Nachfolgenden der Fokus auf entsprechende Texte gelegt.

Das untersuchte Material enthält Artikel, an denen Benefikatoren mitgewirkt bzw. die sie selbst verfasst haben. Die darin enthaltene Eigendarstellung ist für die Analyse interessant. Es wurde darauf geachtet, verschiedene Eigendarstellungen in unterschiedlichen Publikationsorganen zu untersuchen. So ergab sich ein Materialpool von Beiträgen aus Diakonie, Caritas und EKD, welche in der *ZEIT*, *Katholische Sonntagszeitung*, *zeitzeichen* und *idea Spektrum* erschienen. Das darin geschilderte Engagement wird vornehmlich an der Sorge um Pflegebedürftige illustriert, andere Benefizianten sind das medizinische Personal (Betancur/Finger/Ladurner-Z-02-04-2020), Kinder und Familien (Krumpholz/Wilke-KS-04/05-07-2020) und Bedürftige (Butterwegge-ZZ_print-11-2020).

Die *ZEIT* bietet mit ihrer ersten Juli-Ausgabe einen geeigneten Anfang für diesen Abschnitt, weil sie unter der Unterschrift »Der ZEIT war dies unwürdig« einige Meinungen von kirchlichen Hauptamtlichen zum Thema zusammengetragen hat. Ihnen gemeinsam ist ein weiter Kirchenbegriff, der sowohl Diakonie und Caritas als auch Amtskirche und Ortsgemeinde verbindet. Aus ihrer Sicht sind die kirchlichen Akteure all jene, die in einer kirchlichen Einrichtung tätig sind oder in den Worten von Lilie: »Vom Altenpfleger bis zur Bischöfin« (Lilie/Lieberknecht-Z-02-07-2020). Die Unterstützung umfasst sowohl die Ermöglichung der Rahmenbedingungen, so dass die angestellten Pflege- und Seelsorgekräfte ihrer Arbeit so gut wie möglich nachkommen können, als auch der politischen Beratung und des Lobbyismus, um mehr Menschlichkeit in der Pflege zu gewährleisten. Der Präsident der Diakonie Deutschland führt in seinem kurzen Beitrag sehr deutlich auf, was das im Einzelnen bedeutet:

> »Wir haben laut auf die unhaltbare Situation in der Pflege *aufmerksam gemacht*. Und wir haben uns selbst um dringend benötigte Schutzkleidung *bemüht*, weil das vom Gesundheitsminister beauftragte Beschaffungsamt der Bundeswehr ein Totalausfall war. Wir haben die Lage der Ärmsten, der Wohnungslosen und der Geflüchteten *thematisiert* und früh eine breite Debatte über die richtige Balance von Infektionsschutz und Freiheitsrechten in Altenheimen *eingefordert*. Wir haben einen Rettungsschirm für Menschen im Hartz-IV-Bezug *verlangt* und gemeinsam mit der EKD darauf *hingewiesen*, dass die Situation für die Seelsorge in unseren Einrichtungen unerträglich ist« (Lilie/Lieberknecht-Z-02-07-2020, Herv. d. Verf.).

Auf die ungleiche Frequenz und Qualität von Corona-Tests in Pflegeheimen und im Profisport, sowie auf die generelle Situation der Pflege während der Pandemie macht Michael Bammessel, Präsident des Diakonischen Werkes der Evangelischen Landeskirche in Bayern, aufmerksam (vgl. *idea Spektrum* Nachrichtenagentur-I-24-04-2020). Heike Springhart, Privatdozentin für Systematische Theologie, verweist ebenfalls auf die Aufrufe des badischen Landesbischofs Jochen Cornelius-Bundschuh und des Gerontologen Andreas Kruse zum humanen Umgang mit Risikogruppen in Pflegeheimen (vgl. Claussen et al-Z-02-07-2020). In derselben *Zeit*-Ausgabe erzählt der Bischof der Evangelisch-Lutherischen Landeskirche Schaumburg-Lippe, Karl-Hinrich Manzke, wie seine Kirche die Rahmenbedingungen für die Seelsorge wiederherstellen musste, nachdem ein Besucherverbot für Pflegeheime erlassen wurde:

> »So haben wir mit den politisch Verantwortlichen im Land und in den Kreisen *verhandelt*. Wir *legten* ein Konzept *vor*, wie unsere Seelsorger helfen könnten: durch Gottesdienst und Andacht; durch Sterbebegleitung für Heimbewohner und Trost für Angehörige; durch Stärkung des Pflegepersonals. Wir haben unser Angebot so formuliert, dass die Heime es nicht ablehnen konnten. Bei allen Heimleitungen galt es, *Überzeugungsarbeit zu leisten*« (Claussen et al-Z-02-07-2020, Herv. d. Verf).

Auch Bedford-Strohm hebt die Arbeit der Kirchen in den Pflegeeinrichtungen hervor und erwähnt die zusätzliche Energie, die es brauchte, um mit den Leitungen der Heime in Kontakt zu kommen bzw. zu bleiben und Seelsorgeangebote zu ermöglichen (vgl. Kosch/Mawick-ZZ_print-09-2020). Dazu zählte auch, die eigenen haupt- und ehrenamtlichen Seelsorger auf die veränderte Seelsorgesituation einzustellen. Viele Landeskirchen halfen ihrem Personal durch entsprechendes Material auf deren Internetseiten, wie Angela Rinn, Professorin für Seelsorge, in einem Beitrag über die Herausforderungen und Chancen der Seelsorge während der Corona-Pandemie berichtet (vgl. Rinn-ZZ_print-09-2020).

Kritik an fehlender Solidarität der Amtskirche mit kirchlichen Mitarbeitern und Benefizianten

Jedoch drang das Engagement der Kirchenleitungen, wie das Material zu erkennen gibt, nicht zu allen Adressaten vor. Entsprechend stellt Rinn weiter fest, dass es in der Seelsorge einer strukturellen Veränderung bedürfe, damit das Engagement der Mitarbeiter auch auf Nachfrage trifft (vgl. ebd.). Eine andere Art, die Rahmenbedingungen für die Seelsorge zu gewährleisten, bezieht sich auf die Bereitstellung von Schutzkleidung und Zugang zu den Patienten. Die Pfarrerin und Altenseelsorgerin, Dorothee Schieber, berichtet:

> »Ich hätte mir die jetzt angelieferten Masken vor acht Wochen gewünscht, dazu Schutzkleidung und Unterstützung der Landeskirche. Warum hat die Kirchenleitung sich nicht dafür starkgemacht, dass ich meinen Dienst tun durfte?« (Claussen et al-Z-02-07-2020)

Andere Stimmen kritisierten ebenfalls, dass sie nicht genügend Unterstützung von der Amtskirche erhielten, dabei verweisen einige auf den Alleinkampf eines thüringischen Seelsorgers, der sich gerichtlich Zugang zur Pflegeeinrichtung verschaffen musste (vgl. Finger-Z-28-05-2020, Claussen et al-Z-02-07-2020). Noch öffentlichkeitswirksamer war die Kritik am Versagen der kirchlichen Seelsorge in Pflegeeinrichtungen von Christine Lieberknecht vom 19. Mai in der WELT. Peter Hahne, EKD-Ratsmitglied, pflichtet ihr in einem *idea Spektrum*-Artikel, der drei unterschiedliche Reaktionen auf die Kritik zeigt, bei und meint, dass die EKD ihre gelebte globale Solidarität auch auf die Schwächsten der Schwachen in Deutschland anwenden solle.

Es lässt sich zusammenfassend feststellen, dass die Debatte um die Solidarität der Kirchen mit den Alten und Schwachen ausführlich geführt wurde. Ob die Lobbyarbeit der Kirchen dazu beigetragen hat, ein absolutes Besucherverbot in Berlin und Sachsen-Anhalt zu verhindern, bleibt leider unerwähnt. Des Weiteren fällt auf, dass die Probleme in der Pflege, wie Gehalt, Arbeitsbedingungen, Vereinbarkeit von Beruf und Familie im untersuchten Material kaum thematisiert werden. Dort wo sie vorkommen, werden sie nicht von den Kirchenleitungen aufgegriffen, sondern von Betroffenen selbst aufgegriffen (vgl. Rottmann-KS-21/22-11-2020).

4.4 Weltweite Solidarität (Makroebene)

4.4.1 Globale Solidarität

Auf der Makroebene begegnen sich Staatengemeinschaften und Staaten. Man denke an die Diskussion um Euro-Bonds innerhalb der EU und die Forderung nach einem Erlass von Altschulden für die WEL. Aber nicht nur die Staaten, sondern auch die Kirchen stehen in der Verantwortung, diese globale Solidarität auszuüben, wie Kaufmann meint.

> »Die Kirche ist unausweichlich Teil von gewachsenen und begrenzten Solidaritätsgemeinschaften und nimmt doch zugleich an Gottes grenzüberschreitender Fürsorge teil. In der gelebten Solidarität mit dieser Welt und ihren stets ein- und zugleich ausschließenden Gemeinschaften lebt dann die Kirche mit grenzüberschreitender Liebe machtvolle Zeichen, sichtbare und effektive Gleichnisse einer kommenden Welt. Das Evangelium ist dann für die Verantwortungsträger auch eine Einladung, Fehler zu riskieren« (Thomas-ZZ_print-05-2020).

Auch Papst Franziskus meint, dass es im Angesicht der Corona-Pandemie keine Unbetroffenen gibt. »Uns wurde klar, dass wir alle im selben Boot sitzen, alle schwach und orientierungslos sind, aber zugleich wichtig und notwendig, denn alle sind wir dazu aufgerufen, gemeinsam zu rudern« (Rüb-FAZ-28-03-2020). Der folgende Abschnitt thematisiert die Rolle der Kirchen auf der Makroebene des solidarischen Handelns. Aufgrund des globalen Ansatzes ist es sinnvoll, die Kirchen zusammen mit ihren caritativen bzw. diakonischen Werken zu betrachten.

Benefikatoren

Das Material beschränkt die Sicht auf den Umfang des globalen solidarischen Handelns der Kirchen vor allem auf die in und aus Deutschland bzw. dem Vatikan geleistete Arbeit. Im Vordergrund stehen die Advocacyarbeit und die Aufrufe zu »globaler Verantwortung«. Die *Katholische Sonntagszeitung* demonstriert, wie der Vatikan in den Anfangsmonaten der Pandemie diese globale Solidarität ausgelebt hat, wie etwa mit monetären und materiellen Spenden an Betroffene (u.a. Masken nach China) (vgl. Galgano-KS-02/03-05-2020), wiederholten Aufrufen zu internationaler Zusammenarbeit und Frieden (vgl. Jürgens-KS-11/12-04-2020) und mittels Aufrufen zu mehr Solidarität zwischen den Religionen. Diese wurde im Dokument ›Serving a Wounded World‹ vom Weltkirchenrat und dem päpstlichen Rat für interreligiösen Dialog propagiert und publiziert (KNA-KS-05/06-09-2020). Schließlich positioniert sich Papst Franziskus deutlich für Zusammenarbeit und Solidarität in seiner Sozialenzyklika »Fratelli Tutti« (KNA-KS-10/11-10-2020, vgl. Fratelli Tutti).[11] Ebenso fordert der ehemalige EKD-Vorsitzende, Bedford-Strohm, eine globale Verantwortung. Damit ist gemeint, dass die Krise am besten behoben werden kann, wenn die Staaten auf internationaler Ebene zusammenarbeiten. Das bedeutet zum Beispiel Waffenstillstände auszuhandeln, um benötigte Ressourcen zur

[11] Franziskus, 2-3.

Bekämpfung des Virus und dessen Ausbreitung möglichst vielen Menschen zur Verfügung stellen zu können.

Jedoch gibt es auch kritische Stimmen, die sich mehr Opferbereitschaft der Kirchen erhofft hatten. So wird die Kritik geäußert, dass die erbrachte Hilfe der katholischen Kirche in keinem Verhältnis zur eingezogenen Kirchensteuer stehe (vgl. Galgano-KS-02/03-05-2020).

Benefizianten

Die Situation der Benefizianten wird im Material eher durch Fremddarstellungen geschildert. Dabei wird primär auf die dramatische Situation in Entwicklungsländern eingegangen. Die Pandemie verschärft die ohnehin prekären Zustände in beispielsweise Krankenhäusern und Slums durch einen Wirtschaftseinbruch, wodurch weniger Mittel zur Verfügung stehen, um für das Nötigste zu sorgen. Eine Eigendarstellung, die einen differenzierten Blick auf die Auswirkungen der Corona-Pandemie im globalen Süden ermöglichen würde, fehlt häufig.

Insbesondere die *Katholische Sonntagszeitung* berichtet von den Auswirkungen der Krise in anderen Ländern. Der Lockdown lässt die Arbeitslosenzahlen in Südafrika rapide ansteigen (Schönherr-KS-02/03-05-2020). Durch ausbleibende Hilfen und eine sinkende Wirtschaftskraft verschärft sich die Situation in armen Ländern erheblich, welche ohnehin keine flächendeckende Gesundheitsversorgung ihrer Bevölkerung sicherstellen können:

> »Corona gefährdet laut WHO vor allem die fragilen Gesundheitssysteme auf dem Kontinent. Während in öffentlichen Krankenhäusern in Europa durchschnittlich 4000 Intensivbetten auf eine Million Einwohner kommen seien es in Afrika bloß fünf. Noch drastischer ist die Situation in Afrikas bevölkerungsreichstem Land Nigeria. Dort kommt laut einer Studie von 2017 ein halbes Intensivbett auf je eine Million Einwohner. Ähnlich sieht es bei Beatmungsgeräten aus« (Schönherr-KS-02/03-05-2020).

Ein solidarisches Agieren auf globaler Ebene würde diese Ungleichheiten in den vorhandenen Ressourcen in der Wirtschaft und im Gesundheitssektor ernst nehmen. Die Corona-Pandemie wird so zur »Solidaritätsprobe für die Weltgemeinschaft«, wie der Afrika-Vertreter der Internationalen Föderation der Rotkreuz- und Rothalbmondgesellschaften gegenüber der *Katholischen Sonntagszeitung* äußert (Schönherr-KS-02/03-05-2020).

4.4.2 Solidarität mit der Umwelt

Die Solidarität mit der Umwelt stellt einen Sonderfall in der Makroebene dar, weil hier das Material nicht nur von globalen Akteuren, sondern auch von nationalen und lokalen Handlungsträgern berichtet. Es wäre also auch möglich gewesen, einen entsprechenden Abschnitt zu jeder Ebene hinzuzufügen. Hier wird sie nur unter der Makroebene genannt, weil die damit verbundene Klimakrise eine globale Herausforderung darstellt. Das Agieren der Einzelperson steht dabei nicht, wie für die Mikroebene typisch, für ein lokales, interpersonelles Handeln, sondern wird im Kontext der Umweltthematik globalisiert. In dieser Rubrik zählt die gesamte Menschheit mit ihren Systemen und Unternehmen zu den Benefikatoren. Die Benefizianten sind in erster Linie die Natur, die verschiedenen Ökosysteme, das Klima, aber im weiteren Sinne auch der Mensch selbst. Die Dimensionen des Handelns reichen vom alltäglichen nachhaltigen Verhalten des Individuums über klimafreundliche Unternehmen zur Transformation der sozialen Marktwirtschaft hin zu einer nachhaltigen und ökologischen Wirtschaftsweise:

> »›Diese Pandemie lebt nur von unserem Verhalten‹, sagte kürzlich Lothar Wieler, Präsident des Robert-Koch-Instituts. Das ist die rein hygienische Seite, mit der die Gesellschaft vollauf zu tun hat. Aber die Erde lebt, jedenfalls solange sie bewohnbar sein soll, auch nur von unserem Verhalten, das vielleicht etwas schonender ausfallen sollte« (Reents-FAZ-10-12-2020).

> »Gefragt ist eine Ökologie im weiten Sinne, eine Lehre über die wechselseitigen Beziehungen und Bedeutungen dieser Lebensphänomene. Und ein Handeln, das ein solches ökologisches Wissen achtet und in der Praxis zur Geltung kommen lässt« (Charbonnier-ZZ_print-01-2021).

> »Auch die Klimakrise wird nicht allein mit Hilfe des freien Marktes gelöst werden können. Im Gegenteil. Der Übergang von einem kurzfristig orientierten Wegwerfkapitalismus zu einer nachhaltigen Langfristökonomie wird nur mit staatlichen Rahmenbedingungen und einem Höchstmaß an sozialer Gerechtigkeit gelingen« (Kessler-CP-05-2020).

Nicht selten werden die Forderungen nach einer nachhaltigen Wirtschafts- und Lebensweise mit Appellen nach Frieden und globaler Solidarität genannt, so auch in der *Katholischen Sonntagszeitung*: »Die Zeichen der Zeit zeigen deutlich, dass die menschliche Geschwisterlichkeit und die Bewahrung der Schöpfung der einzige Weg zu einer ganzheitlichen Entwicklung und zum Frieden sind« (Galgano-KS-10/11-10-2020).

4.5 Ausblick – werden wir sozialer?

Der Großteil der Beiträge berichtet sehr positiv von einer Solidaritätssteigerung in der Gesellschaft. Vor diesem Hintergrund prognostizieren einige Beiträge eine zivilgesellschaftliche Umorientierung, weg vom Individualismus hin zur Gesellschaft der »guten Nachbarn« (Schwaetzer-C-05; vgl. Röser-CIG-05-04-2020). Eine weniger optimistische Meinung vertritt der Soziologe Armin Nassehi.

»Es ist attraktiv, davon zu reden, was nun alles anders werden könnte, aber die meisten dieser Spekulationen halte ich für wenig wahrscheinlich. Der gesellschaftliche Zusammenhalt das ist mehr ein Wunschbild als etwas, womit man rechnen kann. Es entstehen ohne Zweifel Solidarität und Hilfsbereitschaft, aber auch eine Konkurrenz um die Frage, wer die am stärksten Betroffenen der Krise sind. Hier muss man auch sagen, dass die Gesellschaft auch in dieser Ausnahmesituation mit ähnlichen Mitteln reagiert wie einst auch« (Röser-CIG-05-04-2020).

Ähnlich nüchtern sieht es Winfried Heidemann. Er meint, der geschichtliche Rückblick auf die gesellschaftlichen Folgen nach dem Erdbeben in Lissabon 1755 zeige, dass gesellschaftliche Veränderungsprozesse viel Zeit in Anspruch nehmen (Heidemann-ZZ_print-08-2020). In *Christ in der Gegenwart* fragt Stephan Langer danach, ob die Menschen sich nach der alten Normalität sehnen oder lieber in eine andere Zukunft schreiten wollen. In seiner Einleitung zitiert er Winfried Kretschmann, der gegenüber dem Spiegel seine Prognose für die Gesellschaft nach Corona geben sollte. Der Ministerpräsident sagte: »Es erstaunt mich immer wieder, wie schnell und radikal die Menschen vergessen« (Langer-CIG-03-05-2020). In der Krise beteuert jeder, sich zu ändern, jedoch bleibt danach wenig von dieser Transformationslust übrig. Kretschmann und Langer kommen zu dem Schluss, dass es an einem jeden von uns liegt, wo wir als Gesellschaft hingehen (ebd.; vgl. Kosch-ZZ_print-05-2020).

4.6 Gerechtigkeit und Solidarität

Der Gerechtigkeitsbegriff war für das individuelle und kollektive Verhalten während der Corona-Pandemie relevant, obwohl der Begriff »Gerechtigkeit« relativ wenig im untersuchten Material verwendet wurde. Die Wortsuche ergab hier nur ein Ergebnis von 13 Treffern, wobei in drei Fällen von der Gerechtigkeit Gottes gesprochen wird. An den übrigen Stellen wird der Terminus in unterschiedlichen Bereichen, z. B. Gesundheits- und Sozialpolitik, Klima, Ökonomie und Armut angewandt. So nimmt beispielsweise ein Artikel aus *Christ in der Gegenwart* den Begriff als Anlass, um über die Strukturen und Auswirkungen der Marktwirtschaft zu sprechen:

Aus seiner Sicht ruft Corona den Wert der sozialen Gerechtigkeit neu in Erinnerung. In der *CIG* formuliert er: »Dass sich die einen mehr nehmen als die anderen, nennt man in diesen Tagen ›hamstern‹ und es ist verpönt. Dass sich die einen mehr nehmen als die anderen nennt man sonst Marktwirtschaft und es ist heilig« (OA-CIG-29-03-2020). Ein anderes Beispiel bezieht einen ähnlichen Gedanken auf den Klimawandel:

> »Auch die Klimakrise wird nicht allein mit Hilfe des freien Marktes gelöst werden können. Im Gegenteil. Der Übergang von einem kurzfristig orientierten Wegwerfkapitalismus zu einer nachhaltigen Langfristökonomie wird nur mit staatlichen Rahmenbedingungen und einem Höchstmaß an sozialer Gerechtigkeit gelingen« (Kessler-CP-05-2020).

In diesen Beiträgen werden die Themen Kapitalismus und Klimawandel direkt angesprochen und mit einer bestimmten Art von Gerechtigkeit, nämlich der sozialen Gerechtigkeit, in Beziehung gesetzt. Dieses Kollektivum komprimiert die darin enthaltenen Wertvorstellungen und Forderungen. Es sollen soziale Ungleichheiten abgeschafft, Möglichkeiten der Partizipation geschaffen und der soziale Zusammenhalt gestärkt werden. Diese Aspekte finden sich auch im Solidaritäts- und im Freiheitsdiskurs wieder, was eine starke Relation dieser drei Dimensionen (Gerechtigkeit, Solidarität und Freiheit) im Material anzeigt. Ein *Zeitzeichen*-Artikel von Christian Berg benennt diese Beziehung explizit, er schreibt:

> »Nur eine solidarische Welt kann eine gerechte und friedvolle Welt sein, sagte der frühere Bundespräsident Richard von Weizsäcker einmal. Solidarität ist mit Aufwand, Mühen und auch mit Einschränkungen von Freiheit verbunden. Das widerspricht aber nicht dem Gedanken der Freiheit - erst dadurch wird es, im Gegenteil, möglich, Freiheit und Gerechtigkeit zu vereinen. Es ist ungerecht, vermeintliche Freiheiten auszuleben, wenn anderer Menschen Freiheiten dadurch beschränkt werden« (Berg-ZZ_Print-07-2020).

So ließe sich in einer weiteren Forschung zum einen der Gerechtigkeitsbegriff in seiner Anwendung auf die verschiedenen Bereiche und zum anderen im Verhältnis zum Solidaritäts- und Freiheitsdiskurs untersuchen.

An dieser Stelle soll sich dem Begriff von einer dritten Seite genähert werden, nämlich unter dem Verständnis der Verhältnismäßigkeit. Diese steht im Bezug zur gerechten Behandlung von unterschiedlichen aber einander verbundenen Gruppen. Ein immer wiederkehrendes Beispiel solcher Unverhältnismäßigkeit ist das der Besuchssperren in Krankenhäusern, Alten- und Pflegeheimen. Verwandte, Seelsorgepersonal und ambulante Dienste beklagen, dass sie nicht zu ihren Angehörigen bzw. Patienten gelassen wurden. Die bereits erwähnten Besuchs- und Kontakteinschränkungen zehren an der psychischen Gesundheit der Alleingelassenen. Sie, so der Vorwurf, wurden (teilweise gegen ihren Willen) der Einsamkeit ausgesetzt. Der tragische Höhepunkt sei gewesen, dass einige von ihnen nicht im Beisein ihrer Familie oder eines Seelsorgers/einer Seelsorgerin starben, was Entrüstung auf Seiten der Patienten und der Familien formte. Die *ZEIT* schreibt in einem Interview, dass sich

> »Angehörige beklagen, dass ihnen der Zugang zu kranken oder pflegebedürftigen Liebsten so strikt verwehrt wird, wie es der Infektionsschutz nicht zwingend verlangt. Ein älterer Mann in Thüringen zum Beispiel, der mit seiner dementen Frau in einer Einrichtung lebt und sie pflegt, wurde von ihr getrennt, weil ihr Zustand sich verschlechterte und sie auf eine andere Station verlegt wurde [...] Ist das noch verhältnismäßig?« (Finger/Parnack-Z-02-04-2020; vgl. Lilie/Lieberknecht-Z-02-07-2020)

Des Weiteren wurden die Eindämmungsmaßnahmen als unverhältnismäßig empfunden, wo aufgrund von Home Office und Home Schooling Familien einer größeren Belastung ausgesetzt waren. Ist das Leid der Jungen zum Schutz der Alten gerechtfertigt? Im *MMP* wurde problematisiert, ob die Schuldenaufnahme, um den totalen Wirtschaftsschaden zu vermeiden, gerechtfertigt sei (vgl. Jung/Müller-MP-08-2020). Die größere Frage, die sich hinter diesen Beispielen verbirgt, ist die, ob Grundrechtseinschränkungen, wie sie während der Lockdown-Phasen eintraten, im Verhältnis zur Krisenlage standen. Die *ZEIT* diskutierte dieses Thema, beispielsweise im Interview mit Herrn Dabrock und Herrn Mertes (Finger/Parnack-Z-02-04-2020). Auch das *MMP* gab diesem Diskurs Raum im Interview mit Journalist Heribert Prantl (Steinert-MP-02-2021).[12] Schließlich diskutiert der Rechtswissenschaftler, Uwe Volkmann, dieses Thema. Einige Maßnahmen standen, so die Beiträge, in einem Spannungsverhältnis zur Wirklichkeit. Während die Schließung von Schulen und Kitas schnell durchgesetzt wurde, gab es keine einheitliche Regelung für Büroangestellte. Spitzensportler konnten mittels eines gut funktionierenden Testsystems auftreten, während Altenheime zublieben. Großunternehmen wurden vom Staat vor der Insolvenz bewahrt, aber Kleinunternehmer bekamen eine relativ geringe Einmalzahlung (vgl. Butterwegge-ZZ_print-11-2020). Ebenso war nicht immer nachvollziehbar, wieso einige Branchen wieder öffnen durften und andere nicht (vgl. Langer-CIG-21-02-2021; Glaser-Z-07-05-2020). Dazu zählt auch die Kritik an den Schließungen und Öffnungen der Kirchen, welche im nachfolgenden Kapitel behandelt werden. An der ein und anderen Stelle verbindet sich die Kritik der Verhältnismäßigkeit mit der Klage über die Marktwirtschaft, den vorherrschenden Neo-Liberalismus und die daraus resultierende Ökonomisierung des Lebens (vgl. Kessler-CP-05-2020; Butterwege-ZZ_print-11-2020).

5. Freiheit

Während im vorherigen Abschnitt die Solidarität anhand der analysierten Texte problematisiert wurde, fokussiert dieser Teil auf die Dimension der Freiheit. Die Beiträge wurden nun danach befragt, ob und wie die Spannung zwischen den

12 Weitere Artikelbeispiele: Balzer-ZZ_print-07-2020; Weinrich-ZZ_print-10-2020.

Verordnungen und der Freiheit/Selbstbestimmung gelöst wurde, welche Rolle die Religionsfreiheit ausfüllte sowie welche Positionen und Funktionen den Kirchen zugeschrieben wurden. Es zeigte sich, dass diese Fragen vornehmlich im kirchlichen Umgang mit der Seelsorge in Krankenhäusern, Alten- und Pflegeheimen präsent sind. Darüber hinaus finden sie sich in kleineren Diskursen, so zum Beispiel zu Agambens Kritik an den Eindämmungsmaßnahmen und dem kirchlichen Krisenmanagement. Aufgrund der öffentlichen Reichweite Agambens im ersten Pandemiejahr werden entsprechende Artikel näher analysiert.

Zu Beginn ist es sinnvoll darzulegen, in welchen Kontexten der Freiheitsbegriff in den Beiträgen auftaucht. Die meisten Begriffserwähnungen stehen tatsächlich mit den Schutzmaßnahmen in Verbindung. Vereinzelt finden sich Passagen, die Freiheit im Zusammenhang mit Umweltschutz (Kosch-ZZ_print-05-2020), religiösen Feiertagen (Stummer-KS-28/29-11-2020) und Gesten des gegenseitigen Respekts (»Als Kirche haben Christen die Freiheit, Gott zu danken für alle Menschen, in denen in diesen Tagen die Segenskräfte für Solidarität und der Liebe wirken«, Thomas-ZZ_print-05-2020) erwähnen. Der nächste Abschnitt fokussiert die Beiträge, welche die Eindämmungsmaßnahmen und die daraus resultierenden Freiheitseinschränkungen diskutieren.

5.1 Die Bewertung der Freiheitseinschränkungen

Der Großteil der analysierten Artefakte bewertet die Einschränkungen zunächst als notwendig, um die Verbreitung des Virus aufzuhalten und Leben zu schützen. Es sei in einer Krisensituation wie dieser erforderlich, die eigenen Interessen (vgl. Ostendorf-KS-11/12-04-2020) und die eigene Freiheit zurückzustellen, um das Allgemeinwohl und den »totalen Freiheitsverlust« (Berg-ZZ_print-07-2020), den Tod, zu verhindern. Diese Bereitwilligkeit, die AHA-Regel und Grundrechtseinschränkungen nicht nur zu akzeptieren, sondern wie gleich gezeigt wird sogar theologisch zu plausibilisieren, erfreute und erschreckte zugleich.

Einige Beiträge berichten von der Sorge, dass das Postulat der Freiheit an Stärke verloren hat. Grundrechtseinschränkungen, die es so selbst in der DDR nicht gegeben hat, wurden nun scheinbar widerstandslos hingenommen. Sorgen um die Demokratie, Freiheit und Selbstbestimmung des Menschen, aber auch Angst vor einem »Überwachungsstaat bis in die Wohnzimmer« (Finger-Z-14-05-2020) wurden hörbar. Vladimir Balzer sieht in den Einschränkungen die Verfasstheit der freiheitlich-demokratischen Gesellschaft bedroht und fragt, ob sie nach der Pandemie noch wiederzuerkennen sei (vgl. Balzer-ZZ_print-07-2020). Geschichtslos sind solche Besorgnisse nicht. Spätestens seit in verbündeten westlichen Staaten demokratische Strukturen ausgehebelt werden, nationalistisches Gedankengut auf höchster politischer Bühne propagiert und die Einschränkung der Privatsphäre im Tausch für technische Aktualität akzeptiert wird, gewinnt die Frage nach der Resilienz unserer Gesellschaft gegen diktatorische Regime wieder an Bedeutung.

In anderen Artikeln wiederum stößt dieselbe Situation auf eine ›genau-so-jetzt-auch-beim-Klimaschutz‹ Haltung. Die Pandemie zeigt, wie drastisch und schnell auf eine Katastrophe reagiert werden kann. Forderungen wie den Flugverkehr zu beschränken und das Wirtschaftswachstum nicht als höchstes Gut zu verklären, scheinen mit einem Mal umgesetzt – aber nicht zum Schutze des Klimas, sondern des Menschen. Die Pandemie wird zur Blaupause für die Klimakrise erklärt. Wenn sie mit solch strikten Maßnahmen eingedämmt werden kann, dann müssten Regierung, Wirtschaft und Gesellschaft bei einer Katastrophe größeren Ausmaßes mindestens ebenso konsequent und schnell reagieren. Dass sie es können, haben sie jetzt zumindest bewiesen (vgl. Kessler-CP-05-2020; Husmann/Vinke-CP-11-2020). An solche Forderungen des Klimaschutzes reihen sich die Hoffnungen, den Marktliberalismus zugunsten »einer nachhaltigen Langfrist-Ökonomie« (vgl. Kessler-CP-05-2020; Röser-CIG-17-05-2020) umzugestalten.

5.2 Die Erfahrung fremdbestimmter und begrenzter Freiheit

Vor dem Hintergrund der Bejahung der Einschränkungen sowie der Besorgnis um den Demokratieverlust stellt sich nun die Frage, welcher Wert der Freiheit zugeschrieben wurde. Der Terminus, Freiheit, wird als ein relationaler Begriff verstanden, insofern er in Beziehungen zum Ausdruck kommt und durch sie begrenzt wird. Des Öfteren wird auf das christliche Verständnis der limitierten Freiheit verwiesen. Die Beiträge scheuen nicht davor zurück, diese Position theologisch mit dem Apostel Paulus, Martin Luther und Karl Barth zu untermauern. Bei Luther heißt es klassisch: »Ein Christenmensch ist ein freier Herr über alle Dinge und niemandem untertan. Ein Christenmensch ist ein dienstbarer Knecht aller Dinge und jedermann untertan«[13]. In der Theologiegeschichte ist dieses Paradox, das Handeln nach dem freien Willen und den Beschränkungen dieser Freiheit durch Gott, Mitmenschen und Natur, weit verbreitet. Neben Luther wird immer wieder auf die Verbindung von Freiheit und Verantwortung bei Dietrich Bonhoeffer Bezug genommen. »In konkreter Verantwortung handeln heißt in *Freiheit* handeln«[14], schreibt er in seiner Ethik. Was manch einer als Staatshörigkeit interpretiert, könnte also in Wirklichkeit, so die Beiträge, ein freiwilliges Handeln aus Verantwortung zum Schutz am Nächsten sein. Ist ihre Beschneidung nicht Grund genug, um gegen die politischen Entscheidungen zu protestieren? Entgegen der Befürchtungen/Erwartungen eines strengeren Staa-

---

13 LUTHER, Freiheit, 281.

14 BONHOEFFER, Ethik, 220.

tes hält Bedford-Strohm sowie die Majorität der Beiträge an dem Postulat der Freiheit fest (vgl. Bedford-Strohm-FAZ-25-05-2020). Allerdings ist der Umgang mit ihr komplexer als es die Ängste und Wünsche vorgeben. Entsprechend beantwortet der ehemalige EKD-Ratsvorsitzende die Frage zunächst mit einem deutlichen ›Nein‹. Die Freiheit wird positiv bewertet, sie gilt es zu schützen und zu bewahren, wie etwa vor dauerhaften Einschränkungen. Die temporären Freiheitsbegrenzungen wurden also akzeptiert, weil sie als verhältnismäßig und angemessen erachtet wurden. Auch in der Gesellschaft waren die Zustimmungswerte für die Einschränkungen während des ersten Lockdowns sehr hoch. Jedoch veränderte sich diese Haltung im Verlauf der Pandemie. Im Dezember 2020 war bereits mehr über das Virus bekannt, ebenso wurden negative und unbedachte Folgen der drastischen Maßnahmen erkannt. Zudem änderte sich die Ausgangslage fundamental aufgrund der (angekündigten) Verfügbarkeit von Impfstoffen. Entsprechend verteidigten die katholischen und evangelischen Kirchenleitungen den Präsenzgottesdienst zu Weihnachten trotz hoher Inzidenzwerte (Jansen-FAZ-24-12-2020). Diese Beispiele zeigen den Meinungswandel der Kirchen zur Verhältnismäßigkeit der Maßnahmen im Verlauf der Pandemie. Jedoch blieb die Interpretation des Freiheitsbegriffs konstant in einer Wechselbeziehung von Liebe, Verantwortung und Gerechtigkeit.

Entlang des Freiheitsbegriffs wird der Begriff ›Selbstbestimmung‹ (vereinzelt auch ›Autonomie‹) ins Rampenlicht gestellt. Ralph Charbonnier zieht nach fast einem Jahr Pandemie die Konsequenz, dass der »Leitbegriff der Moderne« (Charbonnier-ZZ_print-01-2021) einer Revision bedarf. Die Erfahrung der Fremdbestimmung durch das Virus, nichtgewählte Virologen und die Parlamente machen eines deutlich: Autonomie und Selbstbestimmung können nicht mehr länger mit (absoluter) Unabhängigkeit bestimmt werden. Er schlägt stattdessen vor, die Dimensionen der Umwelt, Körperlichkeit, Solidarität, systemische Polyphonie und Passivität in die Definition von Selbstbestimmung zu integrieren. Wer das tut, der könne am Ende Gernot Böhme zustimmen, der sie als »Kompetenz zur Lebensbewältigung« als eine »Souveränität, die die eigene Abhängigkeit integriert« (Charbonnier-ZZ_print-01-2021), beschreibt.

5.3 Religionsfreiheit als Begründung für und gegen die Eindämmungsmaßnahmen

Die Beiträge diskutieren einen Teilbereich der Freiheit maßgeblich. Die Religionsfreiheit ist in Deutschland ein verfassungsmäßig geschütztes Recht. Darüber hinaus hat sich der Staat der Einhaltung der Europäischen Menschenrechtskonvention von 1948 und der Allgemeinen Erklärung der Menschenrechte von 1949, in denen die Religions-, Gewissens- und Gedankenfreiheit eine prominente Position einnehmen, verpflichtet. Diese Abkommen sollen die Menschen vor staatlichen Übergriffen oder Vereinnahmungen schützen, welche es in der deutschen Vergangenheit während der NS- und der SED-Diktatur gegeben hat. Einige Beiträge weisen nun darauf hin, dass die Infektionsschutzmaßnahmen die Religionsfreiheit so weit einschränken, wie es selbst in jenen Zeiten der Unfreiheit nicht möglich gewesen war (vgl. Ohler-FAZ-06-04-2020). Die Demokratie schafft eine Unfreiheit, wie es die deutschen Diktaturen nicht vermochten, so die Kritik. Dreh- und Angelpunkt solcher Äußerungen sind die Schließungen der Gottes- und Versammlungshäuser aller Religionsgemeinschaften in Deutschland und die damit einhergehende Untersagung von öffentlichen Gottesdiensten. Anders als die evangelische Kirche reagierte der Vorsitzende der Deutschen Bischofskonferenz, der Limburger Bischof Georg Bätzing, mit Verdruss und verwies auf einen Entscheid des Bundesverfassungsgerichts »zu den schwerwiegenden Eingriffen in die Religionsfreiheit« (Deckers-FAZ-17-04-2020). Eine solche Meinung schließt andere Formen der religiösen Praxis nicht aus, aber gesteht der sonntäglichen Zusammenkunft eine Vorrangstellung ein. Es ist ein Ort der Gemeinschaft, des Auftankens, der Hoffnung. Gerade in Krisenzeiten sei es nötig, Gottesdienste zusammen zu feiern, um der Angst, der Einsamkeit und den Kontingenzerfahrungen entgegenzuwirken. Religion ist eine zutiefst kollektive Praxis, die sich insbesondere in ihren Ritualen zeigt.[15] Eine demokratische Gesellschaft profitiert am Ende von der freien Ausübung der Religionen.[16] Im Christentum wird die christliche Eintracht insbesondere in der Feier der Eucharistie erfahren. Für eine theologische Klärung, ob die Einnahme des Abendmahls bei digitalen Zusammenkünften überhaupt möglich ist, benötigte es Zeit. Auch biographische Einschnitte wie Taufe, Hochzeit und Tod wollten mit einem Gottesdienst rituell begleitet werden. Jedoch verbot der Lockdown solche Versammlungen teilweise in Deutschland und erschwerte die Trauerbewältigung, obwohl vielerorts angemessene Hygienekonzepte und die Einhaltung von Abstandsregeln möglich gewesen wären. So wie die Menschen den Supermarkt brauchen, brauchen sie auch die Religion zur Stärkung. Wenn jene offen sind, dürfen auch diese nicht verschlossen sein, meint Büchner in der *FAZ* (Büchner-FAZ-27-04-2020).

Andererseits, so argumentiert Bedford-Strohm, benötigt die eigene Erbauung und das Verbundenheitsgefühl in ungewissen Krisenzeiten nicht der schnellstmöglichen Freigabe für Gottesdienste, sondern die Stabilisierung des Gesundheitssystems und die Verbreitung des »Geist[es] der Kraft, Liebe und Besonnenheit (2Tim 1,7)«, so dass »der Geist der Furcht [nicht] die Oberhand gewinnt« (Bedford-Strohm-FAZ-25-05-2020). Die Religionsfreiheit erschöpft sich nicht in der Feier von Sakramenten und Gottesdiensten, sondern geschieht seines Erachtens in verantwortungsvollen Akten der Liebe am Nächsten. Mit Luther

---

15 Vgl. Durkheim, Formen, 75.

16 Vgl. Rosa, Demokratie.

zeigt Bedford-Strohm auf, dass der christliche Glaube dem Gesundheitssystem eine wichtige Rolle in der Pest- bzw. Pandemiebekämpfung einräumt und fordert dort, wo das System nicht anpacken kann, selbstloses aber gewissenhaftes Handeln. Außerdem verweist der ehem. EKD-Ratsvorsitzende auf die kreativen online-Angebote, mit denen Menschen erreicht wurden, die sonst keinen Gottesdienst besuchen. Ähnliche Stimmen sind von katholischer Seite vernehmbar. So äußert ein Leserbrief der *FAZ* die Meinung, dass das Vatikanum II Einschnitte in die Religionsfreiheit akzeptiert, sofern sie zum Wohle der Allgemeinheit dienen. Weiter führt er aus, dass die Diskussion über die ethischen Leitprinzipien nicht zielführend sei, sondern ein vergleichender Ansatz gewählt werden solle (Geerlings-FAZ-21-04-2020).

Die Religionsfreiheit wurde beiderseitig genutzt, sowohl für die Verteidigung strikter Maßnahmen als auch deren Kritik. Jedoch sind sich die vielen Stimmen darin einig, dass die Religion einen wesentlichen Beitrag zur Krisenbewältigung leistet. Entsprechend stehen sie diametral zur Auffassung Rudolf Stichwehs und Peter Sloterdijks. Letzterer versteht die Religionsfreiheit als Freiheit von anderen Systemen, wie Politik, Sozialem und Kulturellem. Das habe den Vorteil, dass sich die Religion um sich selbst kümmern könne, gleichzeitig hätte sie aber auch zu nicht-religiösen Themen zu schweigen (Claussen-FAZ-19-12-2020). Die Beiträge verdeutlichen, dass die Religion nach wie vor Zahlreiches zum gesellschafts-politischen Diskurs beitragen kann.

5.4 Staatsdiener, Oppositionspartei oder Lobbyist der Schwachen? Die Funktion der Kirchen in der Corona-Pandemie am Beispiel der Seelsorge

In der Corona-Pandemie wurde den Kirchen vieles vorgeworfen. Sie seien Hotspot für Infektionen, staatshörig sowie fern von den Leidenden und Trauernden. So lang wie die Anklagebank ist, so unterschiedlich sind auch die Reaktionen aus den Kirchen. Im folgenden Abschnitt werden einige Vorwürfe und Wünsche an die Kirchen aus ethischer Perspektive thematisiert.

Im Oktober 2020 meinte Manfred Rekowski, Präses der Evangelischen Kirche im Rheinland von 2013 bis 2021, dass es die Aufgabe der Kirche sei, Lobbyist der Menschlichkeit zu sein. Die großen sozialen Probleme, wie Kinderarmut und Politikverdrossenheit, würden in der Corona-Krise noch verstärkt. Er meint, es reiche nicht aus, prosozial und empathisch zu helfen, sondern man müsse den »Menschen zu ihrem Recht verhelfen«. Auf ähnliche Weise sahen einige Beiträge die Kirche in der Pflicht, auf die Situation der Patienten und Bewohner in Krankenhäusern und Pflegeheimen hinzuweisen. Gerade für sie ist der physische Kontakt wichtig, um mitzuteilen, du bist nicht allein, du musst nicht alleine kämpfen, wir halten dich, wir sind für dich da. So lässt sich bereits über die allgemeinen Schutzmaßnahmen streiten (vgl. Bökemeier-CP-11-2020). Der Lockdown verschärft die Situation. In einigen Teilen Deutschlands durften Pflegeheimbewohner über Wochen hinweg keine Besuche von Familie und Seelsorgerinnen und Seelsorgern empfangen. Während Quarantäneregelungen in Pflegeheimen keine Neuheit sind, wirft die Dauer und Intensität der Corona-Pandemie eine neue Dimension auf. So wäre eigentlich der Zugang zu Heimen für Seelsorger laut Schutzverordnungen gewährleistet gewesen, jedoch schotten sich manche Einrichtungen eigenverantwortlich ab, zum Schutz ihrer Bewohner. Das Quellenmaterial kritisiert an dieser Stelle die Kirchenleitungen. Sie hätten hier an die Rechtslage appellieren und die Seelsorger sowie die Öffentlichkeit aufklären sollen. Das einsame Sterben von Heimbewohnern sei bereits aus Sicht der Menschlichkeit unvertretbar, insbesondere wenn Angehörige den Kontakt suchten. Leider wurden Seelsorger und Verwandte an Heimen abgewiesen, wie aus einigen Artefakten hervorgeht (vgl. Linde-ZZ_print-07-2020; KNA-KS-16/17-05-2020; Rottmann-KS-21/22-11-2020; Finger-Z-16-04-2020). So berichtet die Chefärztin, Christine Thomas, im April der *ZEIT* gegenüber:

> »Ich finde es erschreckend, wie schnell Seelsorger jetzt aus manchen Kliniken gedrängt werden. Seelsorge ist unverzichtbar, weil sie Menschen auffängt, wo wir Mediziner es nicht mehr können. [...] Und undenkbar ist, Sterbende alleinzulassen – ob in der Klinik oder privat. Ich bin überzeugt, wir dürfen den Alten nichts zumuten, was wir nicht auch der Gesamtbevölkerung zumuten« (Finger-Z-16-04-2020).

Im selben Artikel äußert sich Michael Rohe. Seiner Meinung nach ist die Situation der Seelsorge und der Alten keine ethische oder virologische Frage, sondern eine der Ressourcenallokation. Jedoch dort, wo keine Schutzkleidung vorhanden sei, sei es schwierig, Besuche zuzulassen. Jedoch kritisiert Günter Thomas, Professor für Systematische Theologie, dass scheinbar mangelndes Krisenmanagement und fehlende Schutzmasken nun durch Isolation »kompensiert« (ebd.) werden sollen. Darüber hinaus, so stellt er bedauernd fest, schweigen die Kirchen »angesichts des Sterbens in Isolation« (ebd.). Diese Kritik nimmt der *FAZ*-Artikel »Seelsorge in Zeiten von Corona« vom 31.10.2020 auf und präsentiert ein vielstimmiges Bild. In dem Artikel beklagt sich ein Pfarrer, der sein Besuchsrecht in einem Pflegeheim durchsetzen wollte, von der Kirchenleitung nicht genug Unterstützung erfahren zu haben. Auch die Geschichte Christine Lieberknechts wird nochmals zitiert. Sie beklagte, dass ihr Onkel ohne familiäre Begleitung alleine sterben musste, weil das Krankenhaus ihrer Familie den Zugang verweigerte. Dieser Kritik stellt der *FAZ*-Artikel weitere Positionen gegenüber. Er berichtet von positiven Beispielen, wie dem Krankenhaus und Pflegeeinrichtungen der Diakonie und dem St. Elisabeth und St. Barbara Krankenhaus in Halle (Saale), in denen es keine Besuchsverbote gab und Trauergottesdienste mit bis zu 70 Besuchern stattfinden konnten. Außerdem wird die starke Kritik des

»einsamen Sterbens« durch das Ergebnis einer Studie im Auftrag der Diakonie entschärft. Darin wird auf die Tatsache hingewiesen, dass das Pflegepersonal während des Lockdowns intensiveren Kontakt zu den Bewohnern und Patienten hatte. Auch die katholische Kirche wird in diesem Artikel befragt. Allerdings fallen hier die Antworten weniger konkret aus, sie weist aber den Vorwurf der Untätigkeit zurück. Insbesondere weiß die *Katholische Sonntagszeitung* von zahlreichen Hilfeleistungen der katholischen Kirche, des Papstes und des Vatikans auf internationaler Bühne zu berichten. Diese Meldungen wurden bereits im Abschnitt zur Solidarität erwähnt. Papst Franziskus hebt die Situation der Armen und Schwachen auf globaler Ebene immer wieder hervor. Er fordert die Staaten zur Zusammenarbeit auf und zum Bedenken der wirtschaftlichen Konsequenzen für die Ärmsten, nicht zuletzt gibt er diesem Thema eine Vorrangstellung in der Sozialenzyklika »Fratelli Tutti« (vgl. Galgano-KS-10/11-10-2020).

Das Dilemma in den Krankenhäusern und Pflegeeinrichtungen wurde immer wieder angesprochen. Die einen fordern strengere Abschottung, die anderen mehr Kontakt, die einen sehen die Gefahr durch das Virus, die anderen durch Vereinsamung. Auch Bedford-Strohm benennt diesen »unauflösbaren Zielkonflikt« im bereits erwähnten Artikel. Darin gesteht er ein, »Menschen auch etwas schuldig geblieben zu sein«. Jedoch bleibt unklar, was diese Schuld beinhaltet und wer sie trägt. Im September veröffentlichte *Zeitzeichen* ein Interview mit ihm, in dem er auf die Frage, ob die Kirche die Menschen in Krankenhäusern und Pflegeheimen alleingelassen hätte, mit einer Würdigung des Engagements der Seelsorger und dem Verweis auf das Dilemma antwortete. Als Advokat der Schwachen hat er die Kirche hier nicht beschrieben. Stattdessen rechtfertigte er den ausgebliebenen öffentlichen Lobbyismus und meinte, dass er den Zielkonflikt nicht öffentlich, sondern mit den verantwortlichen Stellen austragen wollte. Außerdem käme man mit einer sachlichen Beschreibung der Situation nicht in die Nachrichten, die eher skandalisierende Meldungen aufnehmen. Zum Beispiel war er enttäuscht davon, dass nur wenige Zeitungen von dem gemeinsamen Wort der evangelischen, katholischen und orthodoxen Kirche »Beistand, Trost und Hoffnung« vom 20.03.2020 berichtet hatten. Das an alle Christen und Bürger gerichtete Wort ist sehr allgemein verfasst und thematisiert keine konkreten Situationen. Entsprechend wird das Sterben in Einsamkeit nicht angesprochen.

Ist die Kirche als Lobbyist aufgetreten? Eine einfaches Fazit wird man hier nicht ziehen können. Betont wurde immer wieder das Engagement in den Pfarreien, dagegen wurde das verstummte Verhalten der Kirchenleitung kritisiert. Letztere war aus der Eigenperspektive nicht untätig und vermittelte in den entsprechenden Gremien die Nöte der Schwachen in die Gesamtsituation. Ein Vertreter, der die Kirche eindeutig als aktiv empfand, ist der Präsident der Diakonie, Ulrich Lilie. Seiner Meinung nach waren die diakonischen Einrichtungen am Erhalt des Gesundheitssystems beteiligt. In einem Zeitungsartikel der *ZEIT*, in dem je eine Pro- und Contra-Stimme zu dieser Frage abgedruckt wurde, zählt er eine lange Liste an getroffenen Maßnahmen auf, unter anderem spricht er die Seelsorge an.

> »Wir haben die Lage der Ärmsten, der Wohnungslosen und der Geflüchteten thematisiert und früh eine breite Debatte über die richtige Balance von Infektionsschutz und Freiheitsrechten in Altenheimen eingefordert. Wir haben einen Rettungsschirm für Menschen im Hartz-IV-Bezug verlangt und gemeinsam mit der EKD darauf hingewiesen, dass die Situation für die Seelsorge in unseren Einrichtungen unerträglich ist.«

Seine Haltung wird durch die kritische Meinung Christine Lieberknechts konterkariert.

In dieser Debatte werden die Unterschiede zwischen Ethik und Seelsorge sichtbar, wie sie Jähnichen und Karle beschreiben. Erstere ist daran interessiert, Entscheidungen zu treffen, die nachvollziehbar und eindeutig sind. Letztere sieht den Einzelfall, die Ausnahme der Regel und muss mit Ambiguität auskommen.[17] In ihrem Artikel »Ethik für die Seelsorge – Seelsorge für die Ethik« geben sie wertvolle Impulse, die auf das Dilemma in den Pflegeeinrichtungen bezogen werden können. Einerseits liefert die Ethik der Seelsorge eine »Orientierungshilfe«. Wie die Autoren argumentieren ist es grundlegend, dass Seelsorger »wichtige Lebensfragen [...] begründet vertreten oder aber auch kritisch hinterfragen[, damit sie] nicht nur mit theologischen Floskeln [...] reagieren, sondern ein ethisch und sachlich informiertes und differenziertes Gespräch«[18] führen können. Andererseits halten die Autoren fest: »Theologinnen und Theologen tendieren nicht selten zu prinzipialistischen Einschätzungen. Der existentielle Einzelfall in der Seelsorge kann dazu führen, diese zu irritieren und der Schwere und Abwägung zwischen zwei gleichermaßen problematischen Handlungsoptionen bzw. einem nicht zu lösenden Konflikt mehr Beachtung zu schenken«[19].

Die Debatten um die Besuche in Pflegeheimen, Gottesdiensten und Sakramentsfeiern scheinen Agambens Kritik beizupflichten. Er hebt die Position der Gesundheit vor allen anderen Werten und Systemen brisant hervor. Auch in der Kirche folge man dieser Hierarchie und gebe das Heil für die Gesundheit preis.[20] Wolfgang Palaver und Johannes Röser sehen das in ihren Artikeln anders. Beide geben zu bedenken, dass der christliche Glaube das Heil-Sein von Körper und Seele betrachtet, wobei das eine nicht gegen das andere ausgespielt wird (Assheuer/Palaver-Z-23-12-2020; Röser-CIG-22-11-2020). Für eine solche Ausle-

---

17 Vgl. Jähnichen/Karle, Ethik, 287.

18 A. a. O., 283 f.

19 A. a. O., 286.

20 Vgl. Agamben, Punkt, 77 f.

gung spricht das Neue Testament, in dem Jesus sich der physischen Nöte der Menschen annimmt und ihnen Vergebung ihrer Sünden zuspricht. Diesen Dimensionen folgen m.E. die Kirchen in ihrem Auftrag der Verkündigung des Evangeliums und dem caritativen Dienst am Menschen, begründet u.a. im Doppelgebot der Liebe. In der Pandemie wurden sie durch die vielfältigen und kreativen Ersatz- und Zusatzangebote sowie dem Dienst von Pfarrern, Seelsorgern, aber auch Gemeindemitgliedern und weiteren Personen deutlich.

6. Fazit

Das Kapitel zeigt, dass dem Diskurs um ein ethisches Verhalten in der Corona-Pandemie drei Leitbegriffe zugrunde liegen: Solidarität, Gerechtigkeit und Freiheit. Diese werden auf unterschiedliche Weise auf die Frage nach dem richtigen Handeln angewandt. Entscheidend für die Interpretation dieser Begriffe im Quellenmaterial ist der Kontext, in dem sie auftauchen. In anderen Worten: Die Motive, Handlungsmöglichkeiten und Handlungsaufforderungen kontextualisieren die Leitbegriffe und decken entsprechende Solidaritäts-, Gerechtigkeits- oder Freiheitsverständnisse auf. Deshalb begann die Analyse damit, im Motivhaushalt des Materials grundlegende, d.h. relevante und wiederkehrende Motive zu identifizieren. Es wurden vier bzw. fünf fundamentale Motive demaskiert, aus denen sich wiederum andere Motive und Handlungsmöglichkeiten ableiten lassen. Diese sind: Liebe, Verantwortung, Hoffnung und Angst. Das fünfte Motiv kommt zustande, wenn man in existentielle und objektivierte Angst unterscheidet. Ersteres meint die Urangst vor der eigenen Vulnerabilität, während Letzteres die Furcht vor einer konkreten Sache oder Person beschreibt. Diese Motive motivieren ein solidarisches Verhalten zu Gerechtigkeit und Freiheit. Wie diese Begriffe interpretiert werden, wird an den jeweiligen Handlungsmöglichkeiten und -aufforderungen sichtbar. Letztere fordern beispielsweise einen Sinneswandel (Franz-MP-04-2020; Röser-CIG-22-03-2020), mehr Verantwortungsbewusstsein (Bedford-Strohm-CP-07/08-2020) und Umweltschutz (Galgano-KS-10/11-10-2020), Solidarität (Berg-ZZ_print-07-2020), weniger Vertrauen in den Markt (Röser-CIG-29-03-2020), mehr internationale Zusammenarbeit (Bedford-Strohm-FAZ-25-05-2020) und eine Weltansicht, die das Leid einschließt und nicht auszuklammern versucht, wie es in sozialen Netzwerken geschieht (Röser-CIG-28-02-2021). Obwohl sich die Appelle im Wortlaut unterscheiden, kann eine Grundaussage auf die Forderung zur *Veränderung und Verbesserung der Lebenswirklichkeit* abstrahiert werden. Außerdem konnte gezeigt werden, dass den Texten ein allgemeines Muster zugrunde liegt, welches erlaubt, die Appelle auf die Motive und die Deutung der Wirklichkeit zurückzuführen.

Die thematische Kategorisierung des Quellenmaterials legte Schnittstellen und Schwerpunktthemen offen. Zu ihnen gehören die Themen Solidarität, Gerechtigkeit und Freiheit, welche als ethische Leitbegriffe bezeichnet wurden. Als erster Leitbegriff wurde die Solidarität thematisiert. Die Textanalyse ergab, dass dem Diskurs um die Solidarität zwei Strukturen zugrunde liegen. Ersteres ist die Einteilung der solidarischen Akte auf drei Ebenen, die als Mikro-, Meso- und Makroebene benannt wurden. Die Mesoebene ist gekennzeichnet durch interpersonelle Unterstützung. Auf der Mesoebene helfen Institutionen, wie der Staat und die Kirche, anderen Institutionen und Teilsystemen, wie dem Kulturbereich, auch Personen und Personengruppen können Empfänger dieser Hilfen sein. Letztlich stützen sich Staaten und Staatengemeinschaften untereinander durch bi- und multilaterale Abkommen und die Hilfe von internationalen Nicht-Regierungsorganisationen. Weil die solidarischen Akte nicht reziprok sind, d. h. i. d. R. keine Gegenleistung von den Empfängern erwartet wird, kann verallgemeinert werden, dass sie eine aktive Partei und eine passive Partei enthalten. Die aktive Partei wurde im Text als Benefikatoren und die passive als Benefizianten bezeichnet. Von weiterem Interesse sind einerseits die Verhältnisse der Benefikatoren und Benefizianten untereinander sowie die Dimensionen der geleisteten Hilfen. Andererseits wurde fokussiert, wo das Material von der Regel der Unilateralität abweicht. Dabei fielen vor allem die Forderungen nach einer Gegenleistung (Reziprozität) in der intergenerationellen Solidarität auf. In diesem Zusammenhang verbindet das Material an einigen Stellen die Corona-Pandemie mit dem Klimawandel. Die Forderung wird gestellt, dass die Alten sich im Punkt Nachhaltigkeit und Umweltfreundlichkeit ebenso aktiv engagieren sollen wie sich gerade umgekehrt die Jungen mit den Alten solidarisieren. Die Einordnung der solidarischen Akte auf die Mesoebene stellte ein Hindernis dar, weil sich in Bezug auf das solidarische Verhalten des Staates zu seinen Teilsystemen grundlegende Fragen stellten. Entsprechend wurden die Texte dahingehend befragt, ob und wann sich der Staat solidarisch verhalten hat bzw. dies kann. Danach wurde die Beziehung zwischen der Kirche und ihren Benefizianten sowie der Dimension der Solidarität thematisiert. Dabei fiel auf, dass die Eigendarstellung der Kirche das solidarische Handeln all ihrer Mitglieder umfasst, während andere Stimmen diese differenziert betrachten. Letztere umfassen Forderungen an die Kirchenleitungen für besseres Krisenmanagement, Unterstützung bei der Aufrechterhaltung der Arbeitsbedingungen (z. B. Zugang zu Patienten) und Lohnsteigerungen. Diese Art der Solidarität wurde in der Eigendarstellung der Kirche nicht erwähnt.

In dem Solidaritätsdiskurs ist die Forderung nach sozialer Gerechtigkeit angeklungen, weshalb es zwischen den Begriffen zu einigen Überschneidungen, z. B. im Bereich der Armutsbekämpfung und dem Umgang mit der Umwelt, kommt. Das Hauptaugenmerk lag in diesem Abschnitt auf der Verhältnismäßigkeit der Eindämmungsmaßnahmen zum Krisengeschehen. Laut Material war diese an einigen Punkten nicht gegeben, bspw. in Bezug auf die Schulschließungen, die Impfungen im Sport und in Altenheimen und die entsprechende Wiederaufnahme des Betriebs der Bundesliga und der Besucherverbote in Pflege- und Altenheimen.

Das fünfte Kapitel widmete sich dem Freiheitsdiskurs. Hier wurde insbesondere auf die Bewertung der Freiheitseinschränkungen, die Bedeutung der Selbstbestimmung und die Verwendung der »Religionsfreiheit« eingegangen. Am Ende des Kapitels wurden die – teils zugeschriebenen, teils selbst bezogenen – Positionen der Kirchen im Freiheitsdiskurs diskutiert.

Weitere relevante Themen, die im Material genannt wurden, konnten leider nicht in der vorliegenden Arbeit besprochen werden. Dazu gehört zum Beispiel die Medienethik. Hier könnten mit Hilfe der Bildethik die Bilder von Bergamo, New York und Beispiele der Solidarität thematisiert werden. Außerdem wäre zu hinterfragen, welche Stimmen wurden in den Publikationsorganen veröffentlicht und welche nicht, hatten sie einen vergleichbaren Anteil oder wurden die Positionen sachgerecht aufgeführt? Ein Artikel des *Medienmagazins Pro* von Nicolai Franz, Norbert Schäfer und Martin Schlorke wäre ein Ansatzpunkt für weitere Überlegungen und Analysen, wie dieser Ausschnitt zeigt:

> »Abweichende Meinungen finden in der öffentlichen Debatte zwar auch Gehör, haben es aber eher schwer. Der Bonner Virologe Hendrik Streeck etwa sah sich einer Fülle an Kritik ausgesetzt, als er Bedenken gegenüber den aktuellen Maßnahmen äußerte und dies mit einer Studie aus dem Corona-Hotspot Heinsberg untermauerte. In Fachkreisen sind solche Debatten erwünscht und normal. In der Medienöffentlichkeit führen sie zu Zuspitzungen, die oft auf die Frage hinauslaufen: Sind Sie dafür oder dagegen?« (Franz/Schäfer/Schlorke-MP-06-2020)

Was leisteten die untersuchten Publikationsorgane in dieser Hinsicht? Haben sie die Zuspitzung und Vereinfachung der komplexen Meinungen gesucht oder versuchten sie aufzuklären und reflektierten sie ein wertfreies Meinungsbild der Wissenschaftler und Gesellschaft? Ein anderes Beispiel ist der Artikel aus *Christ in der Gegenwart*:

> »Die Virologen und Infektiologen, die das zu bedenken geben, sind medial rasch in die hinteren Reihen verbannt worden, weil sie sagen, was zumindest den Wortführern der anderen, der vermeintlichen Mainstream-Meinung nicht opportun erscheint. Wer hat recht, wer wird sich irren im gelehrten Nichtwissen? Wenn man nichts Genaues weiß, zieht man ohnehin schlussendlich immer gern eine ominöse ›Dunkelziffer‹ zur Selbstrechtfertigung oder bloßen Behauptung heran« (Röser-CIG-17-05-2020).

Neben der Medienethik könnten auch Artikel aus wissenschaftsethischer Perspektive stärker in den Mittelpunkt rücken. Dort wurde unter anderem das Nord-Süd-Verhältnis in der Wissenschaft behandelt:

»Afrikas Misere sorgt mitunter auch für ethische Debatten. So mussten sich zwei französische Wissenschaftler für ihren Vorschlag entschuldigen, einen Impfstoff in Afrika zu testen – ›wo es keine Masken, keine Behandlung und keine Wiederbelebungsmöglichkeiten‹ gebe. Ärzte vor Ort unterstellten ihren europäischen Kollegen ›Rassismus‹. Der Panafrikanische Kirchenrat sprach von einer – ›Herabwürdigung Afrikas‹. Man sei kein globales Versuchslabor.« (Schönherr-KS-05)

Die Untersuchung ethischen Verhaltens in den Medien während der Corona-Pandemie ist mit dieser Arbeit auf keinen Fall abgeschlossen, sie versucht aber ihren Teil dazu beizutragen. Wie gezeigt wurde gibt es zahlreiche weitere Vertiefungsfragen und Perspektiven, die Anlass für weitere Analysen geben können.

Literaturverzeichnis

Quellen: Artikel

Chrismon Plus

Bedford-Strohm, Heinrich: »Gott zieht keine Strippen«. In: Chrismon Plus 07/08 (2020), 10.

Bökemeier, Wiebke: »Einfach in den Arm nehmen«. In: Chrismon Plus 11 (2020), 28–33.

Fallet, Mareike/Keller, Claudia: »Wie frei dürfen wir sein – beim Sterben?« In: Chrismon Plus 11 (2020), 23–25.

Husmann, Nils/Vinke, Kira: »Die Jungen so: ›Wir haben euch geschützt‹«. In: Chrismon Plus 11 (2020), 21.

Kessler, Wolfgang: »Die fetten Pferde füttern«. In: Chrismon Plus 05 (2020), 32–33.

Christ in der Gegenwart

Langer, Stephan: »Unsere Stunde Null«. In: Christ in der Gegenwart 18 (2020), 187. (03.05.2020)

Langer, Stephan: »Würde bewahren«. In: Christ in der Gegenwart 8 (2021), 1. (21.02.2021)

Röser, Johannes. 2020. »Christ sein vor dem Corona-Virus«. In: Christ in der Gegenwart 12 (2020), 127–128. (22.03.2020)

Röser, Johannes: »Wenn es darauf ankommt. Nation und Familie«. In: Christ in der Gegenwart 13 (2020), 135–136. (29.03.2020)

Röser, Johannes: »Trost, der Glaube und Hoffnung sucht«. In: Christ in der Gegenwart 14 (2020), 143–144. (05.04.2020)

Röser, Johannes: »Das große Irren, das große Hoffen«. In: Christ in der Gegenwart 20 (2020), 215–216. (17.05.2020)

Röser, Johannes: »Auferstehung!« In: Christ in der Gegenwart 32 (2020), 355–356. (09.08.2020)

Röser, Johannes: »Religion Medizin – oder der Arzt Christus«. In: Christ in der Gegenwart 47 (2020), 519–520. (22.11.2020)

Röser, Johannes: »Alles gut! Alles gut?« In: Christ in der Gegenwart 9 (2020), 3–4. (28.02.2021)

O. A.: »Moment der Weisheit«. In: Christ in der Gegenwart 13 (2020), 136. (29.03.2020)

DIE ZEIT

Allmaier, Michael u.a.: »Eine Woche im März«. In: Die Zeit 14 (2020), 59–62. (26.03.2020).

Assheuer, Thomas/Palaver, Wolfgang: »Ohne Furcht geht es nicht« In: Die Zeit 54 (2020), 46. (23.12.2020).

Betancur, Karin Ceballos/Finger, Evelyn/Ladurner, Ulrich: »An der Grenze zwischen Leben und Tod«. In: Die Zeit 15 (2020), 54. (02.04.2020).

Claussen, Johann Heinreich et al.: »Der ZEIT war dies unwürdig«. In: Die Zeit 28 (2020), 54. (02.07.2020).

Finger, Evelyn: »Lasst die Seelsorger rein!« In: Die Zeit 17 (2020), 48. (16.04.2020).

Finger, Evelyn a: »›Das wäre die feige Variante‹«. In: Die Zeit 21 (2020), 50. (14.05.2020).

Finger, Evelyn b: »Frommes Schweigen«. In: Die Zeit 23 (2020), 1. (28.05.2020).

Finger, Evelyn: »›Wir bedürfen Gottes wärmender Botschaft‹« In: Die Zeit 52 (2020), 73. (10.12.2020).

Finger, Evelyn; Parnack, Charlotte: »Die Hand halten oder nicht?« In: Die Zeit 15 (2020), 29. (02.04.2020).

Glaser, Henning: »Öffnungsdiskussionsorgien diskutieren«. Leserbrief zum Artikel »Richtung Freiheit« von Heinrich Wefing. In: Die Zeit 20 (2020), 16. (07.05.2020).

Illies, Florian: »Stadt steht still«. In: Die Zeit. 52 (2020), 61. (10.12.2020).

Käßmann, Margot: »Mit unseren Ängsten besonnen umgehen«. In: Die Zeit 33 (2020), 48. (06.08.2020).

Käßmann, Margot: »Sorgt für die Seelen!« In: Die Zeit 20 (2020), 52. (07.05.2020).

Kasper, Walter: »Hat diese Krise einen Sinn?« In: Die Zeit 35 (2020), 48. (20.08.2020).

Lilie, Ulrich; Lieberknecht, Christine: »War die Kirche für die Alten da?« In: Die Zeit 28 (2020), 54. (02.07.2020).

Mönius, Claudia: »Macht es doch einfach wie Jesus«. In: Die Zeit 20 (2020), 52 (07.05.2020).

Otto, Jaennette; Schoener, Johanna: »Die Unsichtbaren«. In: Die Zeit 15 (2020), 27. (02.04.2020).

FAZ

Bedford-Strohm, Heinrich: »Das Virus als Wegmarke«. In: FAZ 120 (2020), 6. (25.05.2020).

Bingener, Reinhard/Deckers, Daniel/Jansen, Thomas: »Seelsorge in Zeiten von Corona«. In: FAZ 254 (2020), 3. (31.10.2020).

Büchner, Bernward: »Klaglos hingenommen«. Leserbrief. In: FAZ 98 (2020), 18. (27.04.2020).

Claussen, Johann Hinrich: »Was Kirchen in der Spätmoderne zufällt«. In: FAZ 296 (2020), 12. (19.12.2020).

Deckers, Daniel: »Katholiken enttäuscht«. In: FAZ 90 (2020), 3. (17.04.2020).

Dittmar, Axel: »Wahre Liebe wird nun gestärkt!« Leserbrief. In: FAZ 69 (2020), 7. (21.03. 2020).

Geerlings, Dieter: »Religionsfreiheit und Gemeinwohl«. Leserbrief. In: FAZ 93 (2020), 18. (21.04.2020).

Hahlen, Johann: »Darauf haben viele Christen gewartet«. Leserbrief zum Artikel »Das Virus als Wegmarke« von Heinrich Bedford-Strohm. In: FAZ 131 (2020), 5. (08.06. 2020).

Jansen, Thomas: »Kirchen verteidigen Präsenzgottesdienste«. In: FAZ 300 (2020), 1. (24. 12.2020).

Ohler, Norbert: »Nur Gemurmel«. Leserbrief zum Artikel »Kein Trost« von Jasper von Altenbocktum. In: FAZ 82 (2020), 20. (06.04.2020).

Reents, Edo.: »Was will uns das Virus sagen«. In: FAZ 288 (2020), 13. (10.12.2020).

Rüb, Matthias: »Menschenleerer Petersplatz«. In: FAZ 75 (2020), 5. (28.03.2020).

idea Spektrum

idea Spektrum Nachrichtenagentur: »Pflegeheime: Gutachten rügt strikte Besuchsbeschränkungen«. In: idea Spektrum 47 (2020), 9 (11.08.2020).

idea Spektrum Nachrichtenagentur: »Kritik an Corona-Tests für Profifußballer«. In: idea spektrum 18 (2020), 26. (24.04.2020).

Katholische Sonntagszeitung

Bandelow, Borwin: »Angst schützt das Leben«. In: Katholische Sonntagszeitung 18 (2020), 2–3. (2./3.05.2020).

Beckenbach, Wiltraud: »Leserbrief ohne Verweis zu einem Artikel«. In: Katholische Sonntagszeitung 19 (2020), 9. (09./10.05.2020).

Caritas-Stiftung Deutschland: »Zustiften: Helfen in Krisenzeiten«. In: Katholische Sonntagszeitung 36 (2020), 5. (05./06.09.2020).

Galgano, Mario: »Die Papstkritik der Waffenlobby«. In: Katholische Sonntagszeitung 18 (2020), 7. (02./03.05.2020).

Galgano, Mario: »Rom ohne Menschenmassen«. In: Katholische Sonntagszeitung 36 (2020), 6. (05./06.09.2020).

Galgano, Mario: »Der Weg der Geschwisterlichkeit«. In: Katholische Sonntagszeitung 41 (2020), 7. (10./11.10.2020).

Heymann, Alfred: »Gemeinsam Corona bezwingen«. In: Katholische Sonntagszeitung 21 (2020), 141–5. (23./24.05.2020).

Jürgens, Burkhard: »Wir sind in guten Händen«. In: Katholische Sonntagszeitung 15 (2020), 6. (11./12.04.2020).

Krumpholz, Gregor/Wilke, Birgit: »Mehr Hilfen notwendig«. In: Katholische Sonntagszeitung 27 (2020), 2–3. (04./05.07.2020).

Magg, Andreas: »Mit dem Vaterunser durch Corona«. In: Katholische Sonntagszeitung 24 (2020), 31. (13./14.06.2020).

Meißner, Florian: »Ältere Mitmenschen nicht vergessen«. Leserbrief zum Artikel »Abstand heißt Einsamkeit« von Rudolf Stumberger. In: Katholische Sonntagszeitung 50 (2020), 9. (12./13.12.2020).

Müller, Hans-Paul: »Ein Ereignis, das jeden bewegt«. Leserbrief. In: Katholische Sonntagszeitung 18 (2020), 9. (02./03.05.2020).

Ostendorf, Kerstin: »Eine schöne Nebenwirkung«. In: Katholische Sonntagszeitung 15 (2020), 5. (11./12.04.2020).

Rottmann, Michael: »Lasst uns jetzt nicht allein!« In: Katholische Sonntagszeitung 47 (2020), 6. (21./22.11.2020).

Schmid, Michael: »Tu deinen Mund auf«. In: Katholische Sonntagszeitung 14 (2020), 2–3. (04./05.04.2020).

Schönherr, Markus: »Drei Millionen Corona-Tote?« In: Katholische Sonntagszeitung 18 (2020), 14–15. (02./03.05.2020).

Stollhoff, Birgit: »Neuanfangen inmitten der Krise«. In: Katholische Sonntagszeitung 13 (2020), 31. (28./29.03.2020).

Stumberger, Rudolf: »Abstand heißt Einsamkeit«. In: Katholische Sonntagszeitung 45 (2020), 25. (07./08.11.2020).

Stummer, Thomas: »Warum ist diese Zeit so anders«. In: Katholische Sonntagszeitung 48 (2020), 32. (28./29.11.2020).

Katholische Nachrichten-Agentur (KNA): »Parolin: Geist der Solidarität nötig«. In: Katholische Sonntagszeitung 15 (2020), 6. (11./12.04.2020).

Katholische Nachrichten-Agentur (KNA): »Globale Auswirkungen«. In: Katholische Sonntagszeitung 20 (2020), 22. (16./17.05.2020).

Katholische Nachrichten-Agentur (KNA): »Eingriff in die Grundrechte«. In: Katholische Sonntagszeitung 24 (2020), 5. (13./14.06.2020).

Katholische Nachrichten-Agentur (KNA): »Für ›bessere Welt‹ nach Corona«. In: Katholische Sonntagszeitung 36 (2020), 6. (05./06.09.2020).

Katholische Nachrichten-Agentur (KNA): »Papst ruft neuen Kampagnen-Tag aus«. In: Katholische Sonntagszeitung 41 (2020), 6. (10./11.10.2020).

Katholische Nachrichten-Agentur (KNA): »Gegen die Verfassung«. In: Katholische Sonntagszeitung 47 (2020), 9. (21./22.11.2020).

Medienmagazin Pro

Franz, Nicolai: »›Wir müssen lernen, loszulassen‹«. In: Medienmagazin Pro 02 (2020), 42. (04.2020).

Franz, Nicolai: »Nur singen ist schöner«. In: Medienmagazin Pro 06 (2020), 7–10. (12.2020).

Franz, Nicolai/Schäfer, Norbert/Schlorke, Martin: »So viele Stimmen«. In: Medienmagazin Pro 03 (2020), 6–9. (06.2020).

Jung, Harald/Müller, Patrick: »Wie verantwortlich sind Schulden zur Bewältigung der Corona-Krise?« In: Medienmagazin Pro 04 (2020), 34–37. (08.2020).

Steinert, Jonathan: »Hoffnung gegen das Virus«. In: Medienmagazin Pro 02 (2020), 7. (04.2020).

Steinert, Jonathan: »›Grundrechte gelten nicht nur in sonnigen Zeiten‹«. In: Medienmagazin Pro 01 (2021), 16–19. (02.2021).

Zeitzeichen

Balzer, Vladimir: »Generalprobe für Schlimmeres?« In: Zeitzeichen (2020), 24–26. (07. 2020).

Berg, Christian: »Höchste Zeit für Solidarität«. In: Zeitzeichen (2020), 27–29. (07.2020).

Butterwegge, Christoph: »Virus der Ungleichheit«. In: Zeitzeichen (2020), 8–11. (11. 2020).

Charbonnier, Ralph: »Corona als vierte Kränkung«. In: Zeitzeichen (2021), 46–47. (01. 2021).

Heidemann, Winfried: »Wettstreit bester Köpfe«. Leserbrief zum Artikel »Im Schatten der Krise« von Günter Thomas. In: Zeitzeichen (2020), 59. (08.2020).

Junkermann, Ilse: »Das Leben ist verletzlich«. In: Zeitzeichen 21 (2020), 11. (11.2020).

Kosch, Stephan: »Zwangspause vom Wahnsinn«. In: Zeitzeichen (2020), 8–11. (05.2020).

Kosch, Stephan/Mawick, Reinhard: »›Alles ist auf dem Prüfstand‹«. In: Zeitzeichen (2020), 41–43. (09.2020).

Rinn, Angela: »Krise als Katalysator«. In: Zeitzeichen (2020), 34–37. (09.2020).

Thomas, Günter: »Im Schatten der Krise«. In: Zeitzeichen (2020), 12–14. (05.2020).

Wandel, Jürgen: »Gottesbild im Wandel«. In: Zeitzeichen (2020), 52–53. (07.2020).

Weinrich, Michael: »Gebeutelte Freiheit«. In: Zeitzeichen (2020), 21. (10.2020).

Wragge, Gertraude: »Klage bringt nichts«. Leserbrief zum Artikel »Ein tückischer Frühling« von Fulbert Steffensky. In: Zeitzeichen (2020), 60. (08.2020).

Weitere Literatur

Agamben, Giorgio: An welchem Punkt stehen wir? Die Epidemie als Politik. Turia und Kant, Wien 2021 (2020).

Bonhoeffer, Dietrich: Ethik, herausgegeben von Ilse Tödt et al., Gütersloh, München 2010 (1992).

Diefenbacher, Hans et al.: Die Idee der Solidarität in der Corona-Pandemie. In: Benjamin Held et al., Corona als Riss, 149–184.

Durkheim, Émile: Die elementaren Formen des religiösen Lebens (»Les formes élémentaires de la vie religieuse«), Frankfurt/M. 2007 (1912).

Franziskus, Papst: Enzyklika. Fratelli Tutti. Über die Geschwisterlichkeit und die soziale Freundschaft, Vatikanstadt 2020.

idea Spektrum Redaktion: Corona: Geteilte Reaktionen auf Lieberknecht-Kritik an den Kirchen. In: idea.de, 19.05.2020, URL: https://www.idea.de/Frei-/Kirchen/detail/corona-geteilte-reaktionen-auf-lieberknecht-kritik-an-den-kirchen-110588 (Stand: 30.05.2024).

Jähnichen, Traugott; Karle, Isolde: Ethik für die Seelsorge – Seelsorge für die Ethik. Überlegungen zur Verhältnisbestimmung von theologischer Ethik und Poimenik. In: Zeitschrift für evangelische Ethik 2020 (64), 277–288.

Kieslich, Katharina/Prainsack, Barbara: Solidarität in Zeiten einer Pandemie. Alltagspraktiken und Priorisierungsentscheidungen im Lichte des Solidaritätskonzeptes. In: Pandemien und Ethik, 29–42.

Klein, Rebekka A.: Diesseits der Nächstenliebe. Was heißt Helfen im Horizont der Lebensformen der Fürsorge?. In: Zeitschrift für Evangelische Ethik 2020 (64), 23–36.

KÖRTNER, ULRICH: Liebe, Freiheit und Verantwortung. Grundzüge evangelischer Ethik. In: Richard Amesbury/Christoph Ammann (Hrsg.), Was ist theologische Ethik, 2015, 29–48.

LUTHER, MARTIN: Von der Freiheit eines Christenmenschen. In: Johannes Schilling (Hrsg.), Deutsch-Deutsche Studienausgabe Band 1, 277–316.

ROSA, HARTMUT: Demokratie braucht Religion, Kösel, München 2022.

(System-)Relevanz in der Corona-Krise

Wurden Religion und Kirche gebraucht?

Sonja Leiser, Ulrike Jurkschat

1. Einleitung

Das Thema der (System-)Relevanz von Religion und Kirche in unserer säkularisierten Gesellschaft wurde sicherlich nicht erst seit dem Aufkommen der Corona-Pandemie diskutiert, doch im Zuge eben jener Krise spitzte sich die Debatte diesbezüglich spürbar zu. Während des Lockdowns wurden Kirchen geschlossen und Präsenz-Gottesdienste verboten. Wurde über systemrelevante Berufe und die Wiederöffnung bestimmter Bereiche debattiert, war von Pfarrerinnen und Pfarrern sowie Kirchen meist nicht die Rede. Selbst in der ersten großen Corona-Fernsehansprache der damaligen Bundeskanzlerin Angela Merkel am 22. März 2020 wurden sie nicht erwähnt (vgl. Springhart-ZZ_print-08). Nicht zuletzt die eingangs erwähnte These des Soziologen Rudolf Stichweh, welche den Anlass des vorliegenden Projekts darstellt, spricht der Religion jedweden relevanten Beitrag zur Bearbeitung und Deutung des Krisengeschehens ab. Somit ist davon auszugehen, dass Stichweh – mindestens im Kontext der Corona-Pandemie – die Religion als nicht (mehr) systemrelevant erachtet. Doch wie beurteilen christliche Akteurinnen und Akteure die Systemrelevanz-Frage? Jene Fragestellung wird in dem vorliegenden Kapitel zu beantworten versucht, indem untersucht wird, wie das Thema der Systemrelevanz in den betrachteten Publikationsorganen aufgegriffen und diskutiert wurde.

Bei Betrachtung der Topic-Wörter fällt auf, dass lediglich in den Topics der Printausgabe von *zeitzeichen* die Begriffe »Systemrelevanz«, »systemrelevant« und »Relevanz« zu finden sind. Somit kann davon ausgegangen werden, dass in jener Zeitschrift am intensivsten über das Thema diskutiert wurde, was jedoch nicht bedeutet, dass es in den anderen untersuchten Medien nicht aufgegriffen wurde. Jedoch kann die These aufgestellt werden, dass es in den Zeitschriften aus dem Spektrum evangelischer Freikirchen *idea Spektrum* und *Medienmagazin Pro* weniger eine Rolle spielt als in den anderen untersuchten Publikationsorganen, da Gläubige aus jenem Spektrum weniger auf die (System-)Relevanz institutionalisierter Religion fokussiert sind als vielmehr auf alternative, gruppenartige Formen von Glaubenspraktiken und Religiosität.

Im Folgenden wird zunächst der Begriff der Systemrelevanz genauer erläutert, um eine klare Vorstellung dessen zu schaffen, womit sich das vorliegende Kapitel befasst. Anschließend wird beleuchtet, auf welch unterschiedliche Weise die einzelnen Publikationsorgane das Thema der (System-)Relevanz von Religion und Kirche aufgreifen, um schließlich im darauffolgenden Abschnitt in die inhaltliche Diskussion des Themas einzusteigen, indem ausführlich auf die mithilfe der Dominant Topics sortierten Beiträge der einzelnen Zeitschriften eingegangen wird. Zudem werden die unterschiedlichen christlichen Strömungen hinsichtlich ihrer Positionierung bezüglich der Systemrelevanz-Frage miteinander verglichen.

2. Begriffsklärung

Um sich darüber im Klaren zu sein, worüber überhaupt diskutiert wird, wenn über das Thema der Systemrelevanz von Religion und Kirche diskutiert wird, muss zunächst festgehalten werden, was der Begriff »Systemrelevanz« objektiv bedeutet. Laut dem Gabler Wirtschaftslexikon ist Systemrelevanz »die Relevanz (also die Bedeutsamkeit oder Wichtigkeit in einem bestimmten Zusammenhang), die Staaten, Organisationen, Unternehmen, Produkte, Dienstleistungen und Berufsgruppen (respektive ihre Angehörigen) für den Betrieb und die Aufrechterhaltung eines Systems, etwa eines Wirtschafts- oder Gesundheitssystems oder der Grundversorgung, haben« (Bendel). Somit ist Systemrelevanz nicht die bloße, subjektive Relevanz eines Bereichs für einzelne Menschen, sondern die Relevanz für das Fortbestehen eines Gesamtsystems. Doch auch der Begriff der Systemrelevanz sei subjektiv, so die im selbigen Artikel des Lexikons aufkommende Kritik an dem Begriff: Was wirklich systemrelevant sei, werde unterschiedlich gesehen, und es sei ein Streitpunkt, welches System überhaupt geschützt werden solle (vgl. ebd.). Ersteres wird, wie im vorliegenden Kapitel ersichtlich werden wird, auch im Bereich der Religion deutlich.

Da die Grenzen zwischen Systemrelevanz und Relevanz teilweise verschwimmen und an einigen Stellen des Kapitels »lediglich« auf die Relevanz der Religion und Kirche im Allgemeinen und nicht auf die Systemrelevanz derselbigen im Speziellen Bezug genommen wird, wurde im Titel und an einigen Stellen im Text mit der Schreibweise »(System-)Relevanz« gearbeitet – wie in der Einleitung bereits ersichtlich.

3. Profile der untersuchten Publikationsorgane im Hinblick auf (System-)Relevanz von Religion und Kirche

Wie bereits in der Einleitung angedeutet wurde, setzen die Publikationsorgane, welche die Grundlage der vorliegenden Untersuchung darstellen, jeweils einen sehr unterschiedlichen Fokus, abhängig von der Glaubensrichtung, für die sie sprechen, aber auch abhängig von Faktoren wie Alter oder Milieu der Zielgruppe. Das wirkt sich signifikant darauf aus, ob bzw. wie über (System-)Relevanz von Kirche und Religion gesprochen wird. Grundlage unserer Betrachtung der Publikationsorgane ist zum einen, was die Publikationsorgane selbst auf ihren Webseiten darüber schreiben, wofür sie stehen, und zum anderen der Inhalt der von uns untersuchten Texte zum Thema (System-)Relevanz. Dabei sollen zunächst die Organe aufgeführt werden, die den evangelischen Landeskirchen bzw. der römisch-katholischen Kirche nahestehen. Diese Nähe zeigt sich darin, dass sie das selbst in ihrer Zielsetzung zum Ausdruck bringen, oder daran, dass, wie im Fall des *Gemeinschaftswerks Evangelischer Publizistik (GEP)*, dem sowohl *chrismon* als auch *zeitzeichen* angehören, die *Evangelische Kirche in Deutschland (EKD)* selbst der Eigentümer ist.[1] Anschließend sollen die Organe aus dem Spektrum evangelischer Freikirchen folgen, welche sich selbst keiner singulären kirchlichen Institution zuordnen, bevor zuletzt *FAZ* und *ZEIT* in den Blick genommen werden, die ihrer Struktur nach nicht ausdrücklich christlich oder kirchlich orientiert sind, vielfach aber in ihren Artikeln christliche Vertreterinnen und Vertreter über das von uns betrachtete Thema sprechen lassen. Die Richtung erfolgt also von der kirchennahen in die kirchendistanziertere Perspektive.

Zunächst zur Zielsetzung des *GEP*, welches *zeitzeichen* und *chrismon* verlegt: Das »multimediale Kompetenzzentrum der EKD«[2] möchte »Themen, die für die EKD, ihre Gliedkirchen, Werke und Einrichtungen zur Erfüllung des Auftrags relevant sind, dem die Kirche verpflichtet ist und die das Zeugnis und den Dienst der Kirchen in der Öffentlichkeit geltend machen«[3], aufnehmen. Dies kann jedoch auf ganz unterschiedliche Weise geschehen, wie sich an den beiden Zeitschriften *zeitzeichen* und *chrismon* zeigt, auch im Hinblick auf den Umgang mit dem Systemrelevanzbegriff. *zeitzeichen* möchte »evangelische Kommentare zu Religion und Gesellschaft«[4], so der Untertitel der Zeitschrift, präsentieren. Sowohl anhand dieses Untertitels als auch anhand der Ressorts, unter anderem »Gesellschaft«, »Kultur«, »Politik«, lässt sich darauf schließen, dass hier tendenziell

1 https://www.gep.de/unternehmen.shtml.

2 https://www.gep.de/aufgabe.shtml.

3 https://www.gep.de/unternehmen.shtml.

4 https://zeitzeichen.net/.

eine akademische Leserschaft angesprochen werden soll.[5] Dies deckt sich auch inhaltlich mit unseren Befunden. Wie bereits in der Einleitung erwähnt, ist *zeitzeichen* das einzige Publikationsorgan, in dem das Wort *Systemrelevanz* zu den am häufigsten verwendeten Wörtern zwischen März 2020 und Februar 2021 gehört. Und obgleich dieser Begriff 2020 in aller Munde war und in allen gesellschaftlichen Schichten darüber gesprochen wurde, welche Institutionen ihre Türen öffnen dürfen und welche nicht, ist doch eine tiefere Auseinandersetzung mit der Begrifflichkeit der Systemrelevanz eher als akademische Debatte einzuordnen. Warum der Begriff der Systemrelevanz für *zeitzeichen* so zentral ist, ist auch daher zu erklären, dass die Gesellschaft – und damit ein System – für diese Zeitschrift stark im Fokus steht. Der Gesellschaft ist ein eigenes Ressort gewidmet, und um den Umgang der Gesellschaft mit der Corona-Pandemie zu analysieren, eignet sich der Begriff der Systemrelevanz gut. Welche Rolle spielt Kirche im Gesundheitssystem unserer Gesellschaft? – wird beispielsweise gefragt und dabei die Rolle von Klinikseelsorgerinnen und -seelsorgern diskutiert (vgl. Rinn-ZZ_print-09–2020 u. a.). Welche Funktion hat die Kirchenmusik für die Kultur unserer Gesellschaft? Und ist es für die Präsenz von Kirche in der Gesellschaft notwendig, dass öffentlich zugängliche Gottesdienste im sogenannten Präsenzmodus stattfinden – oder kann Kirche auch auf andere Weise in der Gesellschaft sichtbar werden, sich Gehör verschaffen? Ist die Kirche ihrer Rolle als Managerin einer der größten gesundheitlichen und gesellschaftlichen Krisen gerecht geworden (vgl. Reich-ZZ_print-11–2020 u. a.)?

All dies sind Fragen, die *zeitzeichen* stellt, die auf unterschiedliche Weise beantwortet werden. Dass der Begriff der Systemrelevanz in den übrigen Publikationsorganen nicht so zentral verwendet wird, heißt jedoch nicht, dass die Rolle von Kirche und Religion in der Corona-Krise dort kein Thema ist. Vielmehr wird auf andere Weise darüber gesprochen. Die Redaktion von *chrismon* stellt den einzelnen Menschen und seine alltäglichen Herausforderungen in den Vordergrund: Nach eigenen Angaben erzählt es von »Menschen, die ihr Leben in Glück und Leid, in Freude und Trauer meistern«[6]. »Die großen ethischen Fragen« werden verhandelt und »Zuversicht« spielt eine zentrale Rolle.[7] Ähnlich klingt es auch bei *chrismon plus:* Man finde hier »Geschichten aus dem echten Leben, [...] ausdrucksstarke Bilder«[8]. Das Magazin richte sich an Leser, die »sich mit der Welt auseinandersetzen [...]. Die mit Lebenslust und Gottvertrauen durch die Welt gehen. Leser, die wissen wollen, was wirklich wichtig ist«[9]. Die Themen Religion und Kirche werden hier nicht besonders in den Vordergrund gerückt, schwingen

---

5 Ebd.

6 https://chrismon.de/ueber-uns.

7 Ebd.

8 https://leserservice.evangelisch.de/chrismon-plus/.

9 Ebd.

aber trotzdem mit in Begriffen wie »Zuversicht« oder »Gottvertrauen«.[10] Auch dass es bei *chrismon* ein Ressort unter dem Titel »Glaube und Sinn« gibt, die Suche nach dem, »was wirklich wichtig ist«, deutet darauf hin, dass die Relevanzfrage im Zusammenhang mit Religion durchaus eine Rolle spielt.[11] Dass die Frage nach der Relevanz von Religion auch bei *chrismon* debattiert wird, soll am Artikel »Antworten auf Corona« von Johann Hinrich Claussen, welcher in Abschnitt 4.2 ausführlicher dargelegt werden wird, beispielhaft gezeigt werden. Einerseits spricht Claussen davon, dass man durch den »sinnvollen Abschied vom strafenden Gott« nun »keine religiöse Sprache mehr für die Katastrophen dieser Welt« habe (Claussen-C-26-08-2020). Andererseits spricht er von »neuer Relevanz« der Warnungen der biblischen Propheten angesichts aktueller Naturkatastrophen und Krankheiten und von Verkündigung von Hoffnung auf Gottes Geist im Umgang mit dieser Welt (vgl. ebd.). Hier kommen also unter anderem »die großen ethischen Fragen« vor, die *chrismon* ansprechen möchte (s. o.). Anders als bei *zeitzeichen* werden diese jedoch weniger an die Kirche oder an die Gesellschaft als an den einzelnen Menschen gestellt. Dabei sollen, das wird auch in Claussens Artikel deutlich, Religion und Gott als Quelle der Inspiration, der Zuversicht und der Orientierung dienen.

Es lässt sich feststellen, dass sowohl *zeitzeichen* als auch *chrismon* die Relevanz von Religion in der Corona-Krise thematisieren. Bei genauerer Betrachtung fällt jedoch auch auf, dass die konkrete Frage nach der Systemrelevanz, d. h. Kirchentüren auf oder zu, wenn überhaupt, meist nur im Nebensatz gestellt wird und sich in diesen Nebensätzen dann häufig auf spezielle kirchliche Bereiche wie den der Klinikseelsorge bezogen wird (vgl. Rinn-ZZ_print-09-2020 u. a.). Findet sich dann doch einmal ein Plädoyer für Systemrelevanz kirchlicher Bereiche, so kommt sie von in der Kirche tätigen Leserinnen und Lesern, wie Kirchenmusikdirektor Bernhard Reich (vgl. Reich-ZZ_print-11-2020).

Nun sollen die römisch-katholischen Publikationsorgane in den Blick kommen. Wie bereits bei den evangelischen Publikationsorganen, auch hier ein paar Worte zum verlegerischen Hintergrund: Die *Katholische Sonntagszeitung (KS)* erscheint wöchentlich im Sankt Ulrich Verlag. Einziger Gesellschafter dieses Verlags ist die Erzdiözese Augsburg. Demnach besteht eine große Nähe zur römisch-katholischen Kirche. Dies spiegelt sich auch im Claim »Den Glauben leben, Gott begegnen« sowie in den »guten Gründen unsere Zeitung zu lesen« wider.[12] Hier finden sich Rubriken wie »Aktuelles aus Rom und der Welt«: »Sie erfahren exklusiv, was in Rom und in der Weltkirche passiert und lesen die wöchentliche Gebetsmeinung des Papstes«. Oder: »Kirche vor der Haustür«: »Im Bistumsteil erfahren Sie Alles aus Ihrer Region. Wir berichten über aktuelle Termine, Ver-

10 Ebd.

11 https://chrismon.de; https://leserservice.evangelisch.de/chrismon-plus/.

12 https://www.katholische-sonntagszeitung.de/Ausgaben.

anstaltungen, Sehenswürdigkeiten und Personen vor Ort und sind so immer nah bei den Gläubigen.«[13] Dies ist eine Zeitung, die aus der Perspektive ihrer Kirche und für die Angehörigen dieser Kirche schreibt. Neben dieser klaren Ausrichtung an der römisch-katholischen Kirche ist offenbar auch das Thema Spiritualität für die *KS* zentral, was sowohl an dem Claim »Glauben leben, Gott begegnen« als auch an Rubriken wie »Spirituelles und Liturgie« oder »Glaubensleben« sichtbar wird.[14] Die *KS* richtet sich zwar vornehmlich an römisch-katholische Christinnen und Christen, möchte unter diesen aber auch für alle zugängliche Inhalte vermitteln: Sie schreibe über »brisante, aktuelle, berührende und spannende Themen und Menschen«, »Witze, Rätsel und eine Erzählung« sollen für »bunte Unterhaltung« sorgen.[15] Das Thema (System-)Relevanz wird hier v.a. im Hinblick auf die Institutionen der römisch-katholischen Kirche verhandelt. So findet sich beispielsweise ein Artikel, in dem die Deutsche Bischofskonferenz auf Kritik im Umgang mit Corona-Maßnahmen reagiert, sowie ein Bericht über die Arbeit des Bonifatiuswerks. Auf beide Artikel wird in Abschnitt 4 noch ausführlicher eingegangen werden (vgl. Abschnitt 4.1 und 4.3: KNA-KS-06/07-06-2020, Abschnitt 4.1: Meier-KS-07/08-11-2020). Hier soll jedoch festgehalten werden, dass beide Artikel die Einstufung der Kirche als nicht systemrelevant und damit das zeitweise Verbot von Gottesdiensten in Kirchenräumen für legitim halten. Im Bericht der KNA vom 6./7. Juni, Titel »In der Verantwortung«, begründet Hans Langendörfer dies mit der Verantwortung für den Gesundheitsschutz, sieht aber dennoch »eine Relevanz des Glaubens für das System menschlichen Zusammenlebens« (vgl. KNA-KS-06/07-06-2020). Inwiefern der Glaube für das System des menschlichen Zusammenlebens in den Augen Langendörfers relevant ist, wird in dem Artikel jedoch nicht deutlich. In dem anderen Artikel, der über das Bonifatiuswerk berichtet, wird davon ausgegangen, dass die Kirche nicht für jeden systemrelevant zu sein scheine, jedoch sei sie existenzrelevant für den Menschen. Dass Menschen nicht die Möglichkeit haben, gemeinsam Gottesdienst zu feiern und zu beten, wird als »Diasporaerfahrung« gesehen, die sie nicht auseinanderbringe, sondern tiefer zusammenschweiße (vgl. Meier-KS-07/08-11-2020).

Eine weitere römisch-katholische Zeitschrift, die wir untersucht haben, ist *Christ in der Gegenwart (CIG)*. Sie erscheint im Verlag Herder und wird auf der Webseite des Verlags im Bereich »Religion und Spiritualität« unter der Rubrik »Katholische Zeitschriften« aufgeführt.[16] Die Zeitschrift ist jedoch in keiner Weise an die römisch-katholische Kirche angegliedert und richtet sich auch nicht ausschließlich an römisch-katholische Gläubige, sondern an »religiös Interes-

---

13 Ebd.

14 Ebd.

15 https://www.katholische-sonntagszeitung.de/Ausgaben.

16 Vgl. https://www.herder.de/religion-spiritualitaet/zeitschriften/.

sierte« und »an ein bildungsorientiertes Publikum«.[17] »Aus einer christlichen Perspektive« berichtet sie nach eigenen Angaben »über die Hintergründe religiöser Entwicklungen« und gibt »Anregungen für ein modernes christliches Leben« mit dem Anspruch, »ökumenisch und weltoffen« zu sein.[18] Diese Weltoffenheit zeigt sich darin, dass die Leserinnen und Leser in dieser Zeitschrift einen Vergleich zu Systemrelevanz von Kirche in anderen Ländern finden, was in den genannten evangelischen Publikationsorganen nicht der Fall ist. So findet sich in der Aprilausgabe eine kurze Notiz darüber, dass Gotteshäuser von einem Gericht in Brasilien als systemrelevant eingestuft worden seien (vgl. o.V.-CIG-12-04-2020). Neben dieser kurzen Notiz gibt es jedoch auch Artikel, die sich eingehender mit dem Begriff der Systemrelevanz beschäftigen. Da der an dieser Stelle angeführte Beitrag jedoch in Abschnitt 4.2 noch ausführlich behandelt werden wird, sei hier nur erwähnt, dass er Kritik an der römisch-katholischen Kirche übt, die sich zu sehr mit dem System der eigenen Institution beschäftige. Gott als der »Systemlose« und »Systemsprengende« passe in kein System und sei daher auch nicht »systemrelevant« (vgl. Röser-CIG-10-05-2020). Der Artikel zeigt deutlich, dass *CIG* eine unabhängige und der römisch-katholischen Kirche gegenüber kritisch eingestellte Zeitschrift ist. Auch der Bericht über Systemrelevanz in Brasilien, obgleich er unkommentiert bleibt, zeigt eine zur deutschen alternative Sichtweise auf Kirchen und deren Funktion. Es lässt sich jedoch festhalten, dass auch *CIG*, ebenso wie die *KS*, sich nicht eindeutig für eine Systemrelevanz der Kirche(n) ausspricht.

Nun zu den Publikationsorganen aus dem Spektrum evangelischer Freikirchen: Die Evangelische Nachrichtenagentur *idea* Spektrum bezeichnet sich selbst als »die einzige finanziell unabhängige konfessionelle Nachrichtenagentur in Deutschland« und gibt an, »theologisch konservativ« zu sein.[19] Als ihre Grundlage nennt sie die »Glaubensbasis der Evangelischen Allianz«.[20] Ihr Claim ist: »Klar. Konkret. Christlich.«[21] *idea* möchte verschiedene Altersgruppen ansprechen, das ist erkennbar daran, dass sie in sieben sozialen Netzwerken (*Instagram, X, WhatsApp* u. a.) auftritt und dem Bereich »Medien«[22] ein eigenes Ressort widmet. Doch auch die Bereiche »Gesellschaft«, »Politik« und »Menschenrechte« sind vertreten, was eine politische Ausrichtung anzeigt.[23] In der Berichterstattung von *idea* zeigt sich, dass die Agentur einerseits die Landeskirchen in den Blick nimmt

---

17 https://www.herder.de/cig/unsere-philosophie/.

18 Vgl. https://www.herder.de/religion-spiritualitaet/zeitschriften/ und https://www.herder.de/cig/unsere-philosophie/.

19 Vgl. https://www.idea.de/ueber-uns.

20 Vgl. ebd.

21 Vgl. https://www.idea.de/.

22 Vgl. ebd.

23 Vgl. ebd.

und der Meinung landeskirchlicher Funktionärinnen und Funktionäre Raum gibt, ebenso aber Raum für Stimmen lässt, die die Landeskirchen scharf kritisieren. So wird Volker Jung, Kirchenpräsident der Evangelischen Kirche in Hessen-Nassau, zitiert, der in seinem jährlichen *Bericht zur Lage in Kirche und Gesellschaft* die Corona-Krise in den Mittelpunkt stellt. Auch auf diesen Artikel kommen wir in Abschnitt 4 noch zu sprechen, daher sei hier nur aufgeführt, dass Jung in seinem Bericht Kritik an der gesellschaftlichen Debatte über den Systemrelevanzbegriff übt: Neben deren Gegenstand, »Grundversorgung der leiblichen und ökonomischen Bedürfnisse«, stellt er den Begriff der »Lebensrelevanz«, welche auf »geistige und seelische Bedürfnisse« gerichtet ist (vgl. Abschnitt 4.2: ekhn.de-I-23-09-2020). Hier sieht er die Rolle der Kirche und diese Rolle hält er auch für eine wichtige in der Gesellschaft (vgl. ebd.). Damit fährt er eine ähnliche Spur wie Georg Austen in der *KS* mit dem Existenzrelevanzbegriff (s. o.). Jung geht aber an dieser Stelle u. E. noch weiter, da er die kritische Frage stellt, ob »Grundversorgung der leiblichen und ökonomischen Bedürfnisse« im Angesicht einer solchen Krise der geeignete Maßstab sei (vgl. ekhn.de-I-23-09-2020). Falls sich dahinter eine Kritik an den Corona-Maßnahmen verbirgt, so ist es doch nur eine leise. Ganz anders ist das bei Autor und Publizist Peter Hahne. Er vertritt in einem Pro-und-Contra-Beitrag in Reaktion auf die Frage, ob die aktuellen Corona-Schutzmaßnahmen die Religionsfreiheit gefährden, die Meinung, eine Kirche, die sich nicht dafür einsetze, wieder öffentlich zusammenzukommen, schaffe sich selber ab (vgl. Hahne-I-08-04-2020). Eine solch deutliche Kritik an den Kirchen sowie den Corona-Maßnahmen findet sich in keinem der bisher genannten Publikationsorgane. Es liegt die Vermutung nahe, dass sich einerseits eine von den Landeskirchen finanziell unabhängige Agentur leichter tut, diese offen zu kritisieren, und sie andererseits durch ihre theologisch konservative Ausrichtung dem öffentlichen Gottesdienst und der Teilnahme an diesem noch einmal eine deutlich höhere Bedeutung beimisst.

Der Claim der *Christlichen Medieninitiative Pro*, deren Teil das *Christliche Medienmagazin Pro* ist, heißt »Mehr Evangelium in den Medien«.[24] Die Initiative möchte ein »Wertekompass« für die Medien sein und versteht »biblische Werte als Basis des friedlichen und konstruktiven Miteinanders für eine demokratische Gesellschaft«.[25] Aktuelle Themen aus Kirche, Gesellschaft, Politik und Medien sollen aus christlicher Perspektive dargestellt und kommentiert werden, ein weiteres Ziel ist die »Wiedergabe beispielhaften Lebens in der Öffentlichkeit«.[26] »Christlicher Glaube ist relevant. Für unsere Gesellschaft. Für die Medien«.[27] Diese Aussage findet sich auf der Startseite der Medieninitiative, was bereits

---

24 Vgl. https://www.medieninitiative.pro/ueber-uns/.

25 Ebd.

26 Vgl. https://www.medieninitiative.pro/ueber-uns/.

27 Vgl. ebd.

einen kleinen Hinweis für unsere Fragestellung bietet: Von einem Glauben, der gesellschaftsrelevant ist, ist es nur noch ein kleiner Schritt zu einer Religion oder einer Kirche, die systemrelevant ist. Umso erstaunlicher jedoch, dass man auf der Suche nach der Systemrelevanz-Frage hier kaum fündig wird. Das mag jedoch daran liegen, dass, wie schon bei *chrismon*, der Systemrelevanzbegriff für die Zielgruppe zu sperrig ist: *Pro* enthält große Bildteile, die Texte sollen Unterhaltungswert haben, was Überschriften wie »Sandesh Manuel: Franziskaner, Rapper, Youtuber« oder »Das Wasser des Whisky-Vikars« verdeutlichen. Das wiederum passt sehr gut zu dem Ziel der »Wiedergabe beispielhaften Lebens in der Öffentlichkeit« (s. o.). Dass die Frage nach der Systemrelevanz aber doch auch für die Leserinnen und Leser dieses Magazins möglicherweise interessant ist, zeigt ein Interview mit Heribert Prantl, Jurist und Journalist der Süddeutschen Zeitung und ehemals Teil von deren Chefredaktion. Wie Peter Hahne in *idea Spektrum*, vertritt er eine maßnahmenkritische Position und kritisiert dabei auch die Kirchen. Auf die Frage, warum das Verhalten der Kirchen für ihn wichtig sei – mit anderen Worten: relevant –, reagiert er mit der Aussage, Kirchen seien für ihn immer »Haltestellen, zu warten, dass es besser wird« gewesen, an denen man »Vorstellungen von einer besseren Welt« entwickle. Er fragt danach, wo diese Vorstellungen gewesen seien, wo der »Widerstand gegen die Hoffnungslosigkeit« (vgl. Steinert-MP-01–2021). Auch wenn er nicht wie Hahne einen offenen Widerstand der Kirchen gegen die Schutzmaßnahmen fordert, hätte er sich doch Empörung gewünscht und macht deutlich, dass gerade die durch die Maßnahmen verbotenen Veranstaltungen wie das alljährliche Weihnachtsliedersingen die Kirche für ihn besonders relevant machen und er das auch in seinem Umfeld ähnlich wahrnimmt (vgl. ebd.). In den Publikationsorganen aus dem Spektrum evangelischer Freikirchen lässt sich recht klar erkennbar eine deutlich stärkere Tendenz zur Kritik an den Landeskirchen feststellen, als das in den landeskirchennahen Organen der Fall ist. Die Begründung hierfür ist die Relevanz der Kirchen und der Religion, nicht nur für den Einzelnen, sondern insbesondere auch für die Gesellschaft. Doch wie sieht es in den nicht christlich orientierten Publikationsorganen aus?

»Wir gestalten die Medienwelt von morgen«, ist das Versprechen der Zeitung *DIE ZEIT*. Sie sieht sich als »Orientierungsmedium und Plattform für den demokratischen Diskurs in unserer Gesellschaft« und steht nach eigenen Angaben »für einordnenden Online-Journalismus mit höchstem Anspruch, für multimediales, vielfach ausgezeichnetes Storytelling und aufwendigen Datenjournalismus«.[28]

Zum Diskurs anregen soll wohl auch ein Artikel, der am 19. März 2020, also kurz nach Einführung der Gottesdienstverbote erschienen ist und den Titel trägt: »Darf die Kirche ihre Türen schließen?«. In dem Artikel kommen unterschiedliche

---

[28] Vgl. https://www.zeit-verlagsgruppe.de/zeit-verlagsgruppe/ueber-uns/.

Meinungen zu Wort, unter anderem die des römisch-katholischen Priesters Johannes zu Eltz, der auch nach Verkündigung der Maßnahmen noch eine Morgenmesse feiert, zu der er »Gäste zugelassen hat« (Finger/Thielmann-Z-19-03-2020). Er vertritt die Meinung, die Kirche könne wegen Corona nicht kurzerhand die Türen verschließen, und spricht dabei von »spiritueller Daseinsvorsorge«, welche »systemrelevant« sei, »nicht nur für Christen, sondern für eine ganze Gesellschaft« (ebd.). Die *ZEIT* präsentiert hier ein Plädoyer für die Systemrelevanz von Kirche, wie es eindeutiger wohl kaum sein könnte. Die Zeitung scheut sich offenbar nicht, maßnahmen- und regierungskritische Stimmen abzudrucken, was sich auch an einem weitere zwei Monate später auf der Titelseite erscheinenden Artikel zeigt, der ebenfalls von Evelyn Finger, Mitautorin des obigen Artikels und Leiterin des Ressorts »Glauben und Zweifeln«, verfasst ist. In diesem Artikel übt sie offen Kritik an Personen in höheren kirchlichen Leitungsfunktionen, namentlich an den Bischöfen. Sie spricht von »einzelnen Pfarrern«, die »gegen die Isolation von Heimbewohnern« kämpften und dabei von ihren Bischöfen bzw. von den Amtskirchen nicht ausreichend unterstützt wurden (Finger-Z-28-05-2020). Kritik wird in diesem Zusammenhang auch an der Politik geübt, die beispielsweise das im Grundgesetz verankerte Recht auf Seelsorge nicht ordnungsgemäß umsetze. Den Kirchen wirft sie vor, »so eng mit der Politik verbandelt« zu sein, »dass harter Protest lächerlich wirken würde« (ebd.). Finger scheint hier eine Relevanz der Kirche für das Gesellschaftssystem zu sehen, insbesondere im Bereich der Seelsorge. Sie ist enttäuscht darüber, dass der Staat der Kirche diese Relevanz nicht zuerkennt und die Kirchenleitungen sie nicht stärker einfordern.

Die *FAZ* betont, ähnlich wie die *ZEIT*, ihre Offenheit für Kontroversen, was sie unter anderem in ihrem Claim »Freiheit beginnt im Kopf« ausdrückt.[29] Nach eigenen Angaben steht sie für »Unabhängigkeit, gründlich recherchierte Fakten, präzise Analysen und kluge Kommentare«[30]. Was das Thema (System-)Relevanz von Religion betrifft, hat der Soziologe Rudolf Stichweh eine Kontroverse ausgelöst, die als Grundlage dieser Publikation dient, als er am 7. April 2020 in seinem Artikel »Simplifikation des Sozialen« vermutet, »das System der Religion könnte sich als der eigentliche Verlierer der Corona-Krise erweisen« (Stichweh-FAZ-07-04-2020). Doch die Debatte um die Relevanz der Religion und der Kirchen wurde innerhalb der *FAZ* auch beispielsweise von den Theologieprofessoren Gerhard Wegner und Traugott Roser mit Vehemenz geführt: »Corona liefert den endgültigen Beweis des Übergangs der Kirchen in die Nutzlosigkeit«, konstatiert Wegner am 14. Januar 2021, wobei er an anderer Stelle auch einwendet: »Sofern es noch eine christliche Kirche gibt, in der sich Menschen zusammentun, wird sie sozialen und kulturellen Platz reklamieren

29 Vgl. https://www.frankfurterallgemeine.de/unser-selbstverstaendnis.

30 Vgl. https://www.frankfurterallgemeine.de/die-faz.

[...]. Nutzlos kann sie folglich gar nicht wirklich werden« (Wegner-FAZ-14-01-2021). In Reaktion darauf liefert Roser, Professor für Praktische Theologie, einen Artikel, in dem er die Bedeutung der Seelsorge während der Corona-Krise heraushebt. Sein Fazit: »Zu behaupten, Religion hätte keine Funktion mehr, ist nicht nur falsch, sondern ignorant. Der Beitrag der Kirche zur Pandemie ist nicht, Gottes Verantwortlichkeit für das Leid zu klären, sondern Gottes Beistand im Leiden zu vermitteln«. Seelsorge tue dies auf diskrete Weise (Roser-FAZ-25-01-2021). Neben diesen großen Debattenbeiträgen finden sich bei der *FAZ* allerdings auch kurze Meinungsäußerungen in Leserbriefen, wie dem einer Leserin, die ihre Unzufriedenheit über einen Artikel des EKD-Ratsvorsitzenden Heinrich Bedford-Strohm zum Ausdruck bringt: Dieser habe »keine echten theologischen Antworten auf die Ursache der Coronakrise«. In seinen Ausführungen kann sie keine Notwendigkeit der Kirche erkennen. Sie empört sich, die Kirchen hätten eine »unendliche Chance« vertan, da sie »sich selbst bedeutungslos« gemacht hätten (Freifrau von der Tann-FAZ-29-05-2020).

In den untersuchten nichtchristlichen Publikationsorganen finden sich neben zahlreichen Stellungnahmen von kirchlicher bzw. christlicher Seite, welche das Verhalten der Kirchen in der Corona-Krise verteidigen, auch zahlreiche religions- und kirchenkritische Stimmen. Dabei reicht die Debatte von konkreten Berichten über Menschen, die sich Maßnahmen widersetzen, über Artikel, die fehlenden kirchlichen Protest gegenüber den Maßnahmen anprangern, bis hin zu Kontroversen, welche die konkrete Deutung der Corona-Krise betreffen.

Insgesamt lässt sich, auch unter Berücksichtigung der in dieser Publikation aus Platzgründen nicht aufgeführten untersuchten Artikel, die Tendenz feststellen, dass die Publikationsorgane aus dem Spektrum evangelischer Freikirchen und die nichtchristlichen Publikationsorgane Kirche und Staat deutlich offener kritisieren, als das die Organe tun, die den Landeskirchen und der römisch-katholischen Kirche nahestehen. Das ist auf Seiten der kirchlich orientierten Publikationsorgane nicht weiter überraschend. Es erscheint jedoch auffällig, mit welcher Deutlichkeit an anderer Stelle, insbesondere von nichtchristlichen Publikationsorganen, die Stimme der Kirche, auch als kritische Instanz gegenüber dem Staat, eingefordert wird, was im Umkehrschluss dazu führt, dass zahlreiche Kirchenvertreter immer wieder anführen müssen, welchen Beitrag die Kirchen in der Krise geleistet haben. Ließe sich das als Indiz dafür deuten, dass die deutsche Gesellschaft Kirche und Religion doch als tendenziell relevant für unser Gesellschaftssystem wahrnimmt, gerade auch in Krisen – und das, obwohl diese selbst gar nicht so *systemgebunden* sein möchte? Diese Frage soll mit hineingenommen werden in den nächsten Abschnitt, in welchem wir tiefer in das Thema Systemrelevanz einsteigen wollen.

4. Inhaltliche Diskussion der (System-)Relevanz von Religion und Kirche

Die inhaltlichen Ausführungen der Autorinnen und Autoren hinsichtlich der Systemrelevanz-Frage können unterteilt werden in solche, welche Religion und Kirche als systemrelevant bzw. essentiell (in Zeiten der Krise) erachten, und wiederum solche, welche dies verneinen. Auch Kritik am Verhalten der Kirchen in der Krise spielt eine große Rolle in der Debatte. Zudem können Unterschiede zwischen den christlichen Strömungen – katholisch, evangelisch-landeskirchlich und evangelisch-freikirchlich – hinsichtlich deren Positionierung zum Thema beobachtet werden. Nach jenen vier Abschnitten ist der nun folgende Text gegliedert.

Überdies sollte vorab betont werden, dass die Zuordnung der einzelnen Beiträge zu den – insbesondere ersten beiden – folgenden Abschnitten nach eigenem Ermessen der Autorinnen erfolgte. Im Falle einer widersprüchlichen oder uneindeutigen Aussage wurde der jeweilige Beitrag dennoch einem der Abschnitte zugewiesen – nach eigens festgelegten Maßstäben.

4.1 Religion und Kirche sind systemrelevant

Zunächst ist festzuhalten, dass nur selten direkt die Rede davon ist, dass Religion und Kirche systemrelevant seien. Beispiel hierfür ist u.a. die Ansicht des in Abschnitt 3 bereits erwähnten Johannes zu Eltz, Stadtdekan von Frankfurt am Main, welcher meint, die Kirche könne nicht plötzlich ihre Türen schließen, da die »spirituelle Daseinsvorsorge«, die durch sie geleistet werde, systemrelevant sei – nicht nur für Christinnen und Christen, sondern die gesamte Gesellschaft (vgl. Finger/Thielmann-Z-19-03-2020). Zudem betont Hans Langendörfer, Sekretär der Deutschen Bischofskonferenz, der Glauben habe eine Relevanz für das System menschlichen Zusammenlebens, unabhängig davon, dass bedeutende Debattenbeiträge seitens der Kirchen in Zeiten der Pandemie eher selten anzutreffen gewesen seien oder sich zumindest weniger gut hätten durchsetzen können als früher. Solange sie ihre Aktivitäten an der Verantwortung u.a. für den Lebens- und Gesundheitsschutz ausrichteten, seien Kirchen glaubwürdig (vgl. KNA-KS-06/07-06-2020). In einem kurzen, in Abschnitt 3 ebenfalls bereits angeführten *CIG*-Beitrag wird überdies davon berichtet, dass Kirchen in Brasilien von einem Berufungsgericht in Rio de Janeiro als systemrelevant eingestuft wurden, wodurch die zunächst getroffene Entscheidung, sie während der Pandemie zu schließen, aufgehoben wurde. Laut Brasiliens damaligem Präsidenten Jair Bolsonaro seien offene Gotteshäuser »wesentlich für die brasilianische Gesellschaft«, insbesondere in der Krise (vgl. o.V. – CIG-12-04-2020).

Meist jedoch werden Religion und Kirche in Beiträgen, die ihnen eine essentielle Rolle in der Gesellschaft und zur Bewältigung der Krise bescheinigen, nicht direkt als systemrelevant bezeichnet. Jene Beiträge sollen in diesem Abschnitt jedoch ebenfalls angeführt werden, da sie, indem sie Religion und Kirche einen unabdingbaren Beitrag zur Überwindung der Krise zusprechen, von einer großen Bedeutung derselben für das System gesellschaftlichen Zusammenlebens ausgehen, obgleich sie nicht direkt von »Systemrelevanz« sprechen. So erwidert ein Leser der *FAZ* in einem Leserbrief bezüglich Gerhard Wegners Artikel (vgl. Abschnitt 3), welcher unter Abschnitt 4.2 genauer vorgestellt werden wird, die Kirchen würden eine unverzichtbare Aufgabe erfüllen (vgl. Büchner-FAZ-05-02-2021). Zwar hätten sie bisher vermutlich keine öffentlichen Trauerfeiern initiiert, jedoch würde in einer Vielzahl von Gottesdiensten der Verstorbenen gedacht, für die Erkrankten gebetet und Kraft zur Bewältigung der Krise geschöpft. Auch der evangelische Theologe Traugott Roser, welcher Praktische Theologie an der Universität Münster lehrt, widerspricht Wegner: Dessen Kritik weise einige »blinde Flecken« auf (Roser-FAZ-25-01-2021). So blende er den tausendfachen Einsatz der Kirchen in der Seelsorge komplett aus. Stattdessen fokussiere er sich auf »öffentlichkeitsheischende« Aktionen wie Totenwachen und Großgottesdienste. Doch Roser lenkt die Aufmerksamkeit auf die zahlreichen Seelsorgerinnen und Seelsorger, welche trotz strenger Sicherheitsmaßnahmen den Pflegekräften sowie Ärztinnen und Ärzten in Krankenhäusern und Pflegeheimen zur Seite stünden. Dank erheblicher Professionalisierungsschübe in den letzten dreißig Jahren seien Seelsorgende zu unverzichtbaren Mitgliedern in den Versorgungsteams des Gesundheitswesens geworden, von der Palliativmedizin über die Psychiatrie bis zur Intensivmedizin. Zudem erfülle kirchliche Seelsorge einen »Dienst am Privaten« im Rahmen der Öffentlichkeit des Gesundheitswesens, indem sie Sterbende nicht auf die Rolle des Corona-Kranken oder Sterbenden reduziere, sondern mittels vertrauter Gebete und Gesten alltägliche und private Situationen für diese herstelle (vgl. ebd.). Dies sei insbesondere in hochfunktionalisierten Einrichtungen wie Intensivstationen von Bedeutung. Auch auf die Gefängnisseelsorge kommt Roser zu sprechen: Er führt aus, dass neunzig Prozent der Seelsorgerinnen und Seelsorger, welche in Justizvollzugsanstalten tätig sind, während der Pandemie durchgehend vor Ort präsent seien und Insassen betreuen würden, die wiederum unter Quarantäne doppelt isoliert seien, da der Besuch Angehöriger unter diesen Bedingungen aussetze. Somit halte die Seelsorge im geschlossenen System die Tür zum Leben in der Außenwelt geöffnet. Zwar könne man – wie Gerhard Wegner meint – konfessionslos glücklich sein, doch während der Pandemie seien die Menschen – ob mit oder ohne Konfession – eher unglücklich. Die Kirche stehe in dieser Situation bei, und zwar unter Gefährdung des eigenen Lebens der Seelsorgenden. Roser schildert den Fall eines Gemeindepfarrers, welcher sich vor Gericht das Recht erkämpft hatte, die Bewohnerin eines privaten Altenheims beim Sterben begleiten zu dürfen. Das Landgericht habe im Sinne des Grundrechts auf religiöse Begleitung entschieden. Solche Anstrengungen würden in der öffentlichen Wahrnehmung wenig Aufmerksamkeit erhalten, so Roser. Nichtsdestotrotz seien sie vorhanden und würden einen hohen Einsatz an Personal und Ressourcen erfordern. Daher meint er, wie unter Abschnitt 3 bereits zitiert, die Behauptung, Religion hätte keine Funktion mehr, sei nicht nur falsch, sondern ignorant (vgl. ebd.).

Ein weiterer Artikel berichtet von dem Kinder- und Jugendzentrum Don Bosco in Magdeburg, welches von drei Ordensschwestern betrieben wird (vgl. Meier-KS-07/08-11-2020). Es werde von vielen als »kleine Oase inmitten der schwierigen Welt« wahrgenommen und schenke Hoffnung. Georg Austen, Generalsekretär des Bonifatiuswerks der deutschen Katholiken, lobt die Don Bosco-Schwestern: Sie würden das Leitwort »Werde Hoffnungsträger!« der Diaspora-Aktion 2020 des Bonifatiuswerks auf eindrückliche Weise mit Leben füllen (vgl. ebd.). In einem Interview meint er, Hoffnung sei existenzrelevant für den Menschen und verankert in der Botschaft des Evangeliums (vgl. Kleibold-KS-28/29-11-2020). Der Auftrag der Kirche bestehe somit darin, »nicht nur für ein System relevant zu sein, sondern existenzrelevant für den Menschen«. Während der Corona-Pandemie würden alle (Gläubigen) ein bisschen spüren, wie es sich wohl anfühlt, in der Diaspora zu leben – vereinzelt, zerstreut und ohne die Möglichkeit, gemeinsam Gottesdienst zu feiern und zu beten. Doch diese Erfahrung bringe die Menschen nicht auseinander, sondern schweiße sie tiefer im Glauben zusammen. Austen habe aus dem ersten Jahr der Pandemie mitgenommen, dass die Kirche zwar nicht für jeden systemrelevant zu sein scheint, jedoch sei sie existenzrelevant für die Menschen (vgl. ebd.).

Bei der Zuordnung dieses Beitrags traten Unsicherheiten auf, da er teilweise als widersprüchlich empfunden wurde: So könnte die Aussage, Hoffnung und Kirche seien »nicht nur für ein System relevant [...], sondern existenzrelevant für den Menschen«, so interpretiert werden, dass Kirche sowohl systemrelevant als auch – darüber hinausgehend – existenzrelevant sei, wonach jene Sichtweise dem vorliegenden Abschnitt zugeordnet werden muss. Sie könnte jedoch auch so verstanden werden, dass Kirche nicht systemrelevant, aber existenzrelevant sei. Allerdings dürfte Existenzrelevanz Systemrelevanz inkludieren. Die letzte Äußerung, Kirche sei nicht für jeden systemrelevant, jedoch existenzrelevant »für die Menschen« – also für jeden? –, steht dem jedoch entgegen. Hier muss allerdings festgehalten werden, dass Systemrelevanz per Definition für alle Menschen einer Gesellschaft gilt und nicht nur für einen Teil gelten kann (vgl. Abschnitt 2).

Insbesondere an dieser Stelle wird also deutlich, dass – wie zu Beginn dieses Abschnitts erwähnt – die Zuordnung einiger Beiträge nicht gänzlich eindeutig und unumstritten vorgenommen werden konnte, da die Aussagen einiger

Autorinnen und Autoren nicht klar interpretiert werden können oder widersprüchlich sind.

In einem Artikel der Zeitschrift *DIE ZEIT* wird die Frage aufgeworfen, ob die Kirche ihre Türen in Zeiten der Krise schließen dürfe (vgl. Finger/Thielmann-Z-19-03-2020). Einige Pfarrerinnen und Pfarrer bezweifelten, dass man Nächstenliebe aus Distanz heraus üben könne. So meint Margot Käßmann, ehemalige Ratsvorsitzende der EKD, Nächstenliebe könne nur »Face to Face« verbreitet werden und nicht über Facebook, weshalb sie sich gegen das absolute Verbot von sozialen Kontakten ausspricht und dafür plädiert, die Kirchen als Orte des Trostes offen zu lassen. Weiterhin ist sie der Ansicht, es fehle der Gesellschaft an Gottvertrauen und Zuversicht, und beruft sich auf eine Stelle in der Bibel, mit der sie dazu aufruft, sich nicht durch Angst, sondern durch Besonnenheit treiben zu lassen (vgl. Käßmann, zitiert nach Finger/Thielmann-Z-19-03-2020). Sie nimmt somit Religion und Kirche als essentiell wahr, um in Zeiten der Krise Trost und Kraft zu schöpfen. Die Autorin und der Autor des Artikels stellen die These auf, dass die Kirche in diesen Krisenzeiten gebraucht werde, um vorzumachen, wie Nächstenliebe trotz Abstand funktioniert, da beispielsweise der Besuch von Alten und Kranken weiterhin wichtig sei (vgl. Finger/Thielmann-Z-19-03-2020).

In einer kurzen Meldung der *FAZ* wird berichtet, dass die Kirchen die Präsenzgottesdienste an den Weihnachtsfeiertagen verteidigen: So meint Heinrich Bedford-Strohm, es gebe einsame Menschen, die einen Gottesdienst in ihrer Nähe benötigten, welchen sie gemeinsam mit anderen Menschen feiern könnten (vgl. Jansen-FAZ-24-12-2020) – für die jene Präsenzgottesdienste in seinen Augen also von großer Relevanz sind. Zudem äußert der katholische Bischof von Erfurt, Ulrich Neymeyr, es komme gar nicht in Frage, Kirchen zu schließen (vgl. ebd.).

Zwei Beiträge beziehen sich konkret auf die Relevanz von Kirchenmusik: So postuliert ein *zeitzeichen*-Leser und Kirchenmusikdirektor, Kirchenmusik sei eine wichtige Form der Verkündigung (vgl. Reich-ZZ_print-11-2020). Das Verbot gemeinsamen Singens habe wesentliche Elemente der gottesdienstlichen Feier ausgehebelt. Der Autor des Leserbriefs fragt nach der gottesdienstlichen Relevanz des Singens der Gemeinde und vieler Musik-Ensembles, welche wöchentlich durch ihre Musik verkündigten, sowie nach der gesellschaftlichen Relevanz von über 60.000 kirchenmusikalischen Veranstaltungen, welche bis zu 7,5 Millionen Menschen anziehen würden, auch über jene hinaus, die regelmäßig Gottesdienste besuchen (vgl. ebd.). Zudem äußert der Musikwissenschaftler Gunter Kreutz in einem Interview, Kirchenmusik sei die »Lebensversicherung der Kirche« (Franz-MP-05-12-2020). Menschen würden sich als Einheit fühlen, wenn sie gemeinsam singen. Von jenem »gemeinschaftlichen Musikerleben« lebe eine Gemeinde, weshalb die Kirchen unter dem Gesangsverbot besonders litten. Kirchen seien »wichtige gesellschaftliche Stützen«, die zur besseren Bewältigung der Krise beitrügen, aber schränkten sich hinsichtlich des Gesangs ein, um das Infektionsrisiko zu reduzieren, auch wenn es schwerfalle (vgl. ebd.).

Nicht eindeutig einordnen lässt sich die Meinung des Gemeindepfarrers Christof Vetter: Er bezeichnet die Behauptung, Kirche sei nicht systemrelevant, als Spott und meint, es liege nicht in der Macht von Politik und Medien, zu definieren, ob Kirche systemrelevant sei (vgl. Vetter-ZZ_print-09-2020). Allein diejenigen, »die Kirche sind und leben«, könnten diese Definition geben.

4.2 Religion und Kirche sind nicht systemrelevant (aber relevant)

Etliche Beiträge behaupten, Religion und Kirche seien nicht mehr systemrelevant, was sich insbesondere in der Corona-Krise zeige. Die meisten dieser Beiträge jedoch betonen in ihrem weiteren Verlauf dennoch eine gewisse Relevanz im allgemeineren Sinne – auf ganz unterschiedliche Weise. Ihnen ist jedoch gemein, dass sie sich in erster Linie darauf fokussieren, eine fehlende bzw. verlorene Systemrelevanz von Religion und Kirche zu postulieren. Ulrich Körtner etwa, Professor für Systematische Theologie, bezeichnet die Pandemie als einen »Stresstest für Öffentliche Theologie und ihre Geltungsansprüche in einer säkularen Gesellschaft« (Körtner-ZZ_print-06-2020). Die Krise habe gezeigt, wie säkular die Gesellschaft mittlerweile sei, unter anderem ersichtlich dadurch, dass die Politik Rat bei Medizinern und Virologen gesucht und die Wichtigkeit von Ärztinnen, Pflegekräften, Polizisten und anderen Berufsgruppen hervorgehoben, Pfarrerinnen und Pfarrer sowie andere kirchliche Akteure hingegen nicht erwähnt habe. Naturwissenschaftlerinnen und -wissenschaftler hätten somit die Rolle »säkularer Propheten« gespielt (ebd.). Demzufolge sei die Religion in der säkularen Gesellschaft nicht mehr systemrelevant. Kirchen wurden geschlossen und öffentliche Gottesdienste verboten, Baumärkte hingegen durften geöffnet bleiben oder direkt nach Ostern wieder öffnen; Trauungen und Taufen mussten verschoben werden, an Beerdigungen durfte nur der engste Familienkreis teilnehmen und die Seelsorgenden wurden in vielen Fällen nicht in die Krankenhäuser gelassen. Die Kirche habe jene schwerwiegenden Einschränkungen der Religionsfreiheit akzeptiert, um an der Reduzierung der Ansteckungsgefahr mitzuwirken, und teilweise dazu aufgefordert, der Wissenschaft zu vertrauen, was deutlich mache, dass sie die »gesellschaftliche Führungsrolle der Wissenschaft« akzeptiere (ebd.).

Doch jener Verlust an Systemrelevanz führt laut Körtner auch zu neuen Freiräumen: So leitet er seinen Artikel ein mit einer Schilderung bezüglich einer Talkshow von Markus Lanz, in welcher die nach eigenen Aussagen nicht gläubige Philosophin Thea Dorn eine Bibelstelle zitiert, welche sie »umgehauen« habe (ebd.): »Gott hat uns nicht den Geist der Furcht gegeben, sondern der Kraft, der Liebe und der Besonnenheit«. Jenes Zitat aus dem zweiten Timotheusbrief, welches sie auf einem Transparent an einer Kirche gelesen hatte, sollte Kraft spenden in Zeiten der Corona-Krise. Körtner spricht davon, dass sich hier Öffentliche Theologie »auf eine ungeplante Weise ereignet« habe (ebd.), unabsichtlich und ohne Theologinnen und Theologen. Jenes Beispiel zeige, dass auch in einer säkularen Gesellschaft das Evangelium eine »befreiende Kraft« ausstrahlen könne (ebd.). Auch wenn Glaube heutzutage kein Muss mehr sei, so bleibe er dennoch eine Option, und auch in einer Minderheitenposition bleibe die Relevanz von Theologie und Kirche erhalten, solange sie weiterhin Kraft und Liebe spendeten (vgl. ebd.).

Ähnlich wie Körtner argumentiert auch Johann Hinrich Claussen, Kulturbeauftragter der EKD. So schreibt er, dass heutzutage Wissenschaftlerinnen und Wissenschaftler versuchen würden, Antworten auf Fragen zu geben, welche man in der vormodernen Gesellschaft Priestern und Propheten stellte, so auch auf die Frage, warum sich eine Krankheit unkontrolliert ausbreitet und Leid über die Menschheit bringt (vgl. Claussen-C-26-08-2020). Die Nöte der Menschen seien »verweltlicht« worden (ebd.): Das Corona-Virus werde nicht, wie es im vormodernen Europa wahrscheinlich der Fall gewesen wäre, als Strafe Gottes angesehen, sondern naturwissenschaftlich erklärt. Jene Entwicklung entlaste den Glauben auf der einen Seite davon, auf alles eine Antwort haben zu müssen, führe auf der anderen Seite jedoch dazu, dass religiöse Sprache in Bezug auf Katastrophen und Krisen gänzlich verloren gehe, selbst wenn diese so groß und einschneidend seien, dass sie mit einer profanen Sprache nicht zu fassen seien (vgl. ebd.). Dies spräche u. E. für einen großen Relevanzverlust der Religion. Hingegen deutet Claussens Anmerkung, Krisen wie die Corona-Pandemie würden »die Seele so tief« »erschüttern« (ebd.), dass selbst nichtreligiöse Menschen Klagegebete sprechen würden, darauf hin, dass Religion und Glauben seiner Ansicht nach in Krisenzeiten nach wie vor durchaus von Relevanz sind. In einem anderen Artikel fordert Claussen die Kirchengemeinden dazu auf, freiberufliche Künstler und Musikerinnen, die in Kirchen tätig sind, in der Krise finanziell zu unterstützen und ihnen das vereinbarte Gehalt weiterhin auszuzahlen, obgleich sie in jener Zeit nicht arbeiten können (vgl. Claussen-ZZ_online-02-04-2020). Zwar seien Kunst und Religion nicht systemrelevant, wie Claussen mit der Bemerkung »Musiker sind keine Ärzte, Pastorinnen keine Polizistinnen« unterstreicht, weshalb sie in Zeiten der Corona-Krise ausfielen, jedoch seien sie in jener Krise von besonderer Bedeutung, da sie Menschen über die auferlegten Distanzen hinweg verbinden sowie trösten und neuen Mut machen würden (vgl. ebd.).

Die Sicht des Philosophen und Publizisten Alexander Grau ähnelt den Worten Körtners und Claussens stark: Die Aufklärung habe die Vorstellung eines Gottes, der Katastrophen als Strafe und Aufruf zur Umkehr schickt, unsinnig erscheinen lassen, schreibt er in einem *Spiegel*-Essay (vgl. Grau, zitiert nach Röser-CIG-28-02-2021). Der moderne Gott bestrafe und züchtige nicht mehr. Jene Denkweise habe mittlerweile sogar in den Kirchen Einzug gehalten, was beispielsweise darin resultiere, dass Geistliche Trost und Halt eher bei Virologen und Wissenschaftlerinnen suchten als in der Bibel. So »hoffe man nicht mehr auf den Heiland, sondern auf einen Impfstoff« (ebd.).

Der Herausgeber der Zeitschrift *Christ in der Gegenwart*, Johannes Röser, berichtet davon, dass »traditionelle Formen der Volksfrömmigkeit« (Röser-CIG-05-04-2020), wie beispielsweise Gelübde, im Zuge der Krise wiederbelebt worden seien: So habe ein Pfarrer in Bayern versprochen, nach dem Ende der Pandemie jährlich zu einer sich in Bayern befindenden Kapelle der Heiligen Corona zu pilgern, welche in der Corona-Krise von vielen Menschen aus allerlei Orten besucht werde, um eine Kerze anzuzünden und für das Ende der Pandemie zu beten. Überdies schildert Röser die Ansicht der Historikerin Eva Schlotheuber, laut der sich in Zeiten der Corona-Krise wieder mehr Menschen mit Glaubensfragen, beispielsweise in Hinblick auf den Tod und den Sinn des Lebens, beschäftigt hätten (vgl. Schlotheuber, zitiert nach Röser-CIG-05-04-2020). Die Institution der Kirche selbst gewinne dadurch jedoch nicht an Bedeutung. Schlotheuber hält in diesem Zusammenhang die Herausbildung neuartiger religiöser Strömungen für möglich, beispielsweise im Sinne privater Religiosität statt institutionalisierter Religion. Wie daraufhin festgehalten wird, meint der Theologe Paul Michael Zulehner, dass religiöse Akteurinnen und Akteure, da sie an ein Leben nach dem Tod glauben, gelassener mit der Krise umgingen (vgl. Zulehner, zitiert nach Röser-CIG-05-04-2020). Jedoch weist er zugleich darauf hin, dass die Wirkungsmacht der Religion in den letzten fünfzig Jahren stark abgenommen habe, erkennbar beispielsweise an dem deutlichen Rückgang der Zahl der Gottesdienstbesucherinnen und -besucher. Somit sei »die tröstende Kraft der Religion« »erheblich geschwächt« (ebd.). Interessant ist, dass Zulehner in der Situation der Corona-Krise gleichzeitig die Möglichkeit einer Schwächung des Glaubens an die Wissenschaft sieht.

Der ehemalige Gründungsdirektor und Leiter des Sozialwissenschaftlichen Instituts der EKD in Hannover, Gerhard Wegner, vertritt die These, das Virus mache endgültig deutlich, wie nutzlos die Kirchen mittlerweile geworden seien (vgl. Wegner-FAZ-14-01-2021). Religiös Hilfreiches zur Bewältigung der Krise sei von ihnen nicht beigetragen worden. Lange Zeit sei Gott auch das Böse zugesprochen und auf diese Weise die Realität intakt gehalten worden, doch dafür brauche es Gott heutzutage nicht mehr. Er erwähnt Maria Sinnemann, welche ebenfalls am Sozialwissenschaftlichen Institut der EKD arbeitet und aufgezeigt habe, dass Religiosität nur bei stärker der Kirche verbundenen Menschen überhaupt resilienzstärkend wirke. Für die meisten Menschen seien eher Faktoren wie Optimismus, Selbstwertgefühl oder gute Freunde von Bedeutung (vgl. Sinnemann, zitiert nach Wegner-FAZ-14-01-2021). Konfessionslos glücklich sein könne man längst, so Wegner. Da alles auch ohne die Kirche funktioniere, sei sie objektiv überflüssig. Er begründet dies soziologisch mit der funktionalen

Ausdifferenzierung der modernen Gesellschaft: Für andere gesellschaftliche Bereiche wie beispielsweise die Wirtschaft, Politik oder Wissenschaft habe die Religion heutzutage kaum noch einen Nutzen und stifte lediglich Verwirrung. Ausschließlich für sie selbst sei sie von Nutzen. Gleichzeitig jedoch betont Wegner, dies bedeute nicht, dass eine solche Religion sinnlos wäre. Sie eröffne alternative, nicht funktionale Möglichkeiten, die Welt zu betrachten und wahrzunehmen (vgl. Wegner-FAZ-14-01-2021).

Der vielfach bereits erwähnte Soziologe Rudolf Stichweh vertritt die Ansicht, das System der Religion könnte sich als eigentlicher Verlierer der Corona-Krise herausstellen (vgl. Stichweh-FAZ-07-04-2020). Der Grund hierfür bestehe nicht in dem Umstand, dass die Religion im Zuge der Krise als nicht systemrelevant eingestuft worden sei, sondern dass sie nicht in der Lage sei, eine religiös spezifische, abgrenzbare Antwort auf die Frage zu geben, worin die Corona-Krise eigentlich bestehe (vgl. ebd.; vgl. Karle/Lehmann-ZZ_online-17-08-2020; vgl. Karle/Lehmann-ZZ_print-09-2020).

Die Professorin für Seelsorge, Angela Rinn, lenkt das Augenmerk im Kontext der Systemrelevanz auf die Seelsorge in Zeiten der Krise (vgl. Rinn-ZZ_print-09-2020). Sie berichtet, dass viele Pfarrerinnen und Pfarrer aufgrund der Unterstellung fehlender Systemrelevanz gekränkt seien, insbesondere jene, deren angebotene Mithilfe im Krankenhaus untersagt wurde. Rinn stellt die Frage, ob Kirche so belanglos geworden sei, dass sie ohne Probleme aus dem System Krankenhaus gestrichen werden könne, oder ob durch die vielfältigen, neuartigen Formen von Seelsorge, welche in der Krise entwickelt werden, beispielsweise Telefon- bzw. Videoseelsorge, neue Wege zu den Menschen entstünden. Das Konzept einer Seelsorge, welche auf eine Komm-Struktur setzt, habe – spätestens in Zeiten der Pandemie – tatsächlich ausgesorgt, so postuliert die Autorin (vgl. ebd.). Angebote, den Pfarrer oder die Pfarrerin anzurufen, würden beispielsweise kaum genutzt. Seelsorgende hingegen, die auf die Menschen zugehen, ob im Krankenhaus oder in der Gemeinde, würden geschätzt und als relevant erachtet: So berichtet eine Vikarin, welche in Corona-Zeiten den Gemeindebrief persönlich an der Haustür austeilte, von großer Dankbarkeit und intensivem Gesprächsbedarf bei den Menschen. Auch eine Schulpfarrerin, die während des Lockdowns Familien mit familiären Problemen oder beengten Wohnverhältnissen telefonisch kontaktierte und anschließend teilweise besuchte, erzählt von tiefer Dankbarkeit jener Familien. Unter anderem aus solchen Beispielen schließt Rinn, dass Seelsorge – welche auf eine Geh-Struktur setzt – während der Corona-Krise »eine neue Wertschätzung und Blüte« erfahren habe (ebd.). Sowohl die Telefonseelsorge als auch die Seelsorge in der Kirchengemeinde habe überdurchschnittlich viel zu tun gehabt. Auch wenn dies alles nicht offiziell als systemrelevant eingestuft werde, so würden die Seelsorgenden selbst sich und ihre Tätigkeit als relevant erleben und von anderen als relevant erlebt werden. Überdies hinterlasse die Krise eine neuartige wie dringliche Aufgabe für die

Seelsorge: die Begleitung von Menschen, die Angehörige verloren haben, welche nicht besucht werden durften und einsam sterben mussten (vgl. ebd.).

Kirchenpräsident Volker Jung widerspricht in seinem »Bericht zur Lage in Kirche und Gesellschaft« jenen Stimmen, welche geäußert haben, die Kirchen hätten keine tragende Rolle in der Krise gespielt (vgl. ekhn.de-I-23-09-2020). Wer berücksichtige, was beispielsweise in der Seelsorge geleistet wurde, komme zu einem anderen Schluss. Die Kirchen hätten im »Spannungsfeld von Zuwendung, Gefährdungspotenzial und Schutz« (ebd.) gestanden und verantwortungsvoll gehandelt, womit sie dazu beigetragen hätten, eine Katastrophe abzuwenden. Zudem kritisiert Jung die in seinen Augen zu einseitige Fokussierung auf das Thema der Systemrelevanz im Zuge der Corona-Krise. Eine Versorgung der leiblichen Bedürfnisse sei zwar wichtig, auf geistige und seelische Bedürfnisse ausgerichtete Arbeit, also die Arbeit der Kirchen, dürfe jedoch nicht aus dem Blick geraten, sonst bestehe die »Gefahr einer materialistischen Reduktion des Lebens« (ebd.). Jung meint weiterhin, die Botschaft und Arbeit der Kirchen hätten »Lebensrelevanz« und würden helfen, mit Spannungen und Unsicherheiten zu leben (vgl. ebd.). Auch Friedrich Kramer, Landesbischof der Evangelischen Kirche in Mitteldeutschland, verwendet eine Wortneuschöpfung in Verbindung mit dem Wort »relevant«. In einem Interview der Kirchenzeitung *Glaube + Heimat* postuliert er: »Wir sind vielleicht nicht systemrelevant im Sinne von Essen, Trinken, Müllabfuhr und Gesundheit, aber wir sind himmelreichsrelevant« (Kramer-I-23-09-2020). »Existenzrelevanz«, »Lebensrelevanz«, »Himmelreichsrelevanz« – einige der Beiträge schaffen interessante Wortzusammensetzungen im Zuge der Debatte um die Relevanz von Religion.

Eine andere, sich von vielen Ausführungen abhebende Perspektive bringen u. a. *zeitzeichen*-Redakteur Stephan Kosch und die Systematische Theologin Heike Springhart in die Diskussion um Systemrelevanz von Religion und Kirche mit ein: Anstatt sich auf die Frage zu fokussieren, ob die Kirche in der Krise systemrelevant war oder nicht, meinen sie, sie sei auch vor der Pandemie nicht systemrelevant gewesen, dies sei jedoch auch nicht ihr Sinn und Zweck. So meint Kosch, die Diskussion über die verlorene Systemrelevanz der Kirche führe in die Irre (vgl. Kosch-ZZ_print-09-2020). Der Begriff der Systemrelevanz in Hinblick auf die Kirchen sei problematisch, da die Institution Kirche sich vom System abhebe und »Sand im Getriebe« sei (ebd.). Somit könne sie nicht gleichzeitig Systemrelevanz beanspruchen. Genauer formuliert solle man nicht nach der Systemrelevanz der Kirche fragen, sondern danach, in welchen gesellschaftlichen Systemen die Kirche in der Corona-Zeit und darüber hinaus Relevanz hatte und habe. Somit scheint Kosch die Verwendung des breiter gefassten Begriffs der Relevanz im Kontext von Religion und Kirche als sinnvoller zu erachten. Ähnliches schreibt auch Springhart. Der häufig getätigten Aussage, in der Krise sei deutlich geworden, dass die Kirche nicht systemrelevant sei, entgegnet sie, die Kirche sei – in der Hinsicht, dass sie dazu beiträgt, dass das System und das Leben problemlos funktionieren – noch nie systemrelevant gewesen (vgl. Springhart-ZZ_online-08-06-2020; vgl. Springhart-ZZ_print-08-2020). Um ihre These näher auszuführen, zieht sie den Soziologen Talcott Parsons heran, welcher die Bedeutung der Religion für das gesellschaftliche System vor allem daran festgemacht habe, dass sie diesem in Teilen entgegenstehe und sich somit nicht vollständig funktionalisieren lasse. Zwar erfülle die Kirche in einigen Bereichen des gesellschaftlichen Lebens, beispielsweise im Gesundheits- und Bildungssystem, eine bestimmte Funktion, die Beurteilung der Relevanz ihrer Aussagen und Taten dürfe sich jedoch nicht an der Frage orientieren, ob sie eine notwendige, für das Funktionieren des Systems relevante Rolle spielt. Ein funktionaler Religionsbegriff ergebe aus einer soziologischen Sichtweise heraus Sinn, sei jedoch keine »hinreichende Bestimmung der Kirche« (ebd.).

Auch Röser ist der Ansicht, Gott passe in keines der menschengemachten Systeme und sei somit nicht systemrelevant (vgl. Röser-CIG-10-05-2020). Wenn also Gott, dann als großer »Systembrecher« (ebd.). Die Naturgesetze würden ohne Gott funktionieren und die Wissenschaften immer weiter voranschreiten, ohne »ihn« in ihre Theorien und Beweise aufnehmen zu müssen. So brauche man Gott nicht für die Erfindung von Medizin und Impfstoffen oder die Entdeckungen der Gen- und Hirnforschung hinsichtlich der Entstehung und Unterstützung natürlichen sowie künstlichen Lebens. Spätestens Corona mache deutlich, dass Kirche und Religion von der großen Mehrheit des Volkes nicht mehr als systemrelevant eingestuft werde: Nur ca. zehn Prozent der Bürgerinnen und Bürger hätten die aktive Teilnahme an der österlichen Liturgie vermisst. Röser überlegt, ob die Corona-Krise eine Chance für die Christenheit darstellen könnte, »ein saturiertes weltliches wie religiöses Systemdenken zu sprengen« und somit einen »unangepassten Gottesglauben« »neu zu lernen« (ebd.). Er zitiert den Seelsorger Thomas Frings, welcher meint, Gott funktioniere nicht. Gebete würden nicht ins System passen, weil sie dieses sprengen würden. Es sei möglich, dass die Kirchen nach der Pandemie noch leerer würden und das Christentum noch stärker an Plausibilität verliere, doch den Nachdenklichen könne Gott als der »Systemlose« und »Systemsprengende« näherkommen. Röser beendet seinen Artikel mit den Worten: »Gott ist nicht ›systemrelevant‹, Gott war nie ›systemrelevant‹. Gott ist Gott – Gott sei Dank« (ebd.).

Eine ähnliche Auffassung teilt der Propst Karl-Heinrich Melzer, wenn er äußert, dass die befreiende Kraft des Evangeliums, von der Körtner spricht (vgl. S. 193), sich nicht mehr als systemrelevant verstehen, sondern »über das System hinausweisen« und auf diese Weise »die Gesellschaftssysteme transzendierend durchbrechen« sollte (Melzer-ZZ_online-01-07-2020). Öffentliche Theologie könne nicht mehr den Anspruch erheben, für die Gesellschaft im Allgemeinen zu sprechen. Sie spreche zu jenen, die es hören wollen, sowie jenen, die den christlichen Glauben teilen. In einer solchen Öffentlichen Theologie bestehe der kirchliche Auftrag – unabhängig von der Frage der Systemrelevanz (vgl. ebd.).

4.3 Kritik an den Kirchen

Häufig wird im Rahmen der Systemrelevanz-Debatte auch Kritik am Verhalten der Kirchen in der Krise laut. So ist des Öfteren die Rede von Sprachlosigkeit und Schweigen seitens der Kirchen: Der Theologieprofessor Notger Slenczka etwa meint, die Kirche habe bezüglich der Krise geschwiegen. Es gebe zwar einige Deutungen und Stellungnahmen seitens einzelner theologischer und kirchlicher Akteurinnen und Akteure, aber keine konkret theologische Deutung durch die EKD oder kirchenleitende Personen (vgl. Slenczka-ZZ_online-15-06-2020). Zudem prangert Günter Thomas, Professor für Systematische Theologie und Ethik, die Sprachlosigkeit der Kirche hinsichtlich des Sterbens alter und kranker Menschen in Isolation in Krankenhäusern und Pflegeheimen an (vgl. Finger-Z-16-04-2020). Die Bischöfinnen und Bischöfe würden dies protestlos hinnehmen und das Treueversprechen der Kirche, Menschen nicht alleinzulassen, brechen. Er meint, Christinnen und Christen hätten einen Auftrag, den Menschen in ihrer Not und Einsamkeit beizustehen. Wenn die Medizin am Ende sei, gebe es immer noch die Religion, repräsentiert durch Theologen, Pfarrerinnen und Bischöfe (vgl. ebd.). Auch der Journalist Heribert Prantl, welcher im *Medienmagazin Pro* hinsichtlich der Lockdown-Politik interviewt wird, kritisiert, die Kirchen hätten nicht gegen das einsame Sterben und die Isolation in Krankenhäusern und Pflegeheimen protestiert und sich somit »kleingemacht« (Steinert-MP-21-02-2021).

Konkreter heißt es in den Schweigevorwürfen oft, die Kirchenoberen fänden keine religiös tiefergehenden Worte zum Krisengeschehen und würden lediglich das sagen, was Vertreterinnen und Vertreter anderer gesellschaftlicher Bereiche auch sagen. So schildert eine Leserin der *FAZ*, sie sei enttäuscht von den Worten des EKD-Ratsvorsitzenden Heinrich Bedford-Strohm, welcher in selbiger Zeitung einen Essay hinsichtlich der Corona-Problematik aus christlicher Sicht veröffentlicht hat. Als Christin habe sie lange auf ein öffentliches Signal ihrer Kirche bezüglich des Umgangs mit der Krise gewartet (vgl. Freifrau von der Tann-FAZ-29-05-2020). Doch Bedford-Strohm gebe in seinem Essay lediglich allgemeine Floskeln wieder und vertrete die Ansicht, der Mensch sei durch die Ausbeutung der Natur selbst schuld an seinen Leiden. Dies akzeptiere die Autorin, sie stellt jedoch sogleich die kritische Frage, ob sie für diese Botschaft noch die Gemeinschaft der Gläubigen brauche. Der eigene Beitrag der Kirche werde ihr aus dem Artikel Bedford-Strohms heraus nicht klar, da er lediglich Fridays for Future, EU-Projekte zum Umweltschutz oder Politiker wie Schäuble lobend erwähne. Die »unendliche Chance«, die die Kirche in jenen Zeiten der Krise habe, werde durch »seelsorgliche Kurzarbeit aus dem Homeoffice« vertan, so die Autorin (ebd.). Es schmerze zu sehen, wie sie sich selbst bedeutungslos mache (vgl. ebd.). Überdies schreibt der Theologe und ehemalige Militärbischof der Bundeswehr, Hartmut Löwe, die Sprachlosigkeit der Kirchenoberen beunruhige ihn (vgl. Löwe-FAZ-16-05-2020). Diese würden lediglich das wiederholen, was andere auch sagen, und stets versichern, die Pandemie sei keine Strafe Gottes. Doch der Autor wünscht sich theologisch und geistlich tiefergehende Worte und Beiträge, Worte »vom Innersten des Glaubens her« (ebd.). Er stellt die Frage, was uns die Pandemie über »unseren so häufig trivial und belanglos gewordenen Glauben« sage (ebd.), und empfindet die landesweit geringe Zahl an Kirchgängerinnen und Kirchgängern als bedrückend. Weiterhin fragt er, was der christliche Glaube zum Aushalten der Krise beitrage und was er uns über naturwissenschaftliche, ökonomische und soziale Feststellungen hinaus sage. »Kulturprotestantische Belanglosigkeiten«, welche laut Löwe seitens der Kirchenoberen verbreitet würden, würden in der Krise versagen (ebd.). Ein Leser bringt seine Freude bezüglich Löwes Artikel in einem Leserbrief zum Ausdruck: Endlich bringe ein evangelischer Theologe Gedanken zu Wort, die ihn schon lange bewegten (vgl. Köhler-FAZ-19-05-2020).

Auch Röser scheint sich geistlich tiefergehende Worte zu wünschen: Er stellt die Behauptung auf, Kirche habe in der Corona-Krise gefehlt und versagt, weil ihr der »Auferstehungsimpuls« abhandengekommen sei und sie den Blick für das Wesentliche verloren habe (vgl. Röser-CIG-09-08-2020). Somit habe sie den Menschen nicht ausreichend Mut machen können, was mit der Hoffnung auf Auferstehung und Unendlichkeit möglich gewesen wäre. Dies erinnert an die zuvor in Abschnitt 4.2 geschilderte Aussage Claussens, dass – einhergehend mit der Verweltlichung menschlicher Nöte in der modernen Welt – religiöse Sprache bezüglich Leid und Krisen gänzlich verloren gehe. Ähnliches lässt sich in einem in Abschnitt 4.2 bereits erwähnten, ebenfalls von Röser verfassten Artikel lesen: Hier schildert er die Perspektive Alexander Graus, welcher meint, die Religion habe ihre »Sicherungsfunktion« verloren und »traditionelle Narrative«, welche in Bedrohungen und Krisen einen Sinn sahen, seien verschwunden (vgl. Röser-CIG-28-02-2021).

Auch in dem bereits angeführten Beitrag Wegners kommt deutliche Kritik am Verhalten der Kirchen in der Krise zum Ausdruck, als dieser äußert, religiös Hilfreiches zur Bewältigung der Krise sei von ihnen nicht geleistet worden. Zudem ist er der Ansicht, jeder und jede sterbe für sich allein: Das Fehlen öffentlicher Trauer angesichts zwei Millionen Corona-Toter weltweit und vierzigtausend in Deutschland – bis zum Zeitpunkt seines Artikels – überrasche ihn (vgl. Wegner-FAZ-14-01-2021). In diesem Zusammenhang plädiert er für das wöchentliche Abhalten von Totenwachen seitens der Kirchen. Gottesdienstähnliche Feiern für alle, welche bisher bei jeder Katastrophe stattgefunden hätten und oft von den Kirchen initiiert worden seien, seien sozialpsychologisch für die Krisenbewältigung der gesamten Gesellschaft von Bedeutung, während der Corona-Krise jedoch sei von ihnen nichts zu sehen (vgl. ebd.).

In einem Artikel, in welchem es um die im ersten Jahr der Corona-Krise auf mehrere Orte aufgeteilte »Synodalversammlung« geht, heißt es, einige Teilnehmende hätten im Zuge der kritischen Diskussion um das Thema Corona angemerkt, die Kirche sei in der Krise nicht untätig gewesen (vgl. Langer-CIG-13-09-2020). So habe sie beispielsweise Nachbarschaftshilfen organisiert und Online-Angebote zur Verfügung gestellt. Doch darauf erwidert ein Bischof kritisch, all das hätten andere auch getan. Es wird die Frage gestellt, ob sich die Kirche nicht stattdessen dem widmen sollte, wofür sie ursprünglich und in erster Linie da sei: eine Antwort bzw. Deutung bezüglich der Krise im Sinne »unseres« Gottesbildes zu liefern (vgl. ebd.).

Ein weiterer Kritikpunkt äußert sich in dem Vorwurf, die Kirchen hätten die seitens der Regierung getroffenen Maßnahmen, beispielsweise die Schließung der Kirchen und das Verbot von Präsenzgottesdiensten, zu gehorsam und unkritisch hingenommen und befolgt. So ist Peter Hahne, ehemaliges Ratsmitglied der EKD, dessen Meinung im Zuge der Debatte um die Gefährdung der Religionsfreiheit durch die Schließung der Kirchen in der Zeitschrift *idea Spektrum* geschildert wird, der Ansicht, die Kirchen hätten sich in »vorlaufendem Gehorsam« selbst geschlossen (vgl. Hahne-I-08-04-2020). Auf diese Weise schaffe sich Kirche selber ab. Die Religionsfreiheit gehöre zu den elementaren Grundrechten und das Verbot kirchlicher Zusammenkünfte sei unzulässig. Die erlebbare Gemeinschaft sei, mit den Worten von Jürgen Habermas, »die weltweit einmalige Ressource der Christen« (Habermas, zitiert nach Hahne-I-08-04-2020). Dies könne durch das Internet nicht ersetzt werden. In diesem Zusammenhang plädiert Hahne für Abstand statt Leerstand. Er zitiert aus dem *Südkurier*, in welchem es heißt, Kirche tue alles, um nach Corona »nicht mehr systemrelevant zu erscheinen« (Südkurier, zitiert nach Hahne-I-08-04-2020). Auch Prantl äußert in dem bereits erwähnten Interview seine Enttäuschung darüber, dass Kirchen geschlossen und Gottesdienste verboten wurden und sich die Kirchen dem zu sehr ergeben hätten (vgl. Steinert-MP-21-02-2021). Auf die Frage des Interviewers, warum ihm das Verhalten der Kirche in der Krise so wichtig sei, antwortet er, der Grund bestehe darin, dass er Christ sei und von seiner Kirche in dieser Zeit Beistand für die Gläubigen erwarte. Er bezeichnet Kirchen als »Haltestellen«, an denen man auf bessere Zeiten ohne Leid und Gefahr warte und Vorstellungen einer besseren Welt entwerfe. Doch er habe jene Vorstellungen sowie den Aufruf zur Hoffnung und den Widerstand gegen die Hoffnungslosigkeit seitens der Kirchen in Zeiten der Corona-Pandemie vermisst. »Der Mensch lebt nicht vom Brot allein« – jenen allseits bekannten Ausspruch führt er zusätzlich an und meint, dies gelte erst recht in unnormalen Zeiten. Der Mensch lebe von Gottes Wort, von Wort und Berührung, insbesondere in leidvollen Situationen im Krankenhaus oder Altersheim. In diesem Zusammenhang stellt Prantl die kritische Frage, ob die Kirchen dies ernst genommen hätten, als im Zuge des Lockdowns die persönliche Begegnung untersagt wurde (vgl. ebd.).

Der soeben dargelegten Kritik wird jedoch von vielen Stimmen widersprochen. Beispielsweise richtet sich ein kritischer Leserbrief an Hartmut Löwe und verteidigt die Kirchenoberen: Zwar komme es durchaus vor, dass sie die Worte anderer wiederholen, dies sei jedoch nicht zwingend schlecht, da Gottvertrauen nicht oft genug gepredigt werden könne und Wiederholung von Gutem willkommen sei (vgl. Müller/Müller-FAZ-19-05-2020). Die Verfasserin und der Verfasser betonen, der katholischen sowie der evangelischen Kirche nahe zu sein und kein »Schweigen der Bischöfe« wahrzunehmen. Deren öffentliches Wirken sei gerade in jener Krisenzeit so gut, wie zu erhoffen gewesen sei (vgl. ebd.). Auch der Präsident der Diakonie Deutschland, Ulrich Lilie, widerspricht dem Schweigevorwurf: Die Kirche habe laut auf die untragbare Situation in der Pflege hingewiesen (vgl. Lilie-Z-02-07-2020). Zudem habe sich die Diakonie selbst um Schutzkleidung gekümmert, frühzeitig eine Debatte um das richtige Gleichgewicht zwischen Infektionsschutz und Freiheit in Altenheimen verlangt und gemeinsam mit der EKD die unerträgliche Situation hinsichtlich der Seelsorge angeprangert. Er sei erstaunt und finde es erschreckend, wie die Worte und Taten der Kirche medial ignoriert würden. Ohne den Beitrag zivilisierter öffentlicher Religion hätte Deutschland die Krise seiner Ansicht nach bis dato nicht so gut bewältigt. Des Weiteren führt er aus, die Kirche handele nach dem Vorbild Jesu, welcher vorgelebt habe, dass Nächstenliebe allen Menschen zuteilwerden sollte. Die Vertreterinnen und Vertreter der Kirche arbeiteten daran, jene »Botschaft ins 21. Jahrhundert zu übersetzen« (ebd.). Springhart setzt dem Schweigevorwurf ebenfalls etwas entgegen. Die Kritikerinnen und Kritiker hätten sich beispielsweise ein gemeinsames bischöfliches Wort gewünscht (vgl. Springhart-ZZ_print-08-2020). Doch Springhart hält fest, dass es bereits im März 2020 ein gemeinsames Wort der katholischen, evangelischen und orthodoxen Kirchen in Deutschland gegeben habe. Zudem führt sie das Angebot zahlreicher Videobotschaften, geistlicher Worte, der Briefe an die innerkirchliche Öffentlichkeit sowie ausführlicher Zeitungsartikel als Beispiele des Überflusses bischöflicher Botschaften in Zeiten der Krise an. Sie stellt die These auf, dass die Kirche während der Pandemie sichtbarer gewesen sei und mehr Menschen erreicht habe als in der Zeit vor Corona, so zum Beispiel durch Online-Gottesdienste und Gottesdienste im Freien sowie tägliche Videobotschaften aus Kirchen und Büros (vgl. ebd.).

Der Kritik, die Kirchen hätten die einschränkenden Maßnahmen zu unkritisch akzeptiert und somit ihre Systemrelevanz riskiert, so hauptsächlich durch den Verzicht auf den Sonntagsgottesdienst, entgegnet Pfarrerin Katharina Scholl, dass nicht allein der Gottesdienst im Kirchenraum die öffentliche Sichtbarkeit von Kirche garantiere (vgl. Scholl-ZZ_print-09-2020): Auf vielfältige und kreative Weise habe öffentlicher Gottesdienst zu jeder Zeit während der Krise stattgefunden, ob am Telefon oder im Autokino. Jene Angebote seien rege genutzt worden; auch Menschen, welche sonst wenig Berührungspunkte mit der Kirche haben, seien durch die kreativen Formate erreicht worden. Die Aufgabe der Kirche bestand laut Scholl überdies darin, Kontinuität für die Gemeindeglieder in Krisenzeiten aufrechtzuerhalten und somit die vertraute Bindung zueinander in einer solch unvertrauten Situation zu bewahren. Diese Verlässlichkeit kirchlichen Handelns werde vor allem durch den Sonntagsgottesdienst im kirchlichen Raum gewährleistet, welcher auch in Zukunft seine Relevanz behalten werde, da er treue Kirchenmitglieder anziehe. Doch auch der Fokus auf andere Formen kirchlicher Kommunikation und kirchlichen Handelns, durch welche zusätzlich Menschen mit einer distanzierten oder fluiden Beziehung zur Kirche erreicht werden, solle geschärft werden, auch über die Zeit der Corona-Pandemie hinweg (vgl. ebd.).

Auch die Deutsche Bischofskonferenz weist die Kritik, sie habe sich in der Corona-Krise zu defensiv verhalten, zurück (vgl. KNA-KS-06/07-06-2020). So entgegnet deren Sekretär Langendörfer, der Verzicht auf Gottesdienste sei notwendig gewesen, um authentisch zu bleiben und die eigene Identität zu bewahren, da eine Gefährdung von Leben und Gesundheit der Mission der Kirche entgegenstehe. Die Freiheit des Glaubens sei an Verantwortung gebunden. Als Gegenargument pauschal von der »Systemrelevanz« der Kirchen zu sprechen und daher Gottesdienste zu verlangen, reiche nicht aus (vgl. ebd.).

Auf die unter Abschnitt 4.2 dargelegten Ausführungen Körtners erwidert Melzer, die Kirche sei auch während der Pandemie mit öffentlicher Theologie präsent gewesen, so beispielsweise in Form von Bannern an zahlreichen Kirchtürmen und Gemeindehäusern, auf denen Trost spendende Bibelverse standen (vgl. Melzer-ZZ_online-01-07-2020). Durch die Gottesdienstverbote sei theologische Rede hinaus in die Öffentlichkeit getragen worden. Er sieht somit auch etwas Positives in den Einschränkungen. Zudem merkt er an, dass es innerkirchliche Diskussionen hinsichtlich des Umgangs mit den staatlich angeordneten Gottesdienstverboten gegeben habe, man jedoch »theologisch begründet« zu dem Schluss gekommen sei, jene vorübergehenden Einschränkungen in Kauf zu nehmen, um Leid durch Ansteckung zu verhindern. Zugleich habe dies jedoch auch den Willen gestärkt, nicht zu schweigen (vgl. ebd.).

4.4 Vergleich zwischen den christlichen Strömungen

Betrachtet man die Systemrelevanz-Debatte getrennt nach christlichen Strömungen, so fallen einige Tendenzen auf: Direkt als systemrelevant werden Religion und Kirche nur von katholischen Stimmen bezeichnet. Hiermit sind jene Beiträge gemeint, welche zu Beginn des Abschnitts 4.1 erwähnt werden und direkt den Begriff »systemrelevant« verwenden. Evangelische Akteurinnen und Akteure scheinen mit jenem Begriff vorsichtiger umzugehen, was sich zusätzlich darin äußert, dass diese wiederum bei der indirekten Darstellung der Religion und Kirche als systemrelevant bzw. essentiell für die Gesellschaft dominieren – also unter denjenigen Beiträgen, welche nicht direkt von Systemrelevanz sprechen, sondern die in ihren Augen essentielle Rolle und enorme Bedeutung von

Religion und Kirche (in der Krise) mit anderen Worten umschreiben. Auch unter jenen Beiträgen, welche die Systemrelevanz von Religion und Kirche klar verneinen (vgl. Abschnitt 4.2), sind vorwiegend evangelische Stimmen vertreten. Es muss jedoch festgehalten werden, dass die Beiträge in *Christ in der Gegenwart*, einer katholischen Zeitschrift, klar dazu tendieren, Religion und Kirche als nicht systemrelevant einzuordnen, was dem soeben beschriebenen Muster entgegensteht. Zudem stellt der *CIG*-Artikel, in welchem Kirche direkt als systemrelevant bezeichnet wird, lediglich einen Bericht ohne Einordnung und Wertung dessen dar, dass Kirchen in Brasilien als systemrelevant eingestuft wurden. Von Bedeutung ist dies dennoch, da das Berichten über jenen Vorfall diesem Aufmerksamkeit zuteilwerden lässt und Wichtigkeit beimisst.

Betrachtet man wiederum die evangelischen Stimmen getrennt nach landeskirchlichen Akteurinnen und Akteuren und solchen aus dem Spektrum evangelischer Freikirchen, so fällt auf, dass sich Letztere, repräsentiert durch die Zeitschriften *idea Spektrum* und *Medienmagazin Pro*, kaum an der Systemrelevanz-Debatte beteiligen, womit die eingangs aufgestellte These untermauert werden kann: Lediglich zwei *idea*- und ein *Pro*-Artikel wurden für die inhaltliche Diskussion der Systemrelevanz-Frage in den Abschnitten 4.1 und 4.2 gefunden. Dies könnte damit zusammenhängen, dass sich Gläubige, die sich dem Spektrum evangelischer Freikirchen zuordnen, weniger mit der (System-)Relevanz der Institution Kirche und institutioneller Glaubensriten auseinandersetzen als vielmehr mit alternativen Möglichkeiten, Glauben auszuüben und zu leben. Evangelisch-landeskirchliche sowie katholische Akteurinnen und Akteure hingegen fokussieren sich wahrscheinlich intensiver auf Ersteres, da es ihre Lebenswelt stärker betrifft. Tatsächlich beschäftigt sich die Zeitschrift *zeitzeichen*, Vertreter der evangelisch-landeskirchlichen Gläubigen, besonders häufig mit dem Thema, wie die Topic-Wörter eingangs bereits vermuten ließen.

Jene soeben erwähnten alternativen Glaubenspraktiken könnten sich u. a. in privater Religiosität äußern, auf welche die Historikerin Schlotheuber – wie in Abschnitt 4.2 geschildert – ebenfalls Bezug nimmt, indem sie meint, private Religiosität könnte im Zuge der Corona-Pandemie an Bedeutung gewinnen – bzw. mittlerweile: gewonnen haben –, die Institution der Kirche hingegen profitiere nicht von der Krise. Vielleicht haben Kirchenschließungen und Gottesdienstverbote dazu geführt, dass auch landeskirchliche Gläubige sich verstärkt privater Religiosität zugewendet haben – wenn auch zugleich während einer intensiven Auseinandersetzung mit der (System-)Relevanz institutionalisierter Religion.

Mit Blick auf die nichtchristlichen Publikationsorgane *DIE ZEIT* und *FAZ* muss betont werden, dass diese fast nur christliche Akteurinnen und Akteure sprechen lassen, wenn es um Corona im Kontext von Religion geht. Daher kann keine Aussage darüber getroffen werden, wie nichtchristliche bzw. nichtreligiöse Menschen von außen auf das Thema der Systemrelevanz von Religion blicken. Die auf der vorherigen Seite beschriebene Verteilung der katholischen und evangelischen Stimmen lässt sich auch in den Artikeln jener beiden Zeitungen beobachten: So schildert der *ZEIT*-Artikel, in welchem die Kirche bzw. ihre Aufgabe der spirituellen Daseinsvorsorge direkt als systemrelevant bezeichnet wird, die Sicht eines katholischen Akteurs, demgegenüber präsentieren die *ZEIT*- und *FAZ*-Artikel, in welchen Religion und Kirche indirekt als systemrelevant dargestellt werden, überwiegend die Perspektive evangelischer Gläubiger. Auch einer der beiden *FAZ*-Artikel, in denen die Systemrelevanz von Religion und Kirche verneint wird, stammt von einem evangelischen Akteur. Der andere ist der einzige unter den gefundenen *ZEIT*- und *FAZ*-Artikeln, welcher mit dem Soziologen Stichweh einen nichtreligiösen Akteur sprechen lässt – naheliegend, dass dieser unter jenen Stimmen zu finden ist, welche Religion und Kirche als nicht systemrelevant erachten.

5. Fazit

Zum Zeitpunkt der Abfassung dieses Kapitels befinden wir uns im Frühjahr 2024, ziemlich genau vier Jahre nach Ausbruch der Corona-Pandemie. Nun könnte man fragen: *Religion und Kirche in der Corona-Krise*, ist das nicht Schnee von gestern? Müsste man nicht eher *Religion und Kirche in der Klimakrise* oder *Religion und Kirche in globalen bewaffneten Konflikten* behandeln?

Der Grund, weshalb wir zu einer Zeit, da Maskenpflicht-Schilder dem einen oder anderen wie Relikte aus einer anderen Ära erscheinen, über die Rolle von Religion und Kirche in der Corona-Krise schreiben, ist, dass wir einen Zusammenhang zwischen diesen Themen sehen. Wenn wir über die Rolle von Religion und Kirche in der Corona-Krise sprechen, stellen wir auch die Frage danach, welche Rolle Religion und Kirche gegenwärtig *überhaupt* (noch) haben, angesichts persönlicher und globaler Krisen für die Gesellschaft, in der wir leben – oder vielleicht auch, welche Rolle sie haben sollten. Die Corona-Krise ist der Gegenstand, an dem wir diese Frage untersuchen.

Wir untersuchen sie anhand verschiedener Gesichtspunkte. Tausende Artikel haben wir hierfür mit Hilfe des von Prof. Christian Papilloud entwickelten *Multi Text Analyzers* durchforstet. Einige repräsentative haben wir herausgegriffen und die Ergebnisse in den vorangegangenen Unterkapiteln dargestellt. Dennoch ist klar, dass wir die Frage nach der Rolle von Kirche und Religion in der Gesellschaft nicht abschließend beantworten können. Diese Publikation kann nur als Denkanstoß dienen, der sich auf Ergebnisse des von uns gewählten Bereichs stützt. Um dieser Frage näherzukommen, wird es wichtig sein, Kirche und Religion auch in anderen Bereichen zu beobachten und zu untersuchen. Diese Publikation und dieses Kapitel möchten dazu lediglich einen Beitrag leisten.

Das vorliegende Kapitel beschäftigt sich mit einem Begriff, der v. a. zu Beginn der Corona-Krise in aller Munde war, dem der Systemrelevanz. Auch wenn dieser

Begriff zunächst dazu gedacht war, klar abzugrenzen zwischen Institutionen, die im Notfallmodus weiterarbeiten sollen, wenn das System als Ganzes heruntergefahren wird, und solchen, deren Arbeit im Notfall vorübergehend eingestellt werden kann, haben wir festgestellt, dass der Begriff der Systemrelevanz im publizistischen Bereich vielfach ein Raumöffner ist. Ein Raumöffner, um über die Relevanz von Kirche und Religion in der Corona-Krise nachzudenken und ebenso auch über die Systeme, in denen sich diese bewegen. Wir haben daher entschieden, das Thema etwas zu öffnen, hin zu *(System-)Relevanz von Kirche und Religion in der Corona-Krise.*

In unserem Kapitel war es uns wichtig zu fragen, wie die verschiedenen Publikationsorgane und deren Autorinnen und Autoren auf das Thema schauen, daher haben wir eine Analyse der Perspektive der Publikationsorgane an den Anfang gestellt, um anschließend konkret zu erörtern, welche Artikel von Systemrelevanz sprechen, welche nicht und aus welchen Gründen.

Eine zentrale Erkenntnis, die wir im Zuge unserer Recherche gewonnen haben, ist, dass sich an der Systemrelevanz-Frage eine Kirchenkritik entzündet – der Hauptvorwurf: Kirche, insbesondere Personen in kirchlichen Leitungsfunktionen, hätten in der Corona-Krise nicht genug getan, d. h. sich nicht stärker in bestimmten Bereichen wie Seelsorge oder Gottesdienst dafür eingesetzt, handlungsfähig zu bleiben (vgl. Abschnitt 4.3: Finger-Z-16-04-2020, Steinert-MP-21-02-2021 u. a.). Daneben wird der Kirche auch vorgeworfen, keine geeignete Deutung der Corona-Krise anzubieten (vgl. Abschnitt 4.3: Slenczka-ZZ_online-15-06-2020, Freifrau von der Tann-FAZ-29-05-2020 u. a.). Beide Formen der Kritik kommen mehrheitlich aus der allgemeinen Publizistik von *FAZ* und *ZEIT*, teilweise auch von den Publikationsorganen des freikirchlichen Spektrums *idea Spektrum* und *Medienmagazin Pro*. In den kirchennahen Publikationsorganen *zeitzeichen*, *chrismon* und *chrismon plus*, *CIG* und der *Katholischen Sonntagszeitung* findet man hingegen mehrheitlich Artikel, welche den Umgang der Kirche mit den staatlich verordneten Maßnahmen verteidigen (vgl. KNA-KS-06/07-06-2020, Kosch-ZZ_print-09-2020 u. a.). Warum aber überhaupt diese Kritik?

Ein Gedankenspiel: Nehmen wir mal an, die Kirche sei tatsächlich »objektiv überflüssig« (Wegner-FAZ-14-01-2021), wie Wegner meint, und »das System der Religion der eigentliche Verlierer der Corona-Krise« (Stichweh-FAZ-07-04-2020), wie von Stichweh vermutet. Würde man dann überhaupt noch über die Kirchen und über die Religion reden? Wären tatsächlich Wissenschaftler die »säkularen Propheten« (Körtner-ZZ_print-06-2020) unserer Zeit, würden sich Publikationsorgane wie die *FAZ* oder die *ZEIT*, welche nicht ausdrücklich christlich orientiert sind, die Mühe machen, Debatten über das Verhalten der Kirche oder des Systems der Religion abzudrucken? Warum also diese Kritik, Kirche tue nicht genug, sage nicht genug oder das Falsche?

Nehmen wir mal an, die Kirche sei tatsächlich, obgleich massive Kirchenaustrittszahlen dagegensprechen, noch immer für das System unserer deutschen

Gesellschaft relevant. Würden sich dann Menschen darüber beschweren, dass öffentliche Gottesdienste in Kirchenräumen verboten werden, keine Kirchenmusik mehr gemacht werden darf, Seelsorgerinnen und Seelsorger nicht mehr in Kliniken gelassen werden und darüber, dass die Kirche nicht klar sagt, wie diese Krise religiös zu deuten ist? Legen wir dieses Gedankenspiel beiseite und fragen, wie die Kirche sich selber sieht.

Im Hinblick auf die im ersten Jahr der Corona-Krise in den von uns ausgewählten Publikationsorganen erschienenen Artikel lässt sich feststellen, dass die Kirche sich nicht nur mit dem Begriff der Relevanz, sondern v. a. auch mit dem Begriff des Systems auseinandergesetzt hat. Wie wir unter Punkt 4.2 gezeigt haben, sind sich Christinnen und Kirchenvertreter einig, dass Religion und Kirche in irgendeiner Weise für irgendjemanden durchaus noch relevant sind. Doch das Verhältnis zum *System* ist merklich ambivalent. Zunächst ist die Kirche ja selbst ein System. Doch auch dieses wird kritisch gesehen (vgl. Röser-CIG-10-05-2020). Was das System des Staates betrifft, auf das sich die Verwendung des Begriffs *Systemrelevanz* in der Corona-Krise 2020 mehrheitlich bezieht, so sieht man sich im Bereich der Diakonie und der Klinikseelsorge durchaus als Teil des Systems (vgl. Kosch-ZZ_print-09-2020 u. a.). Abgesehen davon wird das Raster des Systems aber offenbar eher als einengend empfunden. Kirche könne nicht systemrelevant sein, da sie sich vom System abhebe, »Sand im Getriebe« sein müsse, Gott selbst sei »der große Systembrecher« und die Kraft des Evangeliums weise über das System hinaus, um nur einige Stimmen zu nennen (vgl. Abschnitt 4.2: Kosch-ZZ_print-09-2020, Röser-CIG-10-05-2020, Melzer-ZZ_online-01-07-2020).

Keine leichte Position, die sich die Kirche da selbst zuschreibt, mit einem Fuß im System, mit einem Fuß draußen. Am deutlichsten haben das vielleicht die Klinikseelsorgerinnen und -seelsorger erlebt, die genau auf dieser Schwelle stehen und in der Corona-Krise ganz besonders »zwischen dem dringlichen Wunsch nach größtmöglicher, auch körperlicher Nähe einerseits und der Begrenzung des gerade hier potentiell tödlichen Ansteckungsrisikos andererseits« (Bedford-Strohm-FAZ-25-05-2020) gestanden haben.

Vielleicht ist es dieser Zwischenraum, in dem sich insbesondere die evangelischen Landeskirchen und die römisch-katholische Kirche, welche auf vielen Ebenen mit dem Staatssystem verbunden sind, befinden, der es gerade besonders schwierig macht, es allen recht zu machen. Vielleicht ist dieser Zwischenraum oder das Springen zwischen den Systemen aber auch eine Chance, eine Vermittlerrolle einzunehmen zwischen den Systemen, zwischen Gesundheitswesen, Naturwissenschaft, Religion, Staat etc. Eine Chance, dort vielleicht auch auf die Unvollkommenheit des Systems Mensch hinzuweisen, das gerade in Krisen an seine Grenzen kommt. Diese Last haben Kirchen und Religionen in Deutschland zu tragen, dieser Verantwortung müssen sie sich immer noch, immer wieder stellen, ganz besonders in den Krisen unserer Zeit. Denn dass sie gerade dann nach wie vor wahrgenommen, gehört und gebraucht werden, hat zumindest die Corona-Krise gezeigt.

Ob sie das nun systemrelevant macht oder nicht, liegt wohl im Auge des Betrachters.

Literaturverzeichnis

Quellen: Artikel

Chrismon

Claussen, Johann Hinrich: Will Gott uns strafen?. In: Chrismon Nr. 9, 26.08.2020, URL: https://chrismon.de/artikel/2020/50549/antworten-auf-corona. [Letzter Zugriff: 20.08.2024].

Christ in der Gegenwart

Langer, Stephan: Wie wird das Y zum I?. In Christ in der Gegenwart 72 (2020), Nr. 37, 407–408.

Röser, Johannes: Alles gut! Alles gut?. In Christ in der Gegenwart 73 (2021), Nr. 9, 3–4.

Röser, Johannes: Der Kern des Glaubens. Auferstehung!. In Christ in der Gegenwart 72 (2020), Nr. 32, 356.

Röser, Johannes: Widerspenstig glauben. Ist Gott »systemrelevant«? In: Christ in der Gegenwart 72 (2020) Nr. 19, 207–208.

Röser, Johannes: Trost, der Glauben und Hoffnung sucht. In Christ in der Gegenwart 72 (2020), Nr. 14, 143–144.

O.V.: Das Gotteshaus ist »systemrelevant«. In Christ in der Gegenwart 72 (2020), Nr. 15, 162.

DIE ZEIT

Finger, Evelyn: Frommes Schweigen. In Die Zeit (2020), Nr. 23, 1.

Finger, Evelyn: Lasst die Seelsorger rein!. In Die Zeit (2020), Nr. 17, 48.

Finger, Evelyn und Wolfgang Thielmann: Darf die Kirche ihre Türen schließen?. In Die Zeit (2020), Nr. 13, 56.

Lilie, Ulrich: War die Kirche für die Alten da? Ja! Wir haben laut die unhaltbare Situation in der Pflege kritisiert, sagt der Präsident der Diakonie Deutschland. In Die Zeit (2020), Nr. 28, 54.

FAZ

Bedford-Strohm, Heinrich: Das Virus als Wegmarke. In FAZ (2020), Nr. 120, 6.

Büchner, Bernward: Kirchen erfüllen unverzichtbare Aufgabe (Leserbrief). In FAZ (2021), Nr. 30, 18.

Freifrau von der Tann, Christiane: Keine theologischen Antworten (Leserbrief). In FAZ (2020), Nr. 124, 29.

Jansen, Thomas: Kirchen verteidigen Präsenzgottesdienste. In FAZ (2020), Nr. 300, 1.

Köhler, Konrad A.: Welch Freude (Leserbrief). In FAZ (2020), Nr. 116, 6.

Löwe, Hartmut: Das Schweigen der Bischöfe zu Corona. In FAZ (2020), Nr. 111, 8.
Müller, Jürgen und Müller, Elisabeth: Wiederholung von Gutem ist willkommen (Leserbrief). In FAZ (2020), Nr. 116, 6.
Roser, Traugott: Den Dienst am Privaten leisten. In FAZ (2021), Nr. 21, 12.
Stichweh, Rudolf: Simplifikation des Sozialen. Die Corona-Pandemie und die Funktionssysteme der Weltgesellschaft. In FAZ (2020), Nr. 83, 9.
Wegner, Gerhard: Jeder stirbt für sich allein, in: FAZ (2021), Nr. 11, 12.

idea Spektrum

Ekhn.de: Neue Pröpstin für Nord-Nassau. In idea Spektrum (2020), Nr. 39, 27.
Hahne, Peter: Lieber Abstand als Leerstand. In idea Spektrum (2020), Nr. 15, 15.
Kramer, Friedrich: Zitiert. Wir sind vielleicht nicht systemrelevant im Sinne von Essen, Trinken, Müllabfuhr und Gesundheit, aber wir sind himmelreichsrelevant. In idea Spektrum (2020), Nr. 39, 7.

Katholische Sonntagszeitung

Kleibold, Patrick: »Ein besseres Heute«. In Katholische Sonntagszeitung 127 (2020), Nr. 45, 2.
KNA: In der Verantwortung. In Katholische Sonntagszeitung 127 (2020), Nr. 23, 5.
Meier, Theresa: Oase in schwerer Zeit. In Katholische Sonntagszeitung 127 (2020) Nr. 45, 2–3.

Medienmagazin Pro

Franz, Nicolai: Musik ist die Lebensversicherung der Kirche. In Medienmagazin Pro (2020), Nr. 6, 8–9.
Steinert, Jonathan: »Grundrechte gelten nicht nur in sonnigen Zeiten«. In Medienmagazin Pro (2021), Nr. 1, 16–19.

Zeitzeichen

Karle, Isolde und Lehmann, Maren: Dem Evangelium vertrauen. Wider den Krisenaktionismus der »Elf Leitsätze« und ihre Abwertung der Ortsgemeinde. In Zeitzeichen 21 (2020), Nr. 9, 18–20.
Kosch, Stephan: Relevanz, Resonanz, Regentanz – Warum die Diskussion über die verlorene Systemrelevanz der Kirche in die Irre führt. In Zeitzeichen 21 (2020), Nr. 9, 31–33.
Körtner, Ulrich: Nicht mehr systemrelevant – Theologie und Kirche im Corona-Krisenmodus. In Zeitzeichen 21 (2020), Nr. 6, 12–14.
Reich, Bernhard: Befremdet (Leserbrief). In Zeitzeichen 21 (2020), Nr. 11, 58–59.
Rinn, Angela: Krise als Katalysator – Seelsorge in Corona-Zeiten zwischen Lähmung und Adrenalinschub. In Zeitzeichen 21 (2020), Nr. 9, 34–37.
Scholl, Katharina: Telefonbank, Fahrstuhl, Autokino – Notizen zur Vielfalt gottesdienstlichen Lebens in der Corona-Krise. In Zeitzeichen 21 (2020), Nr. 9, 28–30.
Springhart, Heike: Wer redet, wenn »die Kirche« redet? – Über frommes Schweigen, unfrommes Dauerreden und wohlfeile Kirchenkritik. In Zeitzeichen 21 (2020), Nr. 8, 8–11.

Vetter, Christof: Leben im Glaubensexil. Corona-Theologie in einer Gemeinde an den Bächen des Weserberglandes. In Zeitzeichen 21 (2020), Nr. 9, 38–40.

Zeitzeichen.net

Claussen, Johann Hinrich: Rettet die Kunst in der Kirche! Warum die Gemeinden jetzt großzügig sein sollten. In zeitzeichen.net, 2.4.2020, URL: https://zeitzeichen.net/node/8215 (Stand: 18.5.2024).

Karle, Isolde und Lehmann, Maren: Churchcard für die Clubkirche. Wider den Krisenaktionismus der ›Elf Leitsätze‹ und ihre Abwertung der Ortsgemeinde. In zeitzeichen.net, 17.8.2020, URL: https://zeitzeichen.net/node/8490 (Stand 18.5.2024).

Melzer, Karl-Heinrich: Wenn nicht Kanzel, dann eben Welt. Eine Antwort auf Ulrich Körtners Analyse, die Kirchen seien nicht systemrelevant. In zeitzeichen.net, 1.7.2020, URL: https://zeitzeichen.net/node/8415 (Stand: 31.5.2024).

Slenczka, Notger: Was haben wir zu sagen? Corona und unsere Rede von Gott. In zeitzeichen.net, 15.6.2020, URL: https://zeitzeichen.net/node/8365 (Stand: 31.5. 2024).

Springhart, Heike: Wer redet, wenn »die Kirche« redet? Über frommes Schweigen, unfrommes Dauerreden und wohlfeile Kirchenkritik. In zeitzeichen.net, 8.6.2020, URL: https://zeitzeichen.net/node/8358 (Stand: 31.5.2020).

Weitere Literatur

Bendel, Oliver: Systemrelevanz. In Wirtschaftslexikon Gabler, URL: https://wirtschafts lexikon.gabler.de/definition/systemrelevanz-122548 (Stand: 2.9.2023).

O.V.: Über Uns. In Chrismon, URL: https://chrismon.de/ueber-uns (Stand: 5.4.2024).

O.V.: Über Uns. In FAZ, URL: https://www.frankfurterallgemeine.de/die-faz (Stand: 5.4.2024).

O.V.: Unternehmen. In GEP, URL: https://www.gep.de/unternehmen.shtml (Stand: 5.4.2024).

O.V.: Aufgabe. In GEP, URL: https://www.gep.de/aufgabe.shtml (Stand: 5.4.2024).

O.V.: Unsere Philosophie. In URL: https://www.herder.de/cig/unsere-philosophie/ (Stand: 5.4.2024).

O.V.: Katholische Zeitschriften. In URL: https://www.herder.de/religion-spiritualitaet/zeitschriften/ (Stand: 5.4.2024).

O.V.: Über Uns. In URL: https://www.idea.de/ueber-uns (Stand: 5.4.2024).

O.V.: Gute Gründe, unsere Zeitung zu lesen. In URL: https://www.katholische-sonntags zeitung.de/Ausgaben (Stand: 5.4.2024).

O.V.: Über uns. In URL: https://www.medieninitiative.pro/ueber-uns (Stand: 5.4.2024).

O.V.: Über uns. In URL: https://www.zeit-verlagsgruppe.de/zeit-verlagsgruppe/ueber-uns/ (Stand: 5.4.2024).

URL : https://zeitzeichen.net/.

URL: https://www.idea.de.

[illegible]

Zeitschriften

[illegible]

Weitere Literatur

[illegible]

Religion in der Krise – Krise der Religion?

Schlussbetrachtung

Constantin Plaul

Der vorliegenden Untersuchung war die Frage zugrunde gelegt worden, ob die Religion in und während der Corona-Zeit einen spezifischen Beitrag zur Bearbeitung der entsprechenden Krisenerfahrung geleistet habe – und wenn ja, welchen. Den Anlass hatte die These Rudolf Stichwehs geboten: die Religion gehöre insofern zu den Verlierern der Krise, als nirgendwo religiöse Deutungsvarianten des durch das Virus ausgelösten Krisengeschehens verfügbar seien und eine relevante Rolle spielten.[1] Aus der Reibung dieser These mit funktionalistischen Ansätzen der Religionstheorie, die eine solche Rolle erwarten lassen, hatte sich jene Frage ergeben.[2] Methodisch wurde sie mithilfe von Topic-Modell-Analysen massenmedialer Kommunikation im ersten Jahr der Coronakrise angegangen. Die obenstehenden Beiträge mit ihren je unterschiedlichen Perspektivierungen haben eine differenzierte Antwort zutage gefördert. Wie diese ausgefallen ist, soll abschließend nochmals aus einem gewissen Abstand in zwei Hinsichten gebündelt werden. Zum einen soll so etwas wie die allgemeine Landkarte entworfen werden, innerhalb derer die Kommunikation verortet werden kann. Die darin jeweils interessant erscheinenden Einzelpunkte werden aber nicht als solche nochmals wiedergegeben. Dafür sei der oder die Lesende auf die betreffenden Beiträge dieses Buches verwiesen. Zum anderen sollen einige allgemeinere Überlegungen abgeleitet werden.

1. Eine Bilanz in systemtheoretischer Perspektive

Die Kommunikation christlich-religiöser Akteure, wie sie hier analysiert worden ist, lässt sich in systemtheoretischer Abstraktion grundlegend differenzieren. Zum einen begegnet Religion als *kommunikativer Vollzug*, zum anderen als *Gegenstand der Kommunikation.* Mit Ersterem sind all diejenigen Phänomene ge-

---

1 Vgl. STICHWEH, Simplifikation.

2 Vgl. dazu oben die Einleitung in diesen Band.

meint, in denen die Kommunikation selbst religiöse oder theologische Gehalte produziert. Der Sachzusammenhang, in dem dies besonders eindrücklich beobachtet werden kann, ist der der religiös-symbolischen Deutungsarbeit. Damit sind all diejenigen Diskurszusammenhänge gemeint, innerhalb derer Autorinnen und Autoren konkrete Vorstellungen mobilisierten, um auf diesem Wege symbolische Wirklichkeitsdeutungen im Blick auf die krisenhaften Ereignisse zu entwickeln.[3] Der Umfang, in dem dies jeweils geschah, konnte unterschiedlich groß sein: mal waren es bloß einzelne Absätze innerhalb größerer Texte, mal widmeten sich ganze Beiträge dieser Problematik. Die entscheidenden religiösen oder theologischen Zusammenhänge reichten von schöpfungstheologischen Betrachtungen zu Mensch und Natur über theologisch-anthropologische Besinnungen auf das Wesen des Menschen, sünden- und straftheologische Reflexionen (und deren Kritik) sowie apokalyptisch-eschatologische Ausgriffe bis hin zu symbolischen Anwendungen biblischer Narrative wie beispielsweise Exil, Exodus, Passion oder Auferstehung auf die betreffenden Krisenerfahrungen.

Daneben kommt Religion nicht nur als kommunikativer Vollzug, sondern auch als Gegenstand der Kommunikation zu stehen, insbesondere durch die Thematisierung religiöser Praxis, die außerhalb der publizistischen Kommunikation erfolgte. Hierher gehören nahezu alle Sachperspektiven, wie sie in den anderen Beiträgen zur Darstellung gelangt sind, insbesondere die Thematisierung der Frage nach der (System-)Relevanz von Religion und Kirche[4] sowie die vielfältigen Beschäftigungen mit religiösen Praxisformen, die entweder als Antidot gegen die Erschütterungen der Sinnroutinen aufgeboten oder selbst als durch die Krise erfasste Phänomene zum Reflexionsgegenstand wurden.[5] Gleichsam in der Mitte zwischen Religion als kommunikativem Vollzug und Religion als kommunikativem Gegenstand liegt derjenige Diskurszusammenhang, in dem es um ethische und politische Fragen gegangen ist:[6] Wurden etwa ethisch-religiöse Handlungsmotive in Stellung gebracht, um darüber zu bestimmten Handlungsweisen zu mobilisieren, oder wurden ethische Debatten über angemessenes Handeln geführt, so lassen sich die publizistischen Beiträge der Dimension des kommunikativen Vollzugs von Religion zuordnen; wo es um eine kritische Betrachtung dessen ging, was Repräsentantinnen und Repräsentanten von Religion getan oder nicht getan haben, tritt eher die außerhalb der publizistischen Kommunikation sich bewegende religiöse Praxis in den Fokus des publizistischen Vollzugs. Als ethische Leitmotive der christlichen Diskurse ragen dabei vor allem Solidarität, Gerechtigkeit und Freiheit hervor, wobei es zu gegensätzlichen Einschätzungen der politischen Maßnahmen nicht nur zwischen

---

3 Vgl. dazu oben den Beitrag von Jonas Stephan.

4 Vgl. dazu oben den Beitrag von Ulrike Jurkschat und Sonja Leiser.

5 Vgl. dazu den Beitrag von Christina Sawatzki.

6 Vgl. dazu den Beitrag von Dominic Häde.

den durch jene Motive bestimmten Diskursen kam, sondern auch jeweils innerhalb derselben. So konnte beispielsweise nicht nur die Einschränkung von Freiheiten des religiösen und gesellschaftlichen Lebens mit der Forderung nach Solidarität mit vulnerablen Gruppen begründet, sondern es konnte auch die Forderung nach Solidarität mit älteren Menschen mit der Diagnose unzureichender Solidarität für die Belange von Kindern und Jugendlichen kontrastiert werden.

Eine detailliertere Behandlung der vier genannten Diskurszusammenhänge – also der explizit-symbolischen Deutung, der Praxisreflexion, der Erörterung der Systemrelevanzfrage und der ethisch-politischen Dimension – kann und braucht an dieser Stelle nicht nochmals vorgenommen werden.[7] Dafür sei, wie gesagt, auf die entsprechenden Einzelbeiträge dieses Bandes verwiesen.

2. Unterschiede in der Kommunikation christlicher Kirchen und Gruppen

»Das« Christentum gibt es selbstverständlich nicht. Es kommt immer nur in spezifischen Brechungen vor. Insbesondere konfessionsbezogene Gruppendifferenzen sind hierbei zunächst in Rechnung zu stellen. Es stellt einen überaus interessanten Befund des vorliegenden Projekts dar, dass und wie solche Differenzen sich deutlich wahrnehmbar in den Kommunikationen der drei unterschiedlichen Gruppen christlicher Publizistik – katholisch, evangelisch-landeskirchlich, freikirchlich – niedergeschlagen haben. Diese konfessionellen Singularitäten könnten sowohl mithilfe eines abstraktionslogischen Modells als auch mittels eines konstellationstheoretischen Modells von Singularität beschrieben werden. Ersteres gewinnt die spezifische Eigenart durch Abstraktion derjenigen Eigenschaften, die diese mit den anderen Singularitäten gemeinsam hat; Letzterem zufolge besitzen alle Singularitäten die gleichen Merkmale, allerdings jeweils in unterschiedlichen Mischungsverhältnissen.[8] Das konstellationstheoretische Modell ist sachlich sicherlich das angemessenere, da es komplexere Beschreibungen zulässt. Gleichwohl soll hier aus methodischen Gründen das abstraktionslogische Modell verwendet werden, um besagte Differenzen prägnant zum Ausdruck zu bringen. Es geht im Folgenden also nicht um den Versuch einer umfassenden Deskription der einzelnen konfessionellen Identitäten in ihrem

---

7 Es sei nochmals daran erinnert, dass sich das Thema Gottesdienst im Zuge der Topic-Analyse als weiterer bedeutender Diskurszusammenhang gezeigt hat, dessen Behandlung in diesem Projekt – entgegen der ursprünglichen Planung – aus äußerlich-kontingenten Gründen nicht erfolgt ist. Vgl. dazu Anm. 9 in der Einleitung.

8 Vgl. dazu und zu den problemgeschichtlichen Hintergründen dieses Modells: PLAUL, Vielfalt, 252 f.

gesamten Umfang und ihrer Komplexität, sondern nur um eine Hervorhebung besonders singularisierender Stränge. (Wo sie sich jeweils mit anderen überschneiden, wird dabei nicht nochmals eigens herausgearbeitet werden. Es kann indirekt erschlossen werden aus dem Abgleich mit der systemtheoretischen Beschreibung des vorhergehenden Abschnittes: sei es dadurch, dass das dort Beschriebene zu der abstraktionslogisch perspektivierten Singularität hinzuzuaddieren ist, sei es dadurch, dass bestimmte Aspekte der systemtheoretischen Beschreibung einer konkreten Singularität ausdrücklich abgesprochen werden.)

Wie sah es in der *freikirchlichen Publizistik* aus? Die entsprechende Eigenart lässt sich in allen der im ersten Abschnitt genannten Diskurszusammenhänge benennen. Erstens, betrachtet man die Ebene explizit-symbolischer Deutung, so sticht der Umstand heraus, dass der Sünden-/Straf-Zusammenhang hier vielfach eine positive Aufnahme gefunden hat. Zwar gab es entsprechende Ansätze auch innerhalb der katholischen und evangelisch-landeskirchlichen Publizistik, aber während eine sünden- oder straftheologische Deutung hier zumeist kritisch diskutiert und lediglich in Ausnahmen affirmativ in Stellung gebracht wurde, begegneten sie in der freikirchlichen Publizistik wiederholt. Schaut man sodann auf den Kommunikationszusammenhang der Praxisreflexion, so zeigt sich eine freikirchliche Besonderheit zum einen im starken Rekurs auf die hilfreiche Wirkung des individuellen Bibelstudiums, der so andernorts nicht begegnet. Zudem wird den Herausforderungen des familiären Lebens ungleich höhere Aufmerksamkeit zuteil, einschließlich konkreter Vorschläge für im Privaten zu vollziehende Praktiken und Rituale, die ein besseres Hindurchkommen durch die Krise ermöglichen sollen. Eine dritte Auffälligkeit kann im besonderen Fokus auf das Gebet als lebensdienliche Praxis erblickt werden, wobei es häufig nicht bloß im Sinne kontemplativer Sinnvergewisserung verstanden wird, sondern als eine effektive Maßnahme, die das Krisengeschehen einzudämmen helfen soll. Auch im politisch-ethischen Diskurszusammenhang zeichnet sich eine Besonderheit der freikirchlichen Kommunikation ab. So ist auffällig, dass die andernorts vielfach geäußerte Kritik an Repräsentanten der Kirche, sie hätten in der Öffentlichkeit zu wenig oder nicht ausreichend gehaltvolle Theologie bereitgestellt, wenig begegnet. Kritik an den staatlich verordneten Maßnahmen findet sich dafür durchaus, vor allem im Blick auf Einschränkungen der Gottesdienstpraxis. Letzteres trifft zwar auch auf die katholischen oder evangelisch-landeskirchlichen Publikationen zu (die allerdings auch und vor allem das Feld der Seelsorge hier im Blick haben). Aber die freikirchliche Perspektive unterscheidet sich dadurch, dass die Einschränkungen des religiösen Lebens teilweise dezidiert im Blick auf die daraus entstehende Spannung zu biblischen Geboten thematisiert wird. Und eine letzte Besonderheit: Nur in den freikirchlichen Publikationsorganen findet sich so gut wie keine Auseinandersetzung darüber, ob Religion, Christentum und Kirche nun systemrelevant seien oder nicht. Diese

Problematik scheint offensichtlich kaum von Interesse. Auf einen möglichen Erklärungsgrund dafür wird im folgenden Abschnitt zurückzukommen sein.

Wie sah es nun im Spektrum der *evangelisch-landeskirchlichen Publizistik* aus? Schaut man auch hier wieder zunächst auf die Ebene explizit-symbolischer Deutung, so besteht eine gewisse Auffälligkeit darin, dass christologische Bezüge im Vergleich zu den katholischen und freikirchlichen Organen deutlich unterrepräsentiert sind. Zudem fällt auf, dass das Hoffnungsnarrativ offenbar schwächer als bei den anderen gesponnen wird. Dafür gibt es auffällig mehr Arbeit mit der Kategorie der Apokalyptik, die allerdings nur zum Teil auf der wörtlichen Oberfläche zur Anwendung kommt, indem es nicht um radikalen Weltenabbruch geht und die Beschwörung apokalyptischer Erwartungen zugleich säkularisiert wird. Im Blick auf den Diskurszusammenhang, in dem religiöse Praxis reflektiert wird, gibt es wiederum markante Auffälligkeiten. Zum einen ist in den untersuchten Publikationsorganen ein vergleichsweise weites Zurücktreten privater Praxis jenseits des kirchlichen Raums zu verzeichnen, insbesondere, wenn man es mit den freikirchlichen Beiträgen vergleicht. In den evangelisch-landeskirchlichen Publikationen kommt das Private hauptsächlich nur im Zusammenhang der großen kirchenjahresbezogenen Feste, Ostern und Weihnachten, zum Tragen. Ebenso fällt auf, dass die Praxis des Gebets in evangelisch-landeskirchlichen Medien so gut wie keine Rolle spielt. Die Ebene individuell und/oder privat zu vollziehender Praxisformen ist den Autorinnen und Autoren kaum der Rede wert. Was stattdessen ins Auge gefasst wird, sind institutionelle Praxisvollzüge, und hier vor allem Abendmahl und Seelsorge. So gab es etwa eine überaus breite Diskussion über die Frage, ob ein in digital vermittelter Gemeinschaft praktiziertes Abendmahl legitim oder illegitim ist und ob stattdessen andere Formen der Gemeinschaft zu bevorzugen wären. Dabei wurde vor allem auf den institutionellen Rahmen religiöser Praxis Bezug genommen und es wurden nicht nur theologische, sondern auch kirchenrechtliche Argumente ins Feld geführt. Auf der Ebene des Institutionellen wurde zumeist auch der Komplex der Seelsorge verhandelt, der ebenfalls ein wichtiges Thema evangelisch-landeskirchlicher Kommunikation bildete.

Und wie stellte sich schließlich die *katholische Publizistik* dar? Im Blick auf den Diskurszusammenhang der Praxisreflexion ist hervorhebenswert, dass – anders als in den evangelisch-landeskirchlichen Medien – die Beachtung des Gebets eine merkliche Rolle gespielt hat. Aber – anders als in den freikirchlichen Publikationen – war damit eher eine kontemplative Funktion verbunden. Eine Auffassung von Gebet als Maßnahme war hier jedenfalls nicht zu beobachten. Eher im Gegenteil waren Stimmen zu finden, die ein magisches Gebetsverständnis, das auf unmittelbare Wirklichkeitsbeeinflussung durch das Beten abzielte, kritisierten. Eine deutlich markantere Spezifikation im Zusammenhang der Praxisreflexion zeigte sich teilweise in der Diskussion um die Angemessenheit von Solomessen und Eucharistie, die durch den Priester alleine zelebriert werden. Aus nachvollziehbaren Gründen war diese Praxisform unter den Bedingungen massiver Kontaktbeschränkung zum Gegenstand der Diskussion geworden. Gerade auf Laienseite, die etwa in Leserbriefen Ausdruck fand, beurteilte man die kommunikative Reflexion dieser Praxismöglichkeit allerdings überwiegend kritisch. Institutionalisierte Seelsorge und Systemrelevanz spielten – wie in den evangelisch-landeskirchlichen Zusammenhängen – auch hier eine wichtige Rolle. Im Kontext der Systemrelevanzdiskussion wurden auf katholischer Seite jedoch stärker auch Bezüge ins Globale aufgetan.

In den genannten Punkten erschöpfte sich der katholische Kommunikationszusammenhang freilich nicht, berührte sich dann aber stark mit einer der anderen beiden konfessionellen Gruppen. Eingedenk jener methodischen Bemerkung zu Beginn dieses Abschnitts – dass sich die konkrete konfessionelle Gestalt aus einer Verbindung des Abgleichs mit der systemtheoretischen Beschreibung mit den Angaben zu den beiden Typen indirekt ergibt – wird dies darum nicht weiter ausgeführt. Allerdings gilt es darauf hinzuweisen, dass sich das katholische Profil auch nicht im selben Maß hervorzuheben scheint, wie das bei den anderen beiden der Fall ist.

3. Systemrelevanz und Seelsorge

Dort, wo die Frage thematisiert wurde, ob Religion und Kirche gesellschaftliche Systemrelevanz zuzuschreiben ist oder nicht, lassen sich vier unterschiedliche Antworttypen differenzieren. Eine *erste* Form der Antwort bestand in der Absage an irgendwelche jemals vorhandene Systemrelevanz. Religion und Kirche waren nie systemrelevant und sind es darum auch jetzt nicht. Ein *zweiter* Typ entwickelte die Antwort mithilfe einer geschichtlichen Überlegung: Vielleicht mögen Religion und Kirche früher systemrelevant gewesen sein, heute sind sie es jedenfalls nicht mehr. Ein *dritter* Typ rechnet mit einer potenziellen Systemrelevanz, sieht diese aufgrund defizitären oder problematischen Agierens vonseiten kirchlicher Handlungstragender aber nicht verwirklicht. Hier verbindet sich die Systemrelevanzfrage unmittelbar mit (innerkirchlicher) Kirchenkritik. Der *vierte* Antworttyp stellt mehr oder weniger eindeutig auf Systemrelevanz ab, vor allem unter Hinweis auf die seelsorgerlichen Tätigkeiten, die vonseiten kirchlichen Personals in Zeiten der Krise geleistet worden sind. Dieser Typ kann sich dabei nochmals mit einer anderen Form von Kritik verbinden, nämlich der an der öffentlichen Berichterstattung in der Krise, die das Wirken der Kirche unzureichend zur Darstellung gebracht habe.

Wie bereits aus den weiter oben angestellten Überlegungen hervorgeht, sind all diese Fragen nahezu ausschließlich in katholischen oder evangelisch-landeskirchlichen Medienorganen debattiert worden. Die Gründe hierfür sind nicht ganz leicht auszumachen. In einer ersten Annäherung könnte man vermuten, dass es mit der größeren Verbindung jener konfessionellen Formationen zur *gesellschaftlichen* Öffentlichkeit zusammenhängt, wie sie aus den langen vormodernen Gesellschaftsentwicklungen heraus entstanden ist und das Leben in der modernen Gesellschaft – nicht nur in Deutschland – bis heute prägt. Dazu würde der Befund passen, dass sich in den freikirchlichen Organen auch kaum Klage über eine fehlende öffentliche Wirkung christlicher Theologie fand.

Neben diesem – freilich nur vermutungsweise formulierten – Grund dürfte noch ein anderer entscheidend sein, nämlich die bereits gestreifte Auseinandersetzung über die Bedeutung der Seelsorge während der Krise. In keinem anderen Forschungsbeitrag dieses Bandes taucht der Begriff der Seelsorge so häufig auf wie in dem zur Debatte um Systemrelevanz. Offensichtlich besteht hier ein Zusammenhang. Dazu passt, dass katholische und evangelisch-landeskirchliche Christentümer im Vergleich zu den Freikirchen ein ungleich größeres Angebot an institutioneller und professionell organisierter Seelsorge haben. Und wenn auch nicht ausschließlich, so wird doch ein Großteil der Diskussion darüber, ob Religion und Kirche Systemrelevanz zukommen oder nicht, in Rekurs auf die kirchliche Seelsorgepraxis geführt. Dabei lassen sich auch hier wieder zwei unterschiedliche Teildiskursstränge auseinanderhalten – die den oben dargestellten Antworttypen 3 und 4 entsprechen: Während auf der einen Seite mit Verweis auf Seelsorge emphatisch für eine (System-)Relevanz der Kirchen argumentiert wird, wird Letztere teilweise mit Kritik an einer vonseiten der Kirchen unzureichend wahrgenommenen Seelsorgeverantwortung in Zweifel gezogen. Zugespitzt formuliert: Die Kirchen waren theoretisch relevant, haben in der Praxis aber keine relevante Rolle gespielt. So wären sie beispielsweise relevant gewesen, um kranken oder sterbenden Menschen religiösen Beistand zu leisten, haben faktisch aber in keiner relevanten Weise dazu beigetragen, dass es den Menschen wieder besser ging. Ein entscheidender Grund, so die Kritik, lag dabei darin, dass sie ihre Funktion für die Seelsorge nicht entschieden genug eingeklagt haben und daher nicht tätig werden konnten. In beiden Fällen hängt die Beantwortung der Systemrelevanzfrage also an der Seelsorge, wird dann aber jeweils unterschiedlich beantwortet, abhängig davon, wie man die Leistung der Kirchen in der Corona-Pandemie einschätzt. Eine entsprechende Kritik begegnet sowohl im ethisch-politischen Diskurszusammenhang als auch in dem zur Systemrelevanzreflexion.

Als Zwischenfazit lässt sich festhalten, dass der Bereich der Seelsorgepraxis aus Sicht religiöser Akteure offensichtlich mit besonderer Selbstwirksamkeitserfahrung verbunden ist. Darum wird diesbezüglich dann auch selbstbewusst eine hohe gesellschaftliche Relevanz des eigenen kirchlichen Praxiszusammenhangs behauptet, die von anderen Teilzusammenhängen der Gesellschaft so nicht erbracht werden könnten. Und interessanterweise findet diese Selbstwahrnehmung eine Art Bestätigung von außen. Denn in dieser Hinsicht konvergieren christlich-religiöse und außerreligiöse Publizistik markant. So wird nicht nur in

Beiträgen der *FAZ*, sondern wesentlich stärker sogar noch in denen der *ZEIT* mitunter ebenfalls eine positive Antwort darauf gegeben, ob Religion und Kirche systemrelevant seien. Und diese Antwort erfolgt mit Blick auf – die Seelsorge. Dass sie sich in der Krise als derart bedeutsam erwiesen hat, wird man durchaus konventionell dahingehend interpretieren können, dass es eben gerade Grenzerfahrungen sind, die bei Menschen existentielle Fragen aufwerfen, auf die Wissenschaft und politische Praxis naturgemäß keine Antworten bieten können.

4. Abgleich der christlichen Publizistik mit der allgemeinen

Die am Ende des vorigen Abschnitts aufgeworfene Vergleichsperspektive zwischen christlicher und allgemeiner Publizistik sei noch ein wenig weiterverfolgt. Dies verspricht von daher lohnenswert zu sein, als einem solchen Vergleich Hinweise darauf entnommen werden können, was an »der« Religion eigentlich von allgemeinem Interesse ist. Denn das, was in entsprechenden christlich-religiösen Zusammenhängen kommuniziert bzw. als im Krisenzusammenhang für bedeutend erachtet wird, muss freilich nicht deckungsgleich sein mit dem, was die gesellschaftliche Allgemeinheit als wichtig ansieht. Eine Religion, die sich aus der Öffentlichkeit nicht zurückziehen will, kann hieran nicht uninteressiert sein.

Welche thematischen Felder lassen sich nun identifizieren, wenn man den Blick ausschließlich auf die allgemeine Publizistik richtet? Auf Basis des im vorliegenden Projekt untersuchten Materials sind es vor allem folgende Aspekte, die sich abheben lassen:[9] Um *zuerst* etwas zu den religiös-symbolischen Deutungsangeboten zu sagen, so ist festzustellen, dass diese sich auch hier finden lassen. Dabei fällt die Präsentation in *FAZ* und *ZEIT* merklich unterschiedlich aus: Während in Letzterer lediglich einige Beiträge erscheinen, in denen es um die kritische Distanzierung eines Verstehens von Corona als Strafe Gottes geht, bietet die *FAZ* diesbezüglich ein vielseitigeres Bild. Auch hier wird der Diskurs um die »Strafe Gottes« geführt, auf diese religiöse Kategorie wird in manchen Beiträgen aber durchaus konstruktiv Bezug genommen. Darüber hinaus spielen Erörterungen über ein angemessenes Verständnis Gottes eine Rolle, etwa ob er in der Krise als verborgener Gott verstanden werden kann. Daneben findet sich eine Reihe religiös-anthropologischer Reflexionen sowie die Anwendungen der als narratives Symbol verwandten Hiobsgeschichte auf die Krise. Als *Zweites* hebt sich der im vorigen Abschnitt bedachte Zusammenhang der Seelsorge deutlich hervor. Dies verbindet sich, *drittens*, mit wiederholten Auseinandersetzungen

[9] Soweit nicht ausdrücklich anders markiert, beziehen sich die folgenden Angaben immer auf beide zugrunde gelegten allgemein-publizistischen Medienorgane, also sowohl die FAZ als auch die ZEIT.

über die Frage der Systemrelevanz von Religion und Kirche. In der *FAZ* finden sich dabei bejahende und verneinende Stimmen, besonders in der *ZEIT* auch Artikel, die unter Bejahung der Systemrelevanz den Nexus zur Seelsorge herstellen. *Viertens* bilden kirchlich-institutionelle Praxisformen einen eigenen publizistischen Gegenstand. In der *FAZ* wird dabei wiederholt vom krisenbedingten bzw. krisenbezogenen Erproben neuer Gottesdienst- und Andachtsformen berichtet, wobei ein gewisser Schwerpunkt auf päpstlichen Veranstaltungen liegt. Damit wiederum eng zusammenhängend zieht, *fünftens*, die Praxis des Gebets häufiger das Interesse auf sich, in Beiträgen der *ZEIT* vor allem dessen kontemplative Formen. Ein *sechster* Schwerpunkt liegt in der individuellen Religionspraxis im privaten Bereich, vor allem im Zusammenhang herausragender Feste. Besonders dem Weihnachtsfest kommt eine hohe Bedeutung zu. *Siebtens* begegnet eine Beteiligung religiöser Vertreterinnen und Vertreter an ethischen Debatten im Rahmen der Corona-Maßnahmen, sei es, dass diese als verantwortungsethisch verteidigt, sei es, dass sie teils als überzogen kritisiert werden, wobei vor allem der Seelsorgebereich im Fokus steht. *Achtens* fungiert die allgemeine Publizistik auch als Forum für Kritik an kirchlicher Tätigkeit, sei es im Blick auf eine als zu blass erscheinende Botschaft, sei es ein den staatlichen Maßnahmen gegenüber zu angepasstes Kirchenhandeln.

Vergleicht man eben genannte Punkte damit, was in der christlichen Publizistik kommuniziert wurde, so ergibt sich folgendes Bild. Zuallererst ist festzustellen, dass es keine religiös-theologischen oder kirchlichen Themen gab, die ausschließlich in der allgemeinen, nicht aber in der christlichen Publizistik verhandelt worden wären. Alles, was man in jener findet, begegnete mindestens auch in einem der drei konfessionellen Kommunikationszusammenhänge. Allerdings weist die katholische Publizistik, was die unterschiedlichen religiös-theologischen oder kirchlichen Kommunikationsgegenstände in der allgemeinen Publizistik anbelangt, wohl die meisten Berührungspunkte zu dieser auf (Gebet, Kritik staatlicher Maßnahmen, Seelsorge, Systemrelevanz, institutionelle und private Praxis, Kritik an kirchlichem Handeln). Die beiden protestantischen Zweige teilen sich dann gewissermaßen auf: Während die freikirchlichen Publikationsorgane bezüglich der Anzahl unterschiedlicher Themen die meisten Bezüge zur allgemeinen Publizistik aufweisen (Strafdiskurs, Gebet, Maßnahmenkritik, private Praxis und Kritik kirchlichen Handelns), werden die großen Debatten um Systemrelevanz und institutionelle Seelsorge weitgehend ausgeblendet. Bei den evangelisch-landeskirchlichen Medien ist es – überspitzt gesagt – umgekehrt. Hält man wiederum nach Themen Ausschau, die ausschließlich in der christlichen Publizistik vorkamen, ohne dass sie in der allgemeinen eine Rolle gespielt hätten, so sticht vor allem der freikirchliche Kommunikationszusammenhang hervor (Betonung der Bedeutung individuellen Bibelstudiums, Kritik staatlicher Maßnahmen aus Spannungen zu biblischen Geboten).

Aus diesem Vergleich könnte nun aus Sicht jeder der konfessionellen Strömungen abgeglichen werden, welche der möglichen Gegenstände religiöser Diskurse gemessen an ihrem Vorkommen in der allgemeinen Publizistik offensichtlich von besonders großem Interesse sind und wie sich der jeweils eigene Kommunikationszusammenhang dazu verhält. Dies sei hier exemplarisch – und aufgrund des eigenen Interessenschwerpunktes des Verfassers – lediglich im Blick auf den evangelisch-landeskirchlichen Teil getan.

Zunächst zeigt sich hier, dass das Traktieren religiös-symbolischer Deutungen des Krisengeschehens – anders als man es eventuell erwarten würde – keinem ausschließlich binnenkirchlichen Interesse folgt, sondern signifikante Korrespondenzen im Allgemeinen hat. Wenn die nachrichtlichen Berichte in der allgemeinen Publizistik auch wenig überraschend dominieren, so zeigt sich gleichwohl auch bei ihnen ein Bedürfnis nach überempirischen Sinndeutungen. Hier wurde christlicherseits gleichsam geliefert. Ähnlich verhält es sich mit der Thematisierung der (institutionellen) Seelsorge, der Betonung ihrer Bedeutung und der Kritik an den Kirchen für eine als unzureichend erachtete Verantwortungsübernahme. Die Reflexion auf die Systemrelevanz von Religion und Kirche, die, wie gesehen, mit der Seelsorgepraxis aufs Engste zusammenhängt, erweist sich ebenfalls als ein Thema, das keineswegs nur Kircheninsider beschäftigt, sondern mit dem sich ein deutliches Interesse der Allgemeinheit verbunden hat. Analog verhält es sich mit den ethischen und politischen Debatten, die sowohl im Kontext christlicher als auch allgemeiner Publizistik geführt wurden. Wo die allgemeine Bedürfnislage und das, was vonseiten evangelisch-landeskirchlicher Publizistik geboten wurde, jedoch stark voneinander abweicht, liegt vor allem auf dem Feld der religiösen Praxis. Jedenfalls hat an ihr ein deutlich breiteres Interesse bestanden, als es durch die entsprechenden Beiträge bearbeitet worden ist. Es bezog sich sowohl auf institutionelle als auch private Praxisformen und erstreckte sich zudem von der etablierten Form des Gebets bis hin zu neuen Formaten. In den Beiträgen der evangelisch-landeskirchlichen Strömung jedoch begegneten nahezu ausschließlich Auseinandersetzungen darüber, ob das Abendmahl mit oder ohne ordinierte Person und ob es nur in physischer Kopräsenz oder auch in digitaler Gemeinschaft eingenommen werden darf. Die breitere allgemeine Bedürfnislage wurde damit nur äußerst partiell getroffen.

5. Fazit

Am Ende kann festgehalten werden: Die These, die Religion habe in der Krise keine Rolle spielen können, weil nirgendwo religiöse Deutungsvarianten des durch das Virus ausgelösten Krisengeschehens verfügbar seien, erweist sich schon rein methodisch als problematisch. Denn sie krankt an einer Eindimensionalität der mit ihr verbundenen Erwartung an den Beitrag der (christlichen)

Religion, so dass die Vielseitigkeit dessen, was seitens religiöser Akteurinnen und Akteure kommuniziert wurde, von vornherein nicht in den Blick geraten kann. Die Bandbreite der religiösen Krisenkommunikation geht über religiöse Deutungen, d.h. symbolische Sinnartikulationen im engeren Sinne, aber weit hinaus. Es gab ein signifikantes Interesse an Beschreibungen religionspraktischer Begleitung, sei es durch Gebet, sei es durch andere Formen gelebter Spiritualität, sei es durch neue Formen institutioneller Gottesdienstpraxis. Und es gab deutlich wahrnehmbare Medienkommunikation zur systemischen Relevanz der Kirchen im Zusammenhang der (institutionalisierten) Seelsorge, einschließlich ethisch-politischer Debatten um als zu stark erachtete Einschränkungen staatlicherseits bzw. zu passive Hinnahmen Letzterer durch die Kirchen. Dabei schienen die Kirchen sich tendenziell selbst als weniger relevant darzustellen, als sie von außen wahrgenommen wurden. Kirchen werden in Krisenzeiten offensichtlich nach wie vor als spirituelle Anlaufstelle angesehen.

Darüber hinaus lässt sich empirisch gut belegen, dass auch religiöse Deutungsangebote in beträchtlicher Zahl vorhanden gewesen sind. Es ist bemerkenswert, dass sich solche Deutungen nicht nur in kirchlicher oder christlich-religiöser, sondern auch in der allgemeinen Publizistik fanden. Freilich wurden sie dabei in der Regel durch Vertreterinnen und Vertreter konkreter Religionsgemeinschaften verfasst. Aber die Redaktionen der allgemein-publizistischen Organe waren verantwortlich für die Auswahl und Veröffentlichung der betreffenden Beiträge. Menschen fragten durchaus nach einem höheren Sinn in der (Corona-)Krise und forderten insbesondere von kirchenleitenden und theologisch gebildeten Personen klare Positionen in verständlicher Sprache ein.

Dass die hier gebotenen religiösen Deutungen freilich keine gesellschaftlich-allgemeine Verbindlichkeit beanspruchen können, wie dies prinzipiell etwa bei Wissenschaft, Recht und Politik – und auch hier teilweise ja nur bedingt – der Fall ist, ist nicht erst im Zuge der Corona-Krise zum Vorschein getreten, sondern charakterisiert die Religion in der modernen Gesellschaft mehr oder weniger immer schon – jedenfalls dort, wo sie sich nicht auf fundamentalistische Weise vollzieht.[10] Als ein Erwartungskriterium für das Fungieren von Religion eignet sich die Annahme allgemeiner Geltung daher von vornherein nicht. Die religiösen Deutungen sind so gesehen immer »nur« Deutungsangebote, die von den Individuen gegengezeichnet werden können oder nicht. Im Blick auf das gesellschaftliche Leben gilt dies ohnehin, aber auch im Zusammenhang der religiösen Kirchen und Gruppen selbst ist dies der Fall. Dazu passt der Befund, dass es hier ebenfalls kein letztes Wort zur Sache gab, sondern dass um das religiöse Wirklichkeitsverstehen anhaltend gerungen, dass darüber diskutiert und zum Teil eben auch heftig gestritten wurde. Ein herausragendes Beispiel dafür war etwa die Frage, welche Bedeutung der Sünden- und Strafidee zum Verstehen des

---

[10] Vgl. PLAUL, Identitätsproblem.

Krisengeschehens zukommen soll. Während einige in der Distanzierung solcher Figuren den Ausverkauf von Glaube und Kirche beklagten, wurden sie von anderen geradezu eingefordert. Der deutungspraktische Beitrag der Religion bestand so gesehen nicht so sehr in der Bereitstellung fertiger Verstehenskonzepte, sondern darin, als gesellschaftlich-kultureller Kommunikationsraum zu fungieren, in dem die Frage nach einer höheren Bedeutung des Geschehens überhaupt erst einmal angeregt und am Laufen gehalten wurde.

Dass bei alledem keine abschließende Gesamtdeutung erreicht wurde, erscheint nur auf den ersten Blick als defizitär. Denn wie schon Ernst Troeltsch hervorgehoben hat, dürfte es für einen Großteil moderner Religiosität geradezu charakteristisch sein, dass die ihr entsprechenden Sinnintentionen sich vor allem im Modus des Strebens und Suchens realisieren. Zumindest sofern die Religion nicht ins Fundamentalistische abrutscht oder umgekehrt innerhalb »in sich ruhender Endlichkeit«[11] verdampft, hat sie weithin umgestellt auf eine »Religion des Gott-Suchens« und wurde »zu einem vertrauenden Offenlassen aller weiteren dunklen Probleme, über die die Dogmatik des Altprotestantismus so viel zu sagen gewußt hatte«[12]. Das bedeutet nicht, dass es im christlichen Leben nicht immer auch »erfüllte Augenblick[e]«[13] gäbe, in denen der Fluchtpunkt des religiösen Wirklichkeitsverstehens gleichsam ganz nahe kommt. Aber zumeist vollzieht sich dieses Verstehen doch in einer Art Suchbewegung. Die damit eröffneten Diskurspraktiken leben bei alledem nicht unwesentlich von den kommunikativen Wechselbeziehungen unterschiedlicher individueller Positionen, die sich in Reibung, Streit, aber auch Übereinstimmung gegenseitig anregen und den religiösen Austausch lebendig halten. Wäre es theologisch illegitim, in dieser Kommunikation dort, wo sie im Geiste Christi erfolgt, eine moderne Erscheinungsweise des Heiligen Geistes zu erblicken?

Literaturverzeichnis

JURKSCHAT, ULRIKE/PLAUL, CONSTANTIN: Mobilisierungskraft christlicher Diskurse in der Corona-Krise. Eine empirische Medienanalyse, in: Wege zum Menschen 75/4 (2023), 441–448.

KOCH, TRAUGOTT: Mit Gott leben. Eine Besinnung auf den Glauben, Tübingen 1989.

PLAUL, CONSTANTIN: Versöhnte Vielfalt. Schleiermachers individualitätstheoretische Bestimmung des konfessionellen Gegensatzes als Beitrag für eine ökumenische Ver-

---

[11] Diese berühmte Formel stammt bekanntlich von Tillich. Sie findet sich vor allem in seinen zeitkritischen Schriften aus den 1920er Jahren, insbesondere in *Die religiöse Lage der Gegenwart* (1926), vgl. DERS., Lage, 33 passim.

[12] TROELTSCH, Bedeutung, 310.

[13] KOCH, Gott, 48.

ständigung in protestantischer Perspektive, in: Kerygma und Dogma 61,3 (2015), 248–259.

–. Das Identitätsproblem des Fundamentalismus. Sozialpsychologische Überlegungen in theologischer Perspektive, in: Constantin Plaul u. a. (Hrsg.): Phänomen Fundamentalismus. Vom Reiz des Einfachen in Religion, Politik und Wissen, Junges Forum 3, Halle/Saale 2022, 80–99.

Stichweh, Rudolf: Simplifikation des Sozialen, in: FAZ vom 7.4. 2020, Nr. 83, 9.

Tillich, Paul: Die religiöse Lage der Gegenwart, in: Gesammelte Werke, Bd. 10: Die religiöse Deutung der Gegenwart. Schriften zur Zeitkritik, Stuttgart 1968, 9–93.

Troeltsch, Ernst: Die Bedeutung des Protestantismus für die Entstehung der modernen Welt, in: Ders., Kritische Gesamtausgabe, Bd. 8: Schriften zur Bedeutung des Protestantismus für die moderne Welt (1906–1913), hrsg. von Trutz Rendtorff, Berlin/New York 2001, 199–316.

Verzeichnis der Beitragenden

Häde, Dominic, Master of Arts (M.A.), *1995, Evangelische Theologie und Ethnologie, derzeit pädagogischer Mitarbeiter in der Evangelischen Akademie Sachsen-Anhalt.

Jurkschat, Ulrike, Bachelor of Arts (B.A.), *1998, Soziologie und Psychologie, derzeit Studentin im Master.

Leiser, Sonja, stud. theol., *1996, Evangelische Theologie, derzeit Studentin.

Plaul, Constantin, Prof. Dr. habil. theol. *1981, Evangelische Theologie und Philosophie, derzeit Vertretungsprofessor für Systematische Theologie und theologische Gegenwartsfragen am Institut für Evangelische Theologie der Universität Regensburg. Letztes Buch: Grundlegung evangelischer Medienethik. Problemgeschichtliche Hintergründe und systematische Entfaltung, Tübingen 2024.

Sawatzki, Christina, Master of Arts (M.A.) Theologie/Judaistik, Bachelor of Arts (B.A.) Theologie/Politik und Gesellschaft, Bachelor of Arts (B.A.) Nahostwissenschaften, *1991, derzeit Studienleiterin für Theologie und interreligiösen Dialog an der Evangelischen Akademie zu Berlin.

Stephan, Jonas, stud. theol./pol.,*2000, Evangelische Theologie/Politikwissenschaft, derzeit Student und wissenschaftliche Hilfskraft am LS Ethik an der Theologischen Fakultät MLU Halle-Wittenberg.

Richard Janus | Naciye Kamcili-Yildiz |
Marion Rose | Harald Schroeter-Wittke
(Hrsg.)

Katastrophen

Religiöse Bildung angesichts von
Kriegs- und Krisenerfahrungen
im 19. und 20. Jahrhundert

Studien zur Religiösen Bildung (StRB) | 26

368 Seiten | Hardcover | 15,5 x 23 cm
ISBN 978-3-374-07442-6
EUR 98,00 [D]

eISBN (PDF) 978-3-374-07443-3
EUR 97,99 [D]

Dieser Band ist das Resultat der Tagung des »Arbeitskreises für historische Religionspädagogik« im Februar 2022, deren Schwerpunkt auf Katastrophen, Kriegen und Krisen sowie deren Wahrnehmungen durch religionspädagogisches Denken und Handeln in den letzten 250 Jahren lag. Die Beiträge aus Evangelischer, Katholischer und Islamischer Religionspädagogik sowie aus Geschichte und Erziehungswissenschaft fragen danach, wie Katastrophen konzeptionelle, inhaltliche und systematische Gestaltungen religiöser Bildung in Schule, Religionen und Gesellschaft beeinflussten und wie sie religionspädagogisch rezipiert, verantwortet und verarbeitet wurden.